Jürgen Neubauer
Mexiko

Jürgen Neubauer

Mexiko

Ein Länderporträt

Ch. Links Verlag, Berlin

Für Lourdes

Die Deutsche Nationalbibliothek verzeichnet diese Publikation
in der Deutschen Nationalbibliografie;
detaillierte bibliografische Daten sind im Internet über
www.dnb.de abrufbar.

1. Auflage, März 2012
© Christoph Links Verlag GmbH
Schönhauser Allee 36, 10435 Berlin, Tel.: (030) 44 02 32-0
www.christoph-links-verlag.de; mail@christoph-links-verlag.de
Umschlaggestaltung unter Verwendung eines Fotos von getty-images/
Dan Steinhardt
Lektorat: Günther Wessel, Berlin
Satz: Andrea Päch, Berlin
Druck und Bindung: Druckerei F. Pustet, Regensburg

ISBN 978-3-86153-667-3

Inhalt

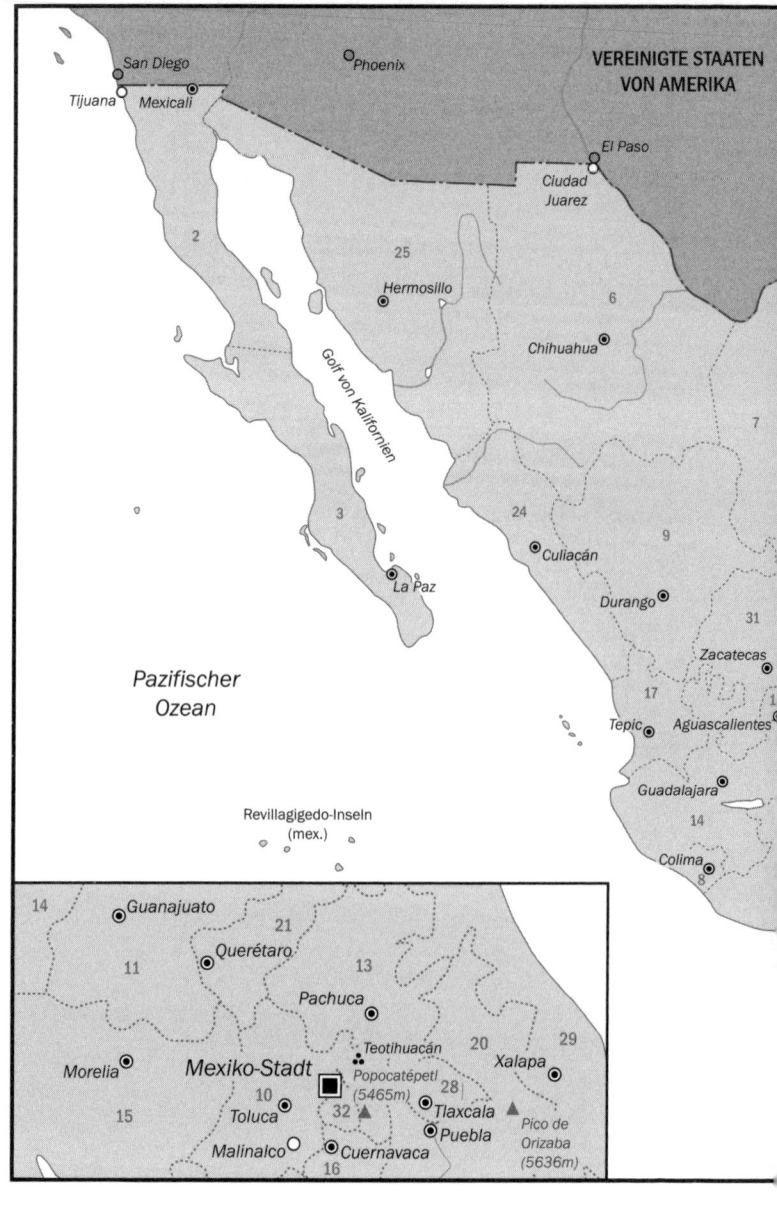

VEREINIGTE STAATEN
VON AMERIKA

San Diego

Phoenix

Tijuana   Mexicali

El Paso

Ciudad
Juarez

2

25

6

Hermosillo

Chihuahua

Golf von Kalifornien

7

3

24

9

La Paz

Culiacán

Durango

31

Zacatecas

Pazifischer
Ozean

17

1

Tepic   Aguascalientes

Guadalajara

Revillagigedo-Inseln
(mex.)

14

Colima

8

14

Guanajuato

21

11

Querétaro

13

Pachuca

Morelia

Mexiko-Stadt

Teotihuacán

20

Xalapa

29

10

Popocatépetl
(5465m)

28

Toluca

32

Tlaxcala

15

Puebla

Malinalco

Cuernavaca

Pico de
Orizaba
(5636m)

16

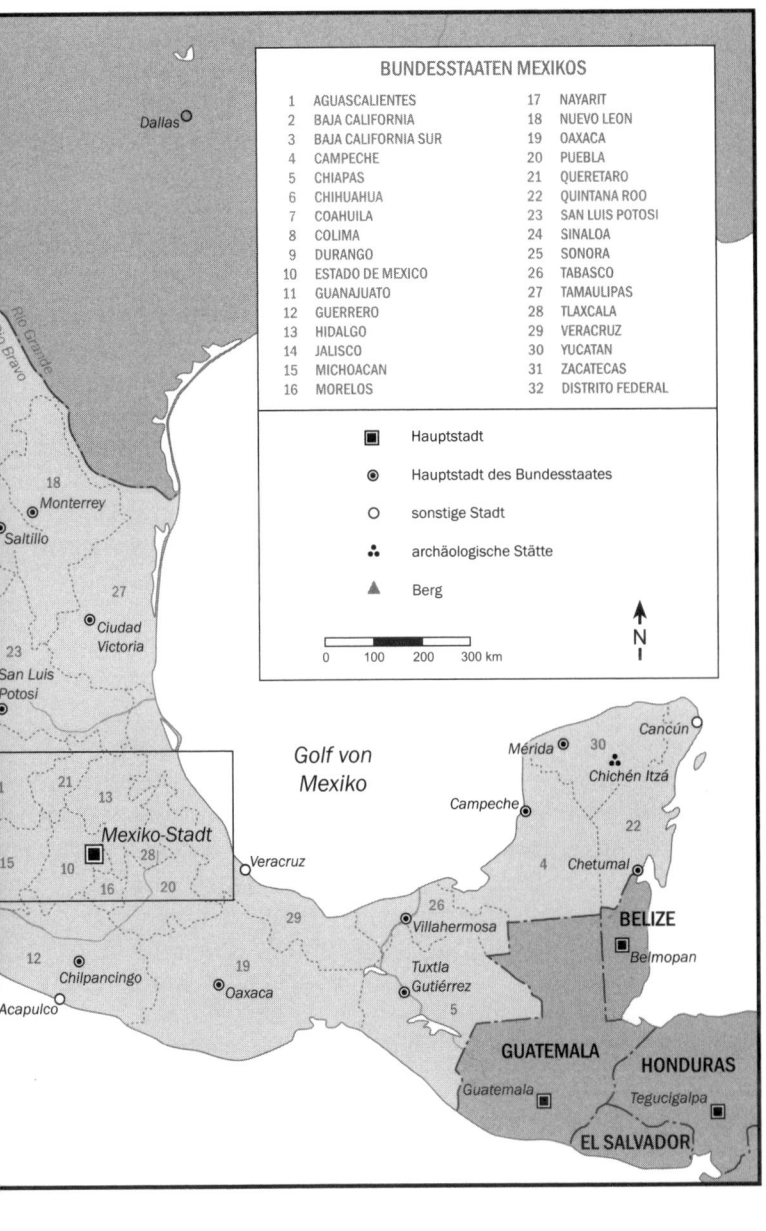

BUNDESSTAATEN MEXIKOS

1	AGUASCALIENTES	17	NAYARIT
2	BAJA CALIFORNIA	18	NUEVO LEON
3	BAJA CALIFORNIA SUR	19	OAXACA
4	CAMPECHE	20	PUEBLA
5	CHIAPAS	21	QUERETARO
6	CHIHUAHUA	22	QUINTANA ROO
7	COAHUILA	23	SAN LUIS POTOSI
8	COLIMA	24	SINALOA
9	DURANGO	25	SONORA
10	ESTADO DE MEXICO	26	TABASCO
11	GUANAJUATO	27	TAMAULIPAS
12	GUERRERO	28	TLAXCALA
13	HIDALGO	29	VERACRUZ
14	JALISCO	30	YUCATAN
15	MICHOACAN	31	ZACATECAS
16	MORELOS	32	DISTRITO FEDERAL

■ Hauptstadt

◉ Hauptstadt des Bundesstaates

○ sonstige Stadt

⁛ archäologische Stätte

▲ Berg

0   100   200   300 km

N

Einleitung

Als wir morgens an der Küste aufbrachen, war es bereits drückend schwül, in den Mangroven surrten die Mücken. Die Straße führte anfangs noch durch Zuckerrohrfelder, Bananenplantagen und Mangohaine, dann stieg sie kaum merklich in die Berge. An die Stelle des saftigen Grüns traten allmählich dunkle Eichenwälder, zwischen denen Kaffeesträucher aufblitzten, und als wir über die Serpentinen weiter nach oben kletterten, wichen diese den Nadelbäumen einer alpinen Landschaft. An jeder Kehre sahen wir hoch über uns den schneebedeckten Gipfel des Pico de Orizaba, der über den Hängen der Sierra Madre Occidental thront. Gegen Mittag überschritten wir den Pass, mit einem Mal traten die Bäume zurück, und vor uns breitete sich eine steinige, mit vereinzelten Agaven und Yuccapalmen bewachsene Hochebene aus.

Als ich bei meinem ersten Besuch in Mexiko von der Golfküste ins zentrale Hochland fuhr, bekam ich einen kleinen Eindruck davon, warum Mexiko zu den fünf Ländern mit der größten biologischen Vielfalt der Erde gehört. Hier sind sämtliche Klima- und Vegetationszonen des Planeten vertreten, von Wüsten bis zu Urwäldern, von Korallenriffen bis zu Gletschern. Im Laufe der nächsten Jahre lernte ich auch seine erstaunliche kulturelle Vielfalt kennen: In Mexiko leben rund achtzig verschiedene Ethnien mit sechzig eigenen Sprachen, es gibt höllische Millionenstädte und paradiesische Urlaubsorte, moderne Wolkenkratzer und jahrtausendealte Pyramiden, abgeschirmte Villenviertel und staubige Barackensiedlungen.

Die Buntheit und Widersprüchlichkeit Mexikos überrascht mich auch nach acht Jahren in Mexiko noch. Deshalb habe ich erst gar nicht versucht, ein »Porträt« im herkömmlichen Sinne zu schreiben. In diesem Buch versammele ich eher eine Reihe von Innenansichten, in denen ich aus meinen Erfahrungen und Begegnungen schöpfe. Ich habe das Land von sehr unterschiedlichen Seiten kennengelernt: Die Idee zu einem Buch über Mexiko kam mir, während ich noch in Mexiko-Stadt lebte, einer der faszinierendsten Metropolen der Welt. Als mich der Reihenherausgeber des Links-Verlages anrief, war ich gerade nach Malinalco gezogen, ein historisches Dorf in den Bergen des Hochlandes. Und geschrieben habe ich dieses Buch schließlich in Xalapa, einer Universitätsstadt im Nebelwald von Veracruz. An diesen drei Orten habe ich sehr unterschiedliche Gesichter Mexikos kennengelernt. Trotzdem würde ich nie behaupten, dass das alle Gesichter sind.

Dieses Buch lebt von den Menschen, denen ich begegnet bin, und daher möchte ich mich an dieser Stelle ganz herzlich bei allen bedanken, die mir ihre Geschichten erzählt haben, allen voran meiner mexikanischen Familie. Ganz besonders danke ich meiner geliebten Frau Lourdes, ohne die ich dieses wunderbare Land nie kennengelernt hätte und von der ich alles habe, was ich über Mexiko weiß.

Hinweis: Ergänzend zu diesem Buch finden Sie auf der Website www.lp-mexiko.de Bilder, Musik, Filme und aktuelle Informationen.

La Tortilla
Mexiko geht durch den Magen

Im Eingangstor zur Markthalle hängen dichte Rauchschwaden. Neben dem Durchgang steht eine kleine Frau hinter einem improvisierten Herd. Sie dürfte etwa sechzig Jahre alt sein, trägt eine mit bunten Blumen bestickte Bluse, einen Rock, über den Schultern ein graues Tuch und an den faltigen Füßen ein Paar handgemachter Sandalen. Die grauen, geflochtenen Zöpfe hat sie auf dem Rücken zusammengebunden. Ihr Herd ist ein rundes, verbeultes Blech, das auf einem niedrigen, viereckigen Holzkohlegrill liegt. Am Rand des Blechs brutzeln drei dicke, ovale Fladen, aus deren Seite weißer Käse quillt und verkokelt. Auf einem Tischchen neben dem Grill stehen Tupperdosen mit Käse, Bohnenbrei, Chorrizo und roten und grünen Chilisoßen und eine große Plastikschüssel mit einem riesigen, hellgelben Batzen Teig. Als ich vorbei gehe, drückt sie einen Fladen zusammen und legt ihn auf das Blech.

»Gorditas, Señor?«, fragt Doña María ohne aufzusehen.

»Gracias«, antworte ich im Vorübergehen. Danke, was so viel heißt wie, nein danke.

»Tortillas?«, fragt sie und zeigt auf einen Korb, der mit einem Tuch zugedeckt ist. Ich denke kurz nach und bleibe stehen.

»Haben Sie blaue?«

Sie wischt sich die Finger an der Schürze ab und schlägt das Tuch zurück. Ich sehe vier Stapel anthrazitfarbener Fladen.

»Wie viele möchten Sie?«

»Ein halbes Kilo.«

Sie nimmt einen Stapel heraus, zählt mir etwa ein Dutzend Tortillas ab und schlägt sie in rotes Packpapier ein.

»Zwölf Pesos.«

Ich reiche ihr zwei Münzen. Umständlich steckt sie ihre Hand in eine Plastiktüte und nimmt das Geld entgegen.

Die Säule der Ernährung

Ganz Mexiko ruht auf einem lappigen Pfannkuchen von etwa 15 Zentimetern Durchmesser: der *tortilla*. Der Mexikaner verzehrt im Durchschnitt ganze 70 Kilogramm davon pro Jahr – das ergibt einen beeindruckenden Pfeiler von etwa sieben Metern Höhe. Mit dem, was unsere Nachbarn, eine sechsköpfige Familie, in einem Jahr wegfuttern, könnten wir unsere Küche bis zur Unterlippe vollstapeln. Aneinandergelegt reichen die Tortillas, die 110 Millionen Mexikaner an einem einzigen Tag verdrücken, mehr als fünf Mal um den Äquator. Mit einer Jahresration könnte man eine zweispurige Autobahn zum Mond bauen, und in tausend Tagen ganz Mexiko mit seinen rund 2 Millionen Quadratkilometern einmal vollständig zupflastern.

Wenn ich die Tortillas eben als Pfannkuchen bezeichnet habe, dann ist das natürlich grundfalsch. Sie sehen zwar aus wie kleine Crêpes, sind aber fester und schmecken vor allem ganz anders. Das liegt unter anderem daran, dass sie aus Mais hergestellt werden, und nicht aus Weizenmehl. Eine französische Freundin, die seit mehr als zehn Jahren in Mexiko lebt, meinte einmal, die Tortillas schmeckten wie feuchter Pappkarton. Wenn sie damit die Tortillas aus dem Supermarkt meint, dann hat sie möglicherweise gar nicht so Unrecht. Aber vermutlich konnte sie es den mexikanischen Fladen einfach nicht verzeihen, dass sie nicht wie ihre geliebten Crêpes schmecken.

Der für europäische Gaumen etwas ungewohnte Geschmack hängt auch mit der Zubereitung zusammen. Die ist buchstäblich eine Wissenschaft für sich. Wenn Doña María ihre Tortillas zubereitet, kocht sie die getrockneten Maiskörner zunächst eine Viertelstunde lang zusammen mit gelöschtem Kalk und lässt sie dann über Nacht in einem zugedeckten Topf stehen. Diese Technik dient dazu, die harte Schale aufzulösen, die Klebstoffe freizusetzen, die Giftstoffe zu zerstören und die Eiweiße für den menschlichen Verdauungsapparat zugänglich zu machen. Am nächsten Morgen werden die weichen Körner zu einer Masse namens *nixtamal* zermahlen, die sich ungefähr so anfühlt wie ein Knetteig, nur dass sie feiner und zäher ist und natürlich kein Fett enthält. Aus dieser Masse werden die Tortillas geformt.

Traditionell werden die gekochten Körner von Hand und mit etwas Wasser auf einem *metate*, einem flachen Mörser aus grobem Vulkanstein zerrieben. Aber das ist Doña María dann doch zu anstrengend. Sie bringt ihre gekochten Maiskörner lieber zu einer Maismühle in ihrem Dorf und lässt den Teig dort mahlen. Wieder zuhause, muss sie den *nixtamal* rasch verarbeiten, denn nach spätestens acht Stunden fängt er an zu gären. Zur Herstellung der Tortillas nimmt sie eine kleine Handvoll Teig, formt ihn in einer Handpresse zu einem Fladen und legt ihn auf einen *comal*, ein heißes, rundes Blech, wo sie ihn ohne Fett und Öl backt. Die Kunst besteht darin, die Tortilla so feucht und elastisch wie möglich zu halten, ohne dass sie roh ist. Dazu erhitzt sie die Tortilla von jeder Seite etwa dreißig Sekunden lang und wendet sie zum Schluss noch zweites Mal, damit sie sich aufbläht. Dann legt sie die Tortilla neben das Blech, wo sie in sich zusammenfällt.

So werden Tortillas schon seit Jahrtausenden zubereitet. In den Dörfern hat sich daran bis heute nicht viel geändert, dort stellen viele Frauen das Grundnahrungsmittel der Familie oft noch frisch zur Mahlzeit in ihrer eigenen Küche her. Auch Marktstände oder Restaurants, die etwas auf sich halten, reichen natürlich nur heiße, handgemachte Tortillas. Doch die meisten Frauen der städtischen Mittelschicht sind heute berufstätig und haben keine Zeit mehr für diese aufwendige Prozedur, und in den kleinen Küchen der Stadtwohnungen wäre auch gar kein Platz mehr dafür. Deshalb kaufen sie ihre Tortillas auf dem Markt, im Supermarkt oder in der Tortillería.

Tortillas werden grundsätzlich zu jeder Mahlzeit gegessen. Wobei das so nicht ganz richtig ist, denn eigentlich wird die Mahlzeit umgekehrt mit der Tortilla gegessen. Egal was auf den Teller kommt, es wird in die Tortilla gefaltet oder gerollt und mit der Hand in den Mund befördert. Selbst Schnitzel und Steaks werden oft erst in kleine Häppchen geschnitten und dann Stück für Stück eingepackt und verzehrt. Die Geste für »essen« verrät, wie allgegenwärtig die Tortilla ist: Während die Deutschen so tun, als würden sie einen Löffel zum Mund heben, machen Mexikaner eine Bewegung, als würden sie sich mit der Hand eine zusammengerollte Tortilla in den Mund schieben.

Wenn es um die Verwendung der Tortilla geht, kennt die Kreativität keine Grenzen. Da ist zum einen der *taco*, eine mit Fleisch gefüllte Tortilla. Je nach Region können auch schon mal Grashüpfer, Raupen, Larven, Würmer, Käfer oder Stinkwanzen in den Fladen gerollt werden. Eine besonders beliebte Variante ist der *taco al pastor*, der mit Fleisch von einem Drehspieß belegt wird und dessen Duft ab dem späteren Nachmittag von den Imbissständen durch die Straßen zieht. Der *taco al pastor* ist eine Art mexikanischer Döner: Der Spieß wurde von libanesischen Einwanderern mitgebracht, die Ende des 19. Jahrhunderts vor der Christenverfolgung aus dem Osmanischen Reich nach Mexiko flohen. Das Fleisch wird mit demselben Riesenmesser heruntergesäbelt, und am Ende fragt auch der Taquero: »Mit allem?« Nur meint er damit gehackte Korianderblätter, rohe Zwiebelwürfel und gegrillte Ananas. Sie können nach Belieben mit Zitrone und natürlich Chilisoße nachwürzen.

Eine nahe Verwandte des Taco ist die *quesadilla*, die trotz ihres Namens nicht zwingend mit Käse gefüllt wird. Zur Zubereitung der Quesadilla wird die rohe Tortilla mit Zuchiniblüten, gekochten Kartoffeln, Maisschimmel, Rinderhirn oder tatsächlich mit Käse oder Quark belegt, gefaltet, außen herum zugedrückt und dann auf einem *comal* gebacken.

Beliebt sind auch die *enchiladas* (»die in Chili eingelegten«), die *entomatadas* (»die in Tomatillo eingelegten«) oder die *enfrijoladas* (»die in Bohnen eingelegten«), die mit gekochtem Hühnerfleisch belegt, in der Mitte gefaltet und dann unter einer warmen Chili-, Tomaten-, oder Bohnensoße, einer dicken Schicht Salat, saurer Sahne und geriebenem Käse versteckt werden. Man könnte die Liste noch endlos fortsetzen.

Aus dem *nixtamal* werden übrigens auch andere Gerichte zubereitet, beispielsweise die *tamales*, die man vielleicht am besten als Maiskuchen bezeichnen könnte, die in Mais- oder Bananenblätter gehüllt werden. *Tamales* gibt es süß oder herzhaft, sie können mit Rosinen, Chilistreifen oder Hähnchenstücken gefüllt werden. Dazu trinkt man *atole*, ein Maisgetränk, das ebenfalls aus dem Tortillateig angerührt und mit Vanille, Schokolade oder Früchten zubereitet wird.

Die Tortillas werden am besten frisch gegessen, und wenn das nicht möglich ist, werden sie kurz vor jeder Mahlzeit auf der offenen Flamme des Gasherds kurz erhitzt. Damit sie warm bleiben, kommen sie in einem Tuch oder einer Tortilladose auf den Tisch. Alte und zähe Tortillas werden aber nicht einfach weggeworfen, sondern kreativ weiterverarbeitet. Meist werden sie in dreieckige Stücke geschnippelt und frittiert, gebacken oder einfach an der Luft getrocknet. Das Ergebnis sind die *totopos*, die Mütter der »Tortilla-Chips«, die heute in den Supermärkten der Welt angeboten werden. Gegessen werden sie mit Bohnenbrei und ordentlich scharfen Chilisoßen. Oder sie werden in einer warmen Chilisoße eingeweicht und mit Rahm und Käse bestreut – dann nennen sie sich *chilaquiles*. Es gibt sogar eine Art mexikanische Flädlesuppe, eine scharfe Suppe mit Käse, Hühnerfleisch, Avocadostücken und Streifchen der knusprigen *totopos*. Auf dem Land werden auch die Hühner und Hunde mit den alten Tortillas bedacht.

Inzwischen ist vermutlich deutlich geworden, dass die Tortilla keine beliebige Sättigungsbeilage ist. Sie ist eher so etwas wie ein Mantel, der sich um die gesamte mexikanische Zivilisation herumlegt. Aber sogar diese Metapher geht noch nicht weit genug, denn wenn man den prähispanischen Mythen glaubt, bestehen die Mexikaner selbst aus dem Teig der Tortilla.

Menschen aus Mais

Nachdem die Götter die Welt mit ihren Pflanzen und Tieren erschaffen hatten, so das heilige Maya-Buch *Popol Vuh*, wollten sie ein Wesen formen, das sprechen und die Früchte der Erde ernten sollte. Der eigentliche Grund war jedoch, dass die Götter jemanden haben wollten, der sie verehrte. Sie überlegten lange hin und her, aus welchem Material sie dieses Wesen herstellen wollten. Zunächst wählten sie Ton und formten ihn sorgfältig und mit Liebe zum Detail. Doch das Ergebnis blieb hinter den Erwartungen zurück: Ihr Wesen konnte zwar sprechen, doch es war tollpatschig und blind. Außerdem sackte es in sich zusammen und löste sich bei Regen auf.

Enttäuscht suchten die Götter nach einem neuen Material. Im zweiten Anlauf entschieden sie sich für Holz und schnitzten ein Wesen, das sprechen, gehen und sich sogar vermehren konnte. Leider mussten sie bald feststellen, dass ihre Marionette kein Herz hatte: Sie irrte ohne Sinn und Ziel auf der Erde umher, redete Unsinn und erkannte zu allem Überfluss ihre Schöpfer nicht. Also schickten sie eine Flut, um die missratene Kreatur zu ertränken.

Doch die Götter blieben hartnäckig. Nach einigem Hin und Her wählten sie schließlich als Material die Nahrung, die das neue Wesen essen sollte. Sie ernteten die reifen Kolben des roten, gelben und weißen Mais, entkernten sie, mahlten die Körner und kochten die Masse mit Regenwasser. Aus dem *nixtamal* kneteten sie vier neue Wesen, vorsichtshalber erst einmal nur Männer. Und siehe da, diese Kreaturen konnten gehen, sehen, denken, fühlen und sprechen. Und vor allem erkannten sie ihre Schöpfer. Zufrieden formten die Götter nun auch noch vier Frauen. Die Menschen vermehrten sich und machten sich irgendwann auf den Weg in ihre neue Heimat, das heutige Hochland von Chiapas und Guatemala. Als sie dort ankamen, brachten ihnen die Tiere bei, Felder anzulegen, den Mais anzubauen und Tortillas zu backen.

Geschichten wie diese sind unter sämtlichen Völkern Mesoamerikas verbreitet, jede der vielen Kulturen hielt den Mais in hohen Ehren. Die Azteken beispielsweise nannten ihn *tonacayotl*, was so viel bedeutet wie »unsere Nahrung« oder »unser Leben«. In seiner *Historia general de las cosas de Nueva España*, der Geschichte von Neuspanien, die der Franziskanermönch Bernardino von Sahagún kurz nach der Eroberung Mexikos zusammenstellte, heißt es beispielsweise: »Er ist unser Fleisch und unsere Knochen. Er ist unser Halt, unser Leben, unser Dasein. Er lässt uns gehen, tun, freuen und tanzen. Denn er lebt wahrhaftig. Er ist es, der in Wahrheit gebietet, herrscht und erobert.«

Das hat sich bis heute kaum geändert. Der Mais war und ist die Nahrungsgrundlage in Mittelamerika. Über Jahrtausende war der Mais der Lebensmittelpunkt der Menschen, er bestimmte ihre Bräuche und Vorstellungen, die Architektur ihrer Häuser, die Anlage ihrer Städte, und den Ablauf von Tag und Jahr.

Der Urahn des Mais ist ein Süßgras mit dem Namen Teocinte, das bis heute in den Wäldern Mesoamerikas wächst und ein Händchen voll Samen produziert. Nach archäologischen Ausgrabungen im Tal von Tehuacán, das zwischen den heutigen Bundesstaaten Puebla und Oaxaca liegt, lässt sich heute die Geschichte des Maisanbaus rekonstruieren. Die ältesten Funde sind etwa siebentausend Jahre alt und zeigen, dass die Jäger und Sammler, die damals das Tal bewohnten, den Wildmais auf dem Speiseplan hatten. Vermutlich züchteten sie ihn noch nicht, sondern behielten ihn nur im Auge und schützten ihn vor Tieren. Bei Ausgrabungen in einer Wohnhöhle fanden Archäologen die abgenagten Überreste von viereinhalb Zentimeter langen und fünfeinhalbtausend Jahre alten Maiskölbchen; damals müssen die Bewohner des Tals zumindest sporadisch Nutzpflanzen angebaut und gezüchtet haben. In derselben Höhle wurden Reste von Maiskolben gefunden, die etwa ein Jahrtausend später geerntet wurden und inzwischen immerhin eine Länge von elf Zentimetern erreicht hatten. Ein weiteres Jahrtausend später, also vor rund dreieinhalbtausend Jahren, hatte der Mais etwa die Größe und das Gewicht der heutigen Kolben.

Was die mexikanischen Ureinwohner da züchteten, ist eine wahrhafte Wunderpflanze: Aus einem gesäten Weizenkorn wachsen im Durchschnitt fünf neue Körner, aber aus einem Maiskorn ganze achtzig. Der Mais gedeiht in den feucht-heißen Küstenregionen am Pazifik und Golf mit ihren Wirbelstürmen und Überschwemmungen genauso wie auf dreitausend Meter Höhe im trocken-kalten zentralen Hochland mit seinen Nachtfrösten und monatelangen Trockenperioden. In jedem Tal züchteten die Ureinwohner ihre eigenen Arten. Heute gibt es knapp sechzig anerkannte Maissorten und Tausende Unterarten, die sich in Form, Farbe, Größe, Festigkeit und Geschmack unterscheiden. Es gibt weißen, gelben, orangefarbenen, roten, blauen und gesprenkelten Mais. Einige Hochlandarten werden bis zu 35 Zentimeter lang und reifen in sechs bis acht Monaten. Im tropischen Tiefland wachsen dagegen kleinere Arten, die schon nach drei Monaten geerntet werden können.

Der Maisanbau erforderte große Sorgfalt. Zur Aussaat verwendeten die Bauern einen einfachen Holzstab, um Löcher in die Erde zu drücken und jedes Saatkorn einzeln zu legen. Die *Historia general* von Fray Bernardino zeigt Abbildungen von Bauern mit ihren Stäben und Tüchern, in denen sie die Samen transportieren. Jedes Korn wurde einzeln ausgewählt und gelegt, und jede der übermannshohen Pflanzen einzeln großgezogen. Zur Ernte brachen die Bauern die reifen Kolben ab und trugen sie in Huckelkörben nach Hause. Vor der neuen Saat wurden die vertrockneten Pflanzen abgebrannt und die Asche untergegraben. Der Mais wurde oft zusammen mit Buschbohnen gepflanzt: Die Sträucher sind nicht nur ein natürlicher Stickstofflieferant für den Boden, die Bohnen sind in Kombination mit dem Mais außerdem eine ausgezeichnete Quelle von pflanzlichen Proteinen. In vielen Regionen haben sich die Anbaumethoden bis heute kaum geändert: Statt eines Stabes verwenden die Kleinbauern heute Harken aus Eisen, und gelegentlich trägt ihnen ein Esel die Körbe mit der Ernte nach Hause.

Der Mais ist buchstäblich die Kulturpflanze Mesoamerikas: Ohne Mais keine Kultur. Auf den Schultern der Maisbauern entstanden die beeindruckenden Zivilisationen der Olmeken, Zapoteken, Mayas, Tolteken oder Azteken mit hochentwickelten urbanen Zentren. Die Stadt Teotihuacan im Hochtal von Mexiko hatte vor anderthalbtausend Jahren etwa eine halbe Million Einwohner und die Aztekenhauptstadt Tenochtitlan kam mit ihrem Umland sogar auf dreimal so viele. Wie wichtig der Mais für die mexikanischen Kulturen war, zeigt das Schicksal der Mayas, deren Zivilisation vor etwas mehr als einem Jahrtausend plötzlich verschwand: Wahrscheinlich waren eine anhaltende Dürre und der Ausfall der Maisernten für ihren Untergang verantwortlich. Und wenn im ersten Jahrhundert nach der Eroberung Mexikos durch die Spanier die Bevölkerung um mehr als 80 Prozent einbrach, dann waren daran einerseits die eingeschleppten Krankheiten schuld, aber andererseits die Tatsache, dass die Spanier den Mais an ihr mitgebrachtes Vieh verfütterten und auf den Maisfeldern Zuckerrohr anbauten, so dass viele der Ureinwohner verhungerten.

Trotzdem trugen der Mais und die Tortilla auch zur Mexikanisierung der Spanier bei, wie der Historiker Solange Alberro erklärt. Die Eroberer hatten natürlich keine Frauen mitgebracht, sondern mussten sich von Einheimischen bekochen lassen. Ihnen schmeckte längst nicht alles, aber es blieb ihnen kaum etwas anderes übrig. Die Spanierinnen, die zwanzig Jahre nach der Eroberung in die neue Welt kamen, hatten den weiten

Weg natürlich nicht auf sich genommen, um sich in die Küche zu stellen. So lernten die Spanier von den mexikanischen Frauen, Fleisch, Bohnen und Gemüse in Maisfladen zu rollen und das Ganze mit scharfen Soßen zu würzen. Ihre neuen Haushalte wurden um die mexikanische Küche und die Tortilla herum organisiert. So wurden aus Spaniern Mexikaner.

Der Tortillakönig

Der Mann, der die Tortilla ins Industriezeitalter gebracht hat, heißt Roberto González Barrera. González, der 1930 in Cerralvo im Bundesstaat Nuevo León geboren wurde und im Alter von 12 Jahren ohne Abschluss von der Schule abging, arbeitete im Gemischtwarenladen seines Vaters. Kurz nach Ende des Zweiten Weltkriegs, er war noch keine 18 Jahre alt, stolperte er bei einem Großhändler über eine Maschine zur Herstellung von Maismehl. Der Großhändler war wenig angetan von dem Apparat und klagte, seine einzigen Kunden seien die Saisonarbeiter, die für einige Monate zum Arbeiten in die Vereinigten Staaten gingen und dort natürlich nicht ohne ihre Tortillas leben konnten. Aber González war begeistert. Er überredete seinen Vater, sämtliche Bestände seines Gemischtwarenladens zu verkaufen und dafür die Maschine zu übernehmen. Der Großhändler warnte ihn, doch González hörte nicht auf ihn und gründete sein Unternehmen Maseca, für *masa seca* oder Trockenteig.

Zu Anfang sah es ganz so aus, als sollte der Großhändler mit seiner Warnung Recht behalten. Der Teig, der mit dem Fertigmehl angerührt wurde, war klebrig, die Tortillas verkohlten leicht und schmeckten nicht einmal der Familie González. Noch schwieriger war es, die Hausfrauen in Cerralvo und Umgebung davon zu überzeugen, ihren *nixtamal* nicht mehr selbst herzustellen. Aber González gab nicht auf und verkaufte Haus und Hof, um sein Unternehmen aufzubauen. Inzwischen war auch sein Vater Feuer und Flamme und tüftelte an einer neuen Maschine. Schließlich fanden sie einen Kreditgeber und hatten das Glück, Kontakte zu einflussreichen Politikern knüpfen zu können. Ganz allmählich fand Maseca seine ersten Kunden.

Um die Verkäufe anzukurbeln, richtete González eigene Tortilla-Läden ein, in denen er nicht nur Maismehl, sondern gleich die fertigen Tortillas verkaufte. Sein Vater erfand eine Maschine, mit der sich die Tortilla am Fließband produzieren ließ. Man musste den angerührten Teig nur noch hinten in einen großen Trichter geben, und vorn spuckte die Maschine die Fladen aus. Als die Regierung Mitte der sechziger Jahre die Tortillaketten verbot, entwickelte González eine Art Franchise-System und verkaufte den Tortillerías Maschinen zu günstigen Konditionen, wenn sie ihren Fertigteig bei Maseca kauften.

Maseca profitierte außerdem von den staatlichen Subventionen. Der Preis der Tortilla ist eine sensible Angelegenheit: Wenn anderswo Revolutionen wegen steigender Brotpreise ausbrechen, gehen Mexikaner wegen der Verteuerung der Tortilla auf die Straße. Daher legte der Staat lange Zeit die Maispreise fest und zahlte die Differenz zum Weltmarktpreis. Außerdem erhielten viele Unternehmen des Agrarsektors direkte Fördergelder. Die Subventionen wurden zwar nach dem Beitritt Mexikos zur NAFTA im Jahr 1996 weitgehend abgeschafft, doch bis dahin war Maseca so groß geworden, dass es sie nicht mehr benötigte.

Heute stellt das Unternehmen nicht mehr nur noch Tortillas her, sondern »functional food«. Maseca mischt – oder streckt, wie böse Zungen sagen – das Maismehl mit Soja und reichert es mit Vitaminen an. Außerdem experimentiert das Unternehmen mit neuen Mischungen, zum Beispiel aus Mais und Nopal oder – Gott behüte! – Kartoffeln.

Aus der Maismühle ist ein internationaler Konzern geworden. Maseca war das erste mexikanische Unternehmen, das in China eine Produktionsstätte errichtete, es ist in Costa Rica und Venezuela genauso vertreten wie in den Vereinigten Staaten und England. Im Jahr 2009 produzierte Maseca allein in Mexiko rund 1,5 Millionen Tonnen Maismehl, ein Drittel aller Tortillas wurde mit Rohstoffen von Maseca hergestellt. Wichtiger als Mexiko selbst ist jedoch der Markt der mexikanischen Auswanderer in den Vereinigten Staaten. Hier hatte Maseca 2009 einen Marktanteil von 90 Prozent und verkaufte rund 800 000 Tonnen pro Jahr – allerdings mit deutlich höheren Renditen, denn hier kostet die Tortilla das Vierfache. Insgesamt kam das Unternehmen im Jahr 2009 auf einen Jahresumsatz von umgerechnet 3,5 Milliarden Euro.

Maseca ist heute eine Aktiengesellschaft namens Gruma. Und Roberto González Barrera, der Mann ohne Schulabschluss, ist Hauptaktionär und Direktor von Banorte, dem größten einheimischen Geldinstitut. So mächtig ist die Tortilla.

Doña María und die Weltwirtschaft

Doña María kommt fast jeden Tag aus Rancho Viejo auf den Mercado de Jauregi in Xalapa, der Hauptstadt des Bundesstaates Veracruz, um dort ihre handgemachten Tortillas zu verkaufen. In dem nahegelegenen Dorf hat ihre Familie etwa einen Hektar Land, auf dem sie weißen, roten und schwarzen Mais anbaut. Ihr Mann Don Jacinto setzt den Mais zu Beginn der Regenzeit auf seinem steilen und steinigen Acker oberhalb von Rancho Viejo und erntet ihn im November. Zwischen den Mais setzt er schwarze Buschbohnen. Im Jahr erntet die Familie etwa anderthalb Tonnen Mais und fast genauso viele Bohnen. Davon leben kann die Familie natürlich nicht, aber sie hat mehr als genug, um den Bedarf der Familie an Tortillas, *atoles* und *tamales* zu decken, und kann den Rest verkaufen. Daneben hält die Familie zwei Pferde, ein paar Hühner, deren Eier sie verkaufen, und Ziegen, aus deren Milch sie Käse herstellt. In ihrem Garten bauen sie unter anderem weiße Callas an. Wenn Doña María die Lilien zusammenrafft, um sie zum Pick-up zu bringen, der sie nach Xalapa auf den Markt fährt, erinnert sie an Gemälde von Diego Rivera.

Don Jacinto ist klein und kräftig, und wenn er spricht, blitzt ein Blechzahn in seinem Mund auf. Hauptberuflich ist er Taxifahrer. Das Auto ist allerdings nur gemietet, und er träumt davon, irgendwann sein eigenes Taxi zu haben und andere für sich fahren zu lassen. Das ist allerdings sehr teuer – weniger wegen des Fahrzeugs als wegen der Lizenz, der jährlichen Abgaben und der üppigen Bestechungsgelder, nicht zu vergessen die Beiträge für die korrupte Gewerkschaft; zusammen kosten die Nummernschilder leicht doppelt so viel wie das Auto selbst.

Doña María und Don Jacinto haben drei Töchter, die noch im Dorf leben und selbst schon kleine Kinder haben. Seine beiden Söhne leben dagegen längst nicht mehr in Rancho Viejo: Der jüngere zog nach Mexiko-Stadt und arbeitet dort beim mexikanischen Ableger des deutschen Glühbirnenherstellers Osram, der ältere, José, ging vor knapp fünfzehn Jahren nach San Antonio in Texas und holte wenig später seine Frau und seine beiden Kinder nach. Bis zur Hypothekenkrise arbeitete er – ohne Papiere natürlich – auf dem Bau und schlug sich in den letzten Jahren mit Gelegenheitsjobs durch. Anfangs schickte José regelmäßig Geldanweisungen nach Hause, doch in letzter Zeit sind die Überweisungen spärlicher geworden.

In Mexiko werden zwei Drittel der Maisernte von Kleinbauern wie Don Jacinto und Doña María eingebracht. Rund 6 der 7 Millionen Hektar Maisanbaufläche werden von Kleinbauern bestellt, deren Erträge im Durchschnitt bei 2 Tonnen pro Hektar liegen. In den ärmeren Bundesstaaten des Südens – vor allem in Chiapas, Oaxaca oder Guerrero, in denen der Anteil der indigenen Bevölkerung am höchsten und die Sierra am stärksten zerklüftet ist – wird der Mais fast ausschließlich in solchen Kleinstbetrieben angebaut. Die übrige Anbaufläche wird von industriellen Landwirtschaftsbetrieben unter den Pflug genommen, die in großem Stil bewässern und Pflanzenschutzmittel einsetzen. Diese befinden sich überwiegend in dünn besiedelten und trockenen Bundesstaaten wie Chihuahua, Sinaloa und Sonora im Norden des Landes und werden vom Staat subventioniert. Hier sind die Hektarerträge dreimal so hoch.

Wäre es nach der mexikanischen Regierung gegangen, gäbe es Kleinbauern wie Don Jacinto nur noch in Geschichtsbüchern. Die Regierung von Carlos Salinas kündigte Ende der achtziger Jahre an, sie wolle die Landbevölkerung innerhalb von fünf Jahren um die Hälfte reduzieren. Sie stellte nicht zu erfüllende Anforderungen an die Produktivität der Kleinbauern und drehte ihnen den Subventionshahn zu. Die mexikanische Gesellschaft, die heute noch fast zur Hälfte auf dem Land lebt, sollte weiter urbanisiert und die Versorgung mit Mais und anderen Grundnahrungsmitteln von einer international wettbewerbsfähigen Agrarindustrie übernommen werden. Mexiko stand vor dem Beitritt zur Freihandelszone NAFTA mit den

Vereinigten Staaten und Kanada und sollte gründlich »modernisiert« werden. Es war ein gezielter Schlag gegen die Landbevölkerung und indigene Gemeinschaften, doch das stalinistisch anmutende Projekt ging gründlich schief: Die Zuwächse der Großbetriebe blieben weit hinter den Erwartungen zurück und die Kleinbauern ließen sich trotz der staatlichen Maßnahmen nicht vertreiben.

Ihnen ist es zu verdanken, dass Mexiko heute rund 24 Millionen Tonnen Mais im Jahr produziert. Damit ist der Bedarf allerdings keineswegs gedeckt, das Land muss rund 8 Millionen Tonnen pro Jahr importieren, überwiegend minderwertigen gelben Mais aus den Vereinigten Staaten. Vor allem in der Industrie steigt die Nachfrage rasant an, und zwar nicht nur, weil immer mehr Mais zu Ethanol und Biosprit verarbeitet wird. Ein Viertel aller industriell gefertigten Lebensmittel in den Supermarktregalen enthalten direkt oder indirekt ein Maisderivat: Limonaden, Brot, Wurst, Bier und Knabbergebäck werden mit Maiskaramell gefärbt, Milch- und Kakaopulver mit Maltodextrin gestreckt, Getränke, Säfte und Marmeladen mit Fruchtzucker aus Mais gesüßt, Rinder, Schweine, Hühner, Fische und Garnelen mit Maismehl gefüttert. In Mexiko war der Mais lange ausschließlich dem menschlichen Konsum vorbehalten, doch mit der »Öffnung« des Marktes wurde diese Einschränkung aufgehoben. Die neue Nachfrage sollte durch billigen Mais aus industriellem Anbau gedeckt werden.

Mit dem Abbau der Handelsbeschränkungen seit 1994 wurde der Markt mit subventioniertem Billigmais aus den Vereinigten Staaten überschwemmt, der das sensible Preisgefüge in Mexiko sprengte. Das Realeinkommen der Kleinbauern, deren Erlöse ohnehin nie in einer sinnvollen Relation zu ihrer Arbeit standen, sank seither um mehr als die Hälfte. Die Folge war eine verstärkte Abwanderung in die Städte und ironischerweise in die Vereinigten Staaten. Trotzdem hielten viele Kleinbauern am traditionellen Maisanbau fest. Der wurde nun nicht mehr vom Staat, sondern von den Geldanweisungen der Kinder aus den Städten oder den Vereinigten Staaten subventioniert.

Trotz aller Widrigkeiten pflanzen Bauern wie Don Jacinto weiter ihren Mais an. Für sie ist der Mais mehr als nur eine Handelsware: Er ist eine Lebensform. Inzwischen hat die Familie auch eine neue Marktnische entdeckt. Doña María setzt sich auf den Markt, und zwei ihrer Töchter gehen jeden Samstag in einem wohlhabenden Stadtteil von Tür zu Tür und verkaufen Tortillas und *tamales*. Die Familie verkauft den Mais nicht an Großhändler, sondern direkt an ihre Endkunden aus der zahlungskräftigeren städtischen Mittelschicht. Die wissen den immensen Qualitätsunterschied zwischen handgemachten und industriell gefertigten Tortillas immer mehr zu schätzen und sind vor allem zunehmend bereit, für das Kilo Tortilla nicht 10 Pesos zu zahlen, sondern 25 oder 30. Allerdings haben Don Jacinto und Doña María auch das Glück, in der Nähe einer Stadt zu wohnen, in der es diese Käuferschaft gibt.

Einige Politiker, die den Begriff Nachhaltigkeit schon einmal gehört haben, erkennen inzwischen, dass sich die Wertschöpfung des Maisanbaus, wie ihn Don Jacinto und Doña María betreiben, nicht in Hektarerträgen und Pesos ausdrücken lässt. Die Kleinbauern leisten einen wichtigen Beitrag zur Erhaltung traditioneller Lebensformen und indigener Kulturen, sie bewahren die Artenvielfalt des Mais und betätigen sich obendrein mit ihrem extensiven Anbau als Landschaftspfleger. Sie praktizierten die nachhaltige Landwirtschaft schon einige Jahrtausende bevor dieser Begriff in Mode kam.

Genmais und Neokolonialismus

Obwohl sich Politiker gern mit hübschen Begriffen wie Nachhaltigkeit schmücken, hat diese nicht viele echte Freunde, schon gar nicht in der korrupten politischen Klasse Mexikos. Deshalb droht dem Mais gerade von dort heute ernsthaft Gefahr.

Im Jahr 2001 fanden zwei Wissenschaftler des Aktionsbündnisses En Defensa del Maíz (deutsch: Zum Schutz des Mais) in der Sierra von Oaxaca den ersten genetisch veränderten Mais. Sie staunten über diesen Fund so weit südlich und vermuteten, dass er aus Saatgut stammte, das mit Mais aus den Vereinigten Staaten kontaminiert worden war. Drei Jahre zuvor war ein Moratorium verhängt worden, das den Anbau von Genmais in Mexiko verbot, bis klar sein würde, wie sich die Kontamination verhindern ließe. Wissenschaftler kamen zu einem einfachen Schluss: Sie lässt sich nicht verhindern. Sobald Genmais angebaut wird, werden seine Eigenschaften durch die Windbestäubung auf den einheimischen Mais übertragen.

Das hinderte das mexikanische Parlament allerdings nicht daran, 2005 ein Gesetz zur sukzessiven Einführung des Genmais zu verabschieden und im März 2009 das Moratorium aufzuheben. Kurz darauf begann die erste Aussaat von Genmais in »experimentellem Anbau« auf meterhoch eingezäunten und scharf bewachten Feldern im Bundesstaat Tamaulipas. Damit wollten die Konzerne beweisen, dass der Genmais die umliegenden Felder nicht kontaminierte. Doch niemand wertete die Experimente aus, denn in Wirklichkeit war der Anbaustart längst beschlossen. Im Jahr 2011 legten die Saatguthersteller in Tamaulipas erste Pilotfelder an, auf denen vor allem der in Deutschland verbotene und vermutlich gesundheitsschädliche MON 603 angebaut wurde. Der weitere Anbau auf über 100 000 Hektar im Norden des Landes ist bereits beschlossene Sache.

Das Aktionsbündnis En Defensa del Maíz, in dem sich Organisationen von Indigenas und Bauern, Umweltorganisationen, Wissenschaftler und Intellektuelle zusammengeschlossen haben, spricht von einem »Monsanto-Gesetz«, benannt nach dem größten amerikanischen Hersteller von gentechnisch verändertem Saatgut, und bezeichnet den Anbau von Genmais als »Attentat gegen 10 000 Jahre Landwirtschaft«. In einem Manifest wies es im Frühjahr 2009 darauf hin, dass damit die einmalige Artenvielfalt im Herkunftsland des Mais gefährdet werde, und so auch das genetische Reservoir eines der wichtigsten Nahrungsmittel der Welt.

Das Aktionsbündnis sieht nicht nur die Pflanze gefährdet, sondern die gesamte Lebensform und die indigenen Gemeinschaften des Landes. Besonders problematisch findet es, dass verschiedene Bundesstaaten die Aussaat einheimischer Arten schärfer kontrollieren. Vorgeblich dienen diese Gesetze dem Schutz dieser Arten, aber in Wirklichkeit verhindern sie, dass die Bauern Saatgut untereinander austauschen, wie sie es seit Jahrtausenden getan haben. Die Angehörigen des Bündnisses befürchten, dass die Bauern von Konzernen wie Monsanto und deren Saatgut abhängig werden.

Denn Monsanto, aber auch deutsche Chemiekonzerne wie Bayer und BASF haben sich verschiedene Maissorten patentieren lassen. Bauern, die einen Teil der Ernte solcher Sorten als Saatgut verwenden, machen sich somit strafbar und werden von den Konzernen vor Gericht gezerrt, wie in Brasilien geschehen. Aber Monsanto sorgt auch auf anderem Wege dafür, dass die Bauern ihren Mais nicht wieder aussäen: Die Körner werden innerhalb weniger Generationen unfruchtbar. (Daher auch die Furcht, dass auch kontaminierter Mais nicht mehr als Saatgut verwendet werden kann.) Damit aber noch nicht genug. Gentechnisch veränderte Sorten wie MON 603 sind nicht nur gegen Schädlingsbefall immun, sondern auch gegen ein aggressives Schädlingsbekämpfungsmittel, das natürlich ebenfalls von Monsanto hergestellt wird. Die Nachfahren der Indios, die den Mais aus dem Teocintle gezüchtet haben, sind also gezwungen, sich dem Patent eines Chemiekonzerns zu beugen und das Saatgut zu kaufen, und müssen obendrein die teuren Gifte dazunehmen – und das, obwohl ihre eigenen Sorten weit weniger anfällig für Krankheiten sind.

Die Proteste wirken inzwischen ein wenig verzweifelt. En Defensa del Maíz glaubt, dass die Konzerne die Politiker bereits geschmiert haben. Das Bündnis spricht von einem »systematischen Projekt zur Kontamination des Mais« und ruft in seinem Manifest zum Widerstand gegen die neuen Gesetze zur Saatgutkontrolle auf. Es warnt sogar die Bauern davor, Saatgut von staatlichen Stellen anzunehmen, da diese versuchen könnten, den Bauern Genmais unterzujubeln. Die Aktivistin Ana De Ita schreibt: »Wenn wir als Gesellschaft diese Katastrophe nicht verhindern, dann sind wir demnächst gezwungen, Gen-Tortillas zu essen.«

Salsa Mexicana

Womit wir wieder bei der Tortilla wären, nur um sie gleich wieder zu verlassen. Denn so lecker eine handgemachte Tortilla auch schmeckt, allein wäre sie auf Dauer doch ein bisschen langweilig. Deshalb gehören zu jeder ordentlichen Mahlzeit neben dem Maisfladen eine ganze Reihe anderer Zutaten, zum Beispiel Bohnen, Tomaten, Avocado, Zucchini und Nopal – alles Pflanzen, die genau wie der Mais ursprünglich von den mexikanischen Ureinwohnern kultiviert und von den spanischen Kolonialherren in alle Welt exportiert wurden.

Aber die wichtigste Zutat sind die Chilischoten. Das beobachtete schon der Chronist Bernardino von Sahagún: »Für die Mexikaner ist ein Essen ohne Pfeffer kein Essen.« Beim Essen muss der Schweiß von der Stirn perlen. *Enchilarse* nennen das die Mexikaner, und was ein echter Mann sein will, der darf keine Miene verziehen, wenn ihm das Feuer aus dem Hals schlägt und er nach Luft japst. Deshalb lernen die Kinder schon früh, Chili zu essen, denn nur wer mit Chili umgehen kann, der ist erwachsen.

Vermutlich hat jeder Ausländer furchtbare Anekdoten von der ersten Begegnung mit der feurigen Schote zu erzählen – genau wie alle Mexikaner, die sich gern ihre Abenteuer mit besonders feurigen Chilis erzählen. Besonders ins Gedächtnis gebrannt hat sich mir ein lauer Dezemberabend in Taxco. Nachdem wir den ganzen Tag die Silberläden des Örtchens in den Bergen zwischen Acapulco und Mexiko-Stadt durchstöbert hatten, saßen wir auf der Terrasse einer Taquería. Der Kellner brachte uns *carnitas* und stellte ein Schüsselchen mit gehackten gelben Paprikaschoten und Zwiebeln auf den Tisch. Da ich Hunger hatte und die Tortillas ein bisschen sparsam gefüllt waren, packte ich ordentlich von der Gemüsebeilage auf meinen ersten Taco und schlang ihn hinunter. Irgendwo zwischen dem zweiten und dem dritten Bissen stellte ich allerdings fest, dass die gelben Stückchen zwischen den Zwiebeln keine Paprikaschoten gewesen waren, sondern Chile Manzano. Ich muss nicht weiter erzählen.

In Mexiko werden dreißig oder vierzig verschiedene Arten und Unterarten von Chili, genauer vom Nachtschattengewächs *Capsicum annum* angebaut. Es ist nicht ganz einfach, den Überblick zu behalten, denn die verschiedenen Sorten haben regional unterschiedliche Namen. Außerdem werden in jeder Gegend andere Arten verzehrt, und wenn Mexikaner reisen, erzählen sie nach ihrer Rückkehr den lieben Verwandten zuhause gern von ihren Abenteuern mit Chilisorten, von denen sie noch nie gehört haben, etwa vom *morita*, der vor allem im Norden gegessen wird.

Auch in der Verwendung unterscheiden sie sich. Einige, wie der *guajillo*, der *pasilla*, der *mulato* oder der *cascabel* werden nur getrocknet verwendet; andere, wie der *poblano*, der *serrano*, der *chilaca*, der *cuaresmeño* oder der *manzano* werden eher frisch verarbeitet oder geröstet gegessen; wieder andere, wie der *chipotle*, werden vorzugsweise geräuchert und eingelegt verwendet. Einige Chilis wie der *güero* oder der *morrón* (unsere klassische Paprikaschote) sind mild, andere wie der *jalapeño* werden erst richtig feurig, wenn man sie auf dem *comal* röstet, und wieder andere, wie den kleinen *habanero*, sollte man besser nur mit Handschuhen verarbeiten.

Die frischen Chilis werden oft mit Tomaten oder Tomatillos zu kalten Salsas verarbeitet, die man zu fast allem essen kann. Der Klassiker ist die *salsa mexicana* in den Nationalfarben grün, weiß und rot.

2 Chilischoten (Jalapeños)
1 kleine Salatzwiebel
2 Tomaten
1 Zitrone

Zwiebel und Chilischoten hacken, Tomaten in kleine Würfel schneiden, Zitronensaft zugeben – fertig!

Für die getrockneten Chilis gibt es eine besondere Zubereitungstechnik, die man aus deutschen Küchen so nicht kennt. Zuerst werden Häute und Kerne entfernt, dann werden die Schoten auf dem *comal* oder in einer Pfanne gewärmt, wobei sie auf keinen Fall schwarz werden dürfen. Anschließend lässt man sie in warmem Wasser eine gute Viertelstunde quellen. Mit einem Teil des Wassers, Knoblauch, Zwiebeln und anderen Gewürzen werden sie dann im Mixglas – einem Küchengerät, das den traditionellen Steinmörser ersetzt und in keiner mexikanischen Küche fehlen darf – püriert. Das Püree wird durch ein Sieb passiert, in einer heißen Pfanne mit etwas Öl angebraten, unter Rühren reduziert, und schließlich wieder mit Wasser oder Brühe oder Orangensaft aufgegossen und abgeschmeckt. Der Fantasie sind keine Grenzen gesetzt. Die Mexikaner beharren zwar gern auf der exakten Einhaltung von großmütterlichen Rezepten, aber sie selbst haben mit dieser Technik die Grundlage für die kompliziertesten Soßen gelegt, weshalb man sich in der Küche keinen Zwang antun sollte.

Die Chilischote war bei der Geburt der neuen Nation der Mexikaner aus Ureinwohnern und Spaniern übrigens fast so wichtig wie der Mais. Die Spanier entdeckten die scharfe Schote für sich und konnten bald genauso wenig von ihr lassen wie die Ureinwohner. Außerdem brachten sie Knoblauch, Zwiebeln, Anis und Kümmel und andere Gewürze aus Europa und Asien mit und rührten Soßen an, wie es sie in dieser Mischung nur in Mexiko geben konnte. Die bekannteste davon ist vermutlich die Mole, eine Chili-Schokoladen-Soße, die im Originalrezept mehr als 150 Zutaten gehabt haben soll – ein vereinfachtes Rezept finden Sie im Kapitel »La Fiesta«.

Erfunden haben die Mole angeblich die Nonnen des Klosters Santa Rosa in Puebla irgendwann im 17. Jahrhundert. Vielleicht waren es auch Nonnen aus Oaxaca, wo es mehr als ein halbes Dutzend Sorten gibt – mehr als irgendwo sonst im Land. Das ist jedoch nur die halbe Wahrheit, denn schon die mexikanischen Ureinwohner kannten süßscharfe Chilisoßen. Diese doppelte Herkunft spiegelt sich auch im Namen wieder, der vom spanischen *moler* (mahlen) genauso kommt wie vom aztekischen *moli* (Soße). Das Ergebnis ist eine komplizierte Synthese aus beiden Kulturen. Auch die neue Mischkultur ging also durch den Magen.

Die Wege des Mais

Nachdem ich Doña María ein paar Mal auf dem Markt von Jauregi gesehen habe, lerne ich sie kennen, als wir mit der Umweltorganisation Sendas aus Xalapa eine geführte Wanderung durch die Berge der Umgebung unternehmen. Sendas unterstützt die Bauern von Rancho Viejo beim Waldschutz und hilft ihnen, Fördergelder aus dem Emissionshandel zu beantragen. Außerdem berät die Organisation die Dorfbewohner beim Aufbau nachhaltiger Unternehmungen, zum Beispiel der Forellenzucht, dem Anbau von Calla-Lilien oder geführten Wanderungen durch den Nebelwald, der zur Gemeinde gehört. Unsere Wandergruppe wird von Don Jacinto geführt, und am Ende der Wanderung werden wir von seiner Frau Doña María verköstigt.

Im Hof ihres Häuschens rennen einige Hühner herum. Don Jacinto holt den langen Tisch aus dem Haus, an dem die Familie sonntags zusammenkommt, und Doña María breitet erst eine bunt gestreifte Decke, dann über Eck zwei kleinere weiße Tischdecken darüber. Die Holzstühle, auf die wir uns setzen, hat Don Jacinto selbst gezimmert. Während Doña María in ihrer offenen Küche am *comal* steht, stellt uns eine der Töchter einen riesigen Topf mit *agua de guayaba* auf den Tisch, ein Getränk aus Wasser und pürierten Guaven. Danach bringt sie eine große Tonschüssel nach der anderen heraus: schwarze Bohnen, Zucchinis, Nopalsalat und natürlich einige Schüsselchen mit roten und grünen Chilisoßen, Salsa Mexicana und Avocados. Schließlich stellt sie vor jeden von uns eine braune Tonschüssel mit einer Forelle in Chili-Tomaten-Suppe. Bei einem mexikanischen Essen muss sich der Tisch richtig biegen.

Zum Schluss tritt Doña María aus der Hütte, blickt zufrieden in die Runde und legt zwei in Tücher geschlagene Pakete auf den Tisch.

»Guten Appetit! Wenn sie nicht reichen, sagt Bescheid«, sagt sie und verschwindet wieder in der Küche.

Als ich eines der Pakete öffne, schlägt mir heißer Dampf und ein unwiderstehlicher Maisduft entgegen. Es sind handgemachte blaue Tortillas.

La Caña
Das bittere Geschäft mit dem Süßen

Für einen Moment taucht das Auto in eine dichte Rauchwolke ein, auf der Windschutzscheibe landet Asche und etwas, das aussieht wie verkohlte Papierfetzchen. Dann ist die Sicht wieder frei. Durch wogende, grüne Felder mit drei Meter hohem Zuckerrohr fahre ich von der veracruzanischen Universitätsstadt Xalapa aus in Richtung eines kleinen Dorfes namens Mahuixtlán. Hinter dem Coca-Cola-Werk und einer Lagerhalle mit der Aufschrift »Zucarmex« biege ich links ab. Einige Kilometer weiter kommt der hohe Schlot der Zuckerfabrik in den Blick, aus dem dicker, schwarzer Rauch aufsteigt.

Auf der schmalen, mit Schlaglöchern übersäten Landstraße überhole ich ein paar hoch mit Zuckerrohr beladene, betagte Lastwagen, die rußend in Richtung des *ingenio*, der Zuckerfabrik rumpeln. Überall auf der Straße liegen plattgefahrene, meterlange Halme. Am Ortseingang komme ich an einer Wiegestation vorbei, an der ein halbes Dutzend Lastwagen Schlange steht. Über die Werksmauer ragt ein gewaltiges Wellblechdach, aus dem dichte Dampfwolken quellen. Als ich aussteige, werde ich fast von dem schweren Zuckerduft erschlagen, der mich entfernt an Lakritze erinnert.

Am Eingang trage ich mich in eine Besucherliste ein und muss meinen Führerschein abgeben – zur Sicherheit, falls ich drinnen etwas anstelle. Ein junger Mann im Guayavera, dem für die Golfregion und die Karibik typischen weißen Leinenhemd, führt mich in den Innenhof einer alten Hacienda. An den Büros in den offenen Arkaden und am alten Springbrunnen in der Mitte des Hofs gehe ich vorbei und weiter eine breite Außentreppe hinauf in den ersten Stock. Den ganzen Weg über begleitet mich ein dumpfes Grollen von Maschinen. Der junge Mann bittet mich zu warten und verschwindet in einer Tür.

Ich habe eine Verabredung mit Joel Domínguez, dem Geschäftsführer des Zuckerwerks. Es war nicht ganz einfach, den Termin für unser Gespräch zu bekommen. Bei meinem ersten Besuch dachte ich noch, ich könnte einfach in das Werk spazieren, doch am Eingang wurde ich schnell eines Besseren belehrt. Es gälten »strenge Sicherheitsvorschriften«, erklärte mir ein Wachmann damals. Aber ich solle doch eine E-Mail an den Direktor schreiben und ihm mein Anliegen vortragen. Das tat ich dann auch – und erhielt nie eine Antwort. Alles andere hätte mich auch gewundert, denn Mexikaner verschicken per E-Mail zwar für ihr Leben gern Kettenbriefe und erbauliche Powerpoint-Diashows, aber geschäftliche E-Mails ignorieren sie – besonders von Leuten, die sie nicht kennen. Ohne persönliche Kontakte geht gar nichts, und mit persönlichen Kontakten kommt man bis zum Präsidenten. Als ich ein paar Tage später mit einem Freund ein Bier trinken ging und ihm von meinem missglückten Versuch berichtete, sagte der: »Den kenne ich, mit dem bin ich in die Schule gegangen!« Er zog sein Handy aus der Tasche und rief seinen Kumpel an. Nach einem kurzen Gespräch hatte ich meinen Termin.

So kommt es, dass ich an diesem Morgen auf der Treppe stehe und warte. Nach einigen Minuten kommt ein kräftiger Mann aus der Tür, über dessen stattlichem Bauch sich ein blau gestreiftes Hemd spannt. Joel Domínguez muss ungefähr fünfzig Jahre alt sein, und ich würde ihn auf 1,90 Meter schätzen.

»Ich kann dir leider keine Führung geben«, sagt er mir gleich zur Begrüßung. »Wir haben hier strengste Hygienevorschriften. Wenn meine Kunden nur ein Haar im Zucker finden, dann schicken die mir die komplette Lieferung zurück. Aber ich kann dir die Anlage von hier oben aus zeigen.«

Er öffnet ein Fenster im Treppenhaus, und sofort dringt ein furchtbares Zischen, Rattern und Dröhnen herein. Ich blicke auf ein unübersichtliches Gewirr aus Rohren, Tanks, Ventilen, Förderbändern, Rädern und Keilriemen, dazwischen sehe ich einige Leitern und Stege. Auf einer Brüstung stehen drei Arbeiter mit Helmen und beugen sich über eine Instrumententafel. Auf dem Boden liegen zerquetschte Zuckerrohrfasern und Berge von Häckselabfällen herum. Ich frage mich, was das eine oder andere Haar von mir da noch ausmachen sollte. Andererseits bin ich ganz froh, dass ich mir die Anlage aus sicherer Entfernung ansehen kann und nicht auf den Leitern zwischen den lärmenden Maschinen herumklettern muss.

»Da hinten kommt das Zuckerrohr rein« – Señor Domínguez zeigt hinaus und ich beuge mich weit vor, um eine Rampe zu sehen, an der ein voll beladener Lastwagen steht – »und wird gehäckselt. Dann wird es viermal gepresst: hier, hier, da, und da hinten.« Er zeigt auf fast identische Maschinen, die von außen auch Milchtanks sein könnten, die aber so rattern und klappern, wie man das von Häckslern, Pressen und Zentrifugen eben erwarten würde.

Señor Domínguez zeigt auf einen riesigen Berg von Fasern hinter der letzten Maschine. »Die verbrennen wir, um die Dampfturbine anzutreiben und den Saft einzukochen.« Er zeigt auf einen mehrere Stockwerke hohen Blechverschlag, aus dem dicke weiße Wolken quellen. Dann wird ihm die Schreierei offenbar zu anstrengend. »Gehen wir in mein Büro«, ruft er.

Wir betreten einen großen, mit dunklem Holzpaneel getäfelten Raum. In einer Ecke steht verloren ein großer Schreibtisch aus falschem Mahagoni, in einer anderen ein runder Konferenztisch. Ansonsten ist der Raum kahl, an den Wänden hängt nicht einmal ein Kalender des Zuckerkonzerns Zucarmex, dem das *ingenio* gehört. Auf dem Schreibtisch steht ein großer Bildschirm, auf einem Beistelltisch ein Telefon. Señor Domínguez hat offenbar keine Sekretärin und schreibt alles selbst.

Mit einer einladenden Handbewegung zeigt Señor Domínguez auf einen wackeligen Klappstuhl vor seinem Schreibtisch. Er selbst nimmt hinter seinem Tisch auf einem lederbezogenen Schreibtischstuhl Platz. Mexikaner machen gern klar, wer aus ihrer Sicht wo steht. Deshalb duzt er mich auch, während ich mich entscheide, ihn lieber mit *Usted* und *Señor Domínguez* anzusprechen. Und deshalb stellt er die ersten Fragen: »Hast du überhaupt eine Ahnung, wie man Zucker herstellt?«

Ich hatte eine Ausstellung besucht, ein Buch gelesen und mich mit dem Vertreter einer der Bauerngewerkschaften unterhalten. Außerdem hatte ich im Bundesstaat Morelos einmal zugesehen, wie Kleinbauern mit einer primitiven, von einer Kuh betriebenen Holzmühle ihr Zuckerrohr ausquetschen und den Saft einkochen. Ich fühle mich einigermaßen vorbereitet.

»Das Rohr wird ausgepresst, der Saft gefiltert und mit Kalk und Schwefel neutralisiert und gebleicht, und dann reduziert bis er kristallisiert.«

Señor Domínguez nickt zustimmend. Ich habe die Prüfung offenbar halbwegs bestanden. Er holt drei Plastikbecher aus einer Schublade und stellt sie vor mich auf den Schreibtisch. Einer enthält weißen Zucker, einer hellbraunen und der dritte braunen.

»Wir stellen drei Qualitäten her. Die Farbe und Konsistenz hängt damit zusammen, wie lange der Zucker getrocknet wird und wieviel Kalk und Schwefel wir zusetzen. Der Mascabado« – er zeigt auf den braunen Zucker – »wird gar nicht gebleicht und enthält am meisten Feuchtigkeit. Der hier« – er zeigt auf den hellbraunen Zucker – »ist der normale Haushaltszucker. Und der hier« – der weiße – »ist für Puderzucker und den Export.«

Dann erklärt er mir ausführlich den gesamten Produktionsprozess in dem Werk, das er seit 15 Jahren leitet. Aber mehr als die Herstellung selbst interessieren mich eigentlich der Anbau und die Ernte des Zuckerrohrs. Denn das *ingenio* übernimmt nicht nur die Herstellung des Zuckers, sondern den gesamten Prozess von der Pflanzung bis zur Ernte des Zuckerrohrs.

Die böse Stiefschwester

Das Zuckerrohr stammt ursprünglich aus der Region von Neuguinea und kam von dort nach China und Indien. Während der Kreuzzüge brachten die Araber den Zucker in den Mittelmeerraum, und von dort eroberte er Europa. Noch in der Renaissance war er ein extrem teures Luxusgut, in dessen Genuss nur Könige und Bischöfe kamen. Und Kranke, denn auch Apotheker verwendeten ihn in winzigen Dosierungen, um ihre bittere Medizin zu versüßen. Gemeine Bauern oder Bürger süßten dagegen mit Fruchtsäften und Honig. Die Zuckerproduktion war ein Riesengeschäft. Deshalb nahm Kolumbus das Zuckerrohr schon auf seiner zweiten Reise in die Karibik mit, wo es prächtig gedieh. Von Kuba brachte es Hernán Cortés drei Jahrzehnte später nach Veracruz und errichtete das erste *ingenio* des amerikanischen Festlands in Santiago Tuxtla. Später verlagerte sich der Anbau ins Landesinnere der Kolonie, zum Beispiel in die heutigen Bundesstaaten Mexiko und Morelos, die sich in der Nähe der Hauptstadt befanden.

Im neuen Wirtschaftssystem der Kolonie war der Mais so etwas wie das Aschenputtel und das Zuckerrohr, ebenfalls ein Süßgras, die böse Stiefschwester. Die Spanier waren nicht am Mais interessiert, sondern am ersten Cash-Crop des aufkeimenden Kapitalismus. Auf den Maisfeldern der unterworfenen Ureinwohner bauten sie nun ihr Zuckerrohr an und rodeten riesige Wälder, um das Holz in ihren *ingenios* zu verfeuern. Und weil im Laufe des 16. Jahrhunderts geschätzte 80 Prozent der Ureinwohner durch Krankheiten und Hunger starben, brachten sie afrikanische Sklaven ins Land, die auf den Plantagen und in den *ingenios* arbeiteten. So entstand in der Golfregion und in anderen Teilen des Landes eine vollkommen neue Mischung aus amerikanischer, europäischer und afrikanischer Kultur. Das Zuckerrohr war einer der Totengräber der prähispanischen Kultur und das Fundament der neuen kolonialen Landschaft. Hätte der spanische König den Zuckerexport aus Neuspanien nicht verboten, wäre Mexiko vermutlich ein zweites Kuba oder Haiti geworden.

Dafür explodierte die Zuckerproduktion nach der Unabhängigkeit im Jahr 1821. Der Zucker war zwar inzwischen deutlich billiger geworden, doch er war nach wie vor ein lukratives Exportgut. Die Haciendas stellten ihre Produktion auf Zucker um, weiteten sie aus und nahmen dazu den Bauern einfach ihre Felder ab. Wer sich wehrte, wurde vom Militär und den Hacendados zusammengeschossen. Bis sich 1910 Emiliano Zapata an die Spitze der Bauern von Morelos setzte und einen Guerillakrieg gegen die Großgrundbesitzer und ihren Präsidenten, den Diktator Porfiio Díaz begann. Die Guerilleros des Südens stellten einen Reformplan auf und forderten eine Zerschlagung des Großgrundbesitzes. So trug der Zucker zum zweiten Mal dazu bei, dass Mexiko vollkommen umgekrempelt wurde.

Zapata und der Zucker

Die Revolution siegte, die Haciendas wurden zerschlagen und das Land auf Ejidos aufgeteilt, wie der kollektive Landbesitz einer Dorfgemeinschaft heißt. Diese wiederum verteilten das Land auf Kleinbauern, die heute zwischen einem und drei Hektar Land bewirtschaften. Obwohl – oder weil – das eine winzige Fläche ist, haben viele Bauern nicht die Kapazität, die Ernte selbst einzubringen. Aber weil Mexikaner einander grundsätzlich misstrauen und Schwierigkeiten haben, sich zu organisieren, tun sich die Angehörigen der Ejidos auch nicht zusammen, um die Ernte gemeinsam durchzuführen. Diese Aufgabe übernimmt stattdessen das *ingenio*.

Das Zuckerwerk von Mahuixtlán muss die Ernte von 3200 Bauern mit insgesamt 5000 Hektar Anbaufläche koordinieren – eine logistische Meisterleistung. Die *zafra*, die Zuckerernte, beginnt Anfang November, wenn die Regenzeit vorüber ist und das Rohr den höchsten Zuckergehalt hat, und endet vor Anbruch der nächsten Regenzeit Anfang Juni. Mit Beginn der *zafra* schickt Señor Domínguez seine Landarbeiter und Lastwägen in die Ejidos. Wegen des unebenen Geländes und der kleinen Flächen können keine Maschinen eingesetzt werden, weshalb das Zuckerrohr noch genauso geerntet wird wie vor vier Jahrhunderten. Zuerst wird das Feld abgebrannt, um die Blätter zu beseitigen und die Ernte und Verarbeitung zu erleichtern. Dann wird das Zuckerrohr von Landarbeitern mit Macheten geschlagen, auf Lastwägen verladen und ins *ingenio* gebracht.

In Mexiko ist die Zuckerwirtschaft deshalb erheblich unrentabler als in anderen Ländern: Hier kostet die Herstellung einer Tonne Zucker rund drei Mal so viel wie in Brasilien, wo sich das Land in der Hand von Großgrundbesitzern befindet. Doch so mühsam die Logistik ist, Señor Domínguez erspart sich mit dieser Methode eine Menge Ärger, denn auf diese Weise können seine Ingenieure dafür sorgen, dass das Zuckerrohr von einheitlicher Reife und Qualität ist, wenn es geerntet und verarbeitet wird. Außerdem kann er die Verarbeitung so organisieren, dass das Werk gleichmäßig ausgelastet bleibt. Während der *zafra* ist das Werk rund um die Uhr in Betrieb, denn das Rohr muss innerhalb von zwölf Stunden verarbeitet werden. Was länger auf Halde liegt, vertrocknet und ist wertlos. Señor Domínguez koordiniert aber nicht nur die Ernte, sondern auch die Düngung, die Behandlung mit Pflanzenschutzmitteln und die Neupflanzung, die je nach Region alle drei bis fünf Jahre nötig wird, wenn das Rohr nicht mehr kräftig genug nachwächst.

Die meisten Kleinbauern sind letztlich nichts anderes als Landbesitzer, die ihren Acker vom *ingenio* bewirtschaften lassen, gelegentlich nach dem Rechten sehen und am Ende eine Abrechnung bekommen. Das *ingenio* zahlt ihnen zwei Mal im Jahr einen Vorschuss auf die zu erwartende Ernte und rechnet nach der *zafra* ab. Das System könnte wie eine Genossenschaft funktionieren, wenn das *ingenio* nicht in privater Hand wäre und wenn nicht jeder jedem misstrauen würde. Machtkämpfe zwischen dem *ingenio* und den beiden buchstäblich bis aufs Blut verfeindeten Bauerngewerkschaften sind an der Tagesordnung. Immer wieder kommt es zu Protesten, Streiks und handgreiflichen Auseinandersetzungen, vor allem, weil sich die Bauern vom *ingenio* hintergangen fühlen und den Zuckerkonzern Zucarmex beschuldigen, Preissteigerungen auf dem Weltmarkt nicht an sie weiterzugeben.

Für die Saisonarbeiter, die das Rohr schneiden, interessieren sich die Bauerngewerkschaften verständlicherweise nicht, denn indirekt sind die Bauern ja deren Arbeitgeber. Dabei ist ihre Situation wirklich katastrophal. Viele der Zuckerrohrschneider sind arme Bauern, die während der *zafra* aus der Sierra von Puebla, Oaxaca oder Guerrero kommen und danach wieder in ihre Dörfer zurückgehen, um dort Mais anzubauen. Die meisten von ihnen sind Indigena – Zapotecas, Mixtecas, Mazatecas oder Totonacas –, die kaum Spanisch sprechen. Ungefragt erzählt mir Señor Domínguez, die Arbeiter lebten heute unter ausgezeichneten Bedingungen, sie verdienten gut, seien sogar krankenversichert und hätten einen Rentenanspruch. Ich würde es ihm ja gern glauben, doch leider bietet er mir nicht an, mich mit eigenen Augen davon zu überzeugen. Als ich ihn frage, ob ich eine der Unterkünfte besuchen kann, murmelt er etwas von Bestimmungen – bestimmt wieder irgendwelche Hygienevorschriften. Also bin ich auf das angewiesen, was ich anderswo gelesen habe.

Der Journalist Victor Ronquillo und andere Autoren beschreiben die primitiven Bedingungen, unter denen die Zuckerrohrschneider arbeiten und in den Baracken eines *ingenio* leben. Die meisten Wanderarbeiter kommen nicht allein, sondern bringen ihre Familie mit, die bei der Erntearbeit mit anpacken muss. Die Zuckerrohrschneider stehen morgens bei Sonnenaufgang auf dem Feld, arbeiten mehr als zwölf Stunden lang unter der sengenden Sonne und verladen das letzte Zuckerrohr nach Einbruch der Dunkelheit auf die Lastwagen. Die Zuckerrohrschneider werden nach Akkord bezahlt und verdienen pro Tonne rund 25 Pesos (1,70 Euro). Ein einzelner Arbeiter kann bis zu 7 Tonnen am Tag schneiden, eine Familie kommt schon mal auf 15 bis 20 Tonnen. Von dem, was die Arbeiter über den Winter verdienen, nehmen sie am Ende der Saison kaum etwas mit zurück in ihre Dörfer. Sie erhalten ihren Lohn oft mit Verspätung, müssen anschreiben, und da sie nur im Laden des *ingenio* Kredit bekommen, lassen sie fast ihren gesamten Lohn dort – kaum anders als zu Zeiten Zapatas. Victor Ronquillo berichtet außerdem von Alkoholismus, Drogenkonsum, Gewalt und sogar Kinderprostitution in den Baracken. Alles Dinge, die ich nicht überprüfen, aber auch nicht widerlegen kann. Immerhin habe ich an der Landstraße keine offensichtlich minderjährigen Zuckerrohrschneider gesehen. Aber als Señor Domínguez die Sozialversicherung erwähnt, kann ich mir nur mit Mühe ein Lachen verkneifen. Nach allem, was ich weiß, bekommen nur 10 Prozent der Saisonarbeiter überhaupt einen Arbeitsvertrag, und nur für diese zahlt das *ingenio* die Beiträge zur staatlichen Kranken- oder Rentenversicherung. Die Krankenversicherung gilt nur während der sechs oder sieben Monate der *zafra*; wenn sich die Zuckerrohrschneider auf dem Feld verletzen, was häufig vorkommt, werden sie zwar behandelt, erhalten den Verdienstausfall aber nicht erstattet. Die Sache mit der Rente ist kaum weniger lachhaft, denn die Saisonarbeiter werden kaum lange genug arbeiten, um jemals einen Anspruch zu erwerben. Und selbst wenn: Viele von ihnen sind Analphabeten und haben nicht einmal ein Ausweisdokument oder eine Geburtsurkunde, um ihn geltend zu machen. Aus gutem Grund nannte es ein Gewerkschafter, mit dem ich mich unterhielt, »das bittere Geschäft mit dem Süßen«.

Der süße Zahn

Der Zucker wird natürlich nicht nur produziert, sondern auch konsumiert, und auch das ist in Mexiko keine rein süße Angelegenheit. Obwohl der Zucker vor der eigenen Haustür angebaut wurde, war er für das gemeine Volk lange unerschwinglich: Im 17. Jahrhundert kostete ein Kilogramm Zucker so viel wie 20 Kilogramm Mais. Wenn die Ureinwohner und die weniger wohlhabenden Spanier und Criollos überhaupt Zucker verwendeten, dann den *piloncillo*, eine Art braunen Zuckerhut, der aus eingedicktem, unbehandeltem Zuckersaft gegossen wird und entfernt nach Lakritz schmeckt. Doch je billiger der Zucker später wurde, umso größer wurde der Appetit auf ihn.

Mexikaner haben einen ganz besonders süßen Zahn und können keiner Süßspeise widerstehen. Deshalb haben sie eine riesige Vielfalt von Leckereien erfunden, wie sie in der Welt einmalig sein dürfte. Besonders legendär sind die traditionellen Näschereien aus Puebla, einer Stadt, die man in Deutschland wohl eher als Standort des VW-Werks kennt.

Puebla ist eine der wenigen Städte, die nicht auf einer prähispanischen Siedlung errichtet wurden. Die Stadt wurde im Jahr 1531, zehn Jahre nach der Eroberung Tenochtitlans an der neuen Handelsstraße zwischen Veracruz und Mexiko-Stadt gegründet und war schon bald die zweitwichtigste Stadt der Kolonie. Wie die Hauptstadt ist Puebla eine barocke Planstadt mit rechtwinklig angelegten Straßen.

Puebla gehört zu den am besten erhaltenen Kolonialstädten in Mexiko. Die Altstadt, seit 1987 Weltkulturerbe der UNESCO, stammt fast vollständig aus dem 17. und 18. Jahrhundert. Viele Gebäude sind mit den berühmten Talavera-Fliesen gekachelt, die hier hergestellt werden. In einem guten Dutzend Museen – zum Beispiel dem Kloster Santa Clara, dem Museo de Arte Virreinal oder der Biblioteca Palafoxiana – können Besucher die Kunst der Kolonialzeit bewundern, und in den beiden Museos Bello können sie sich ansehen, in welch kolonialem Pomp die reichen Fabrikanten der Stadt noch zu Beginn des 20. Jahrhunderts lebten. Die eindrucksvollsten Gebäude sind aber die prunkvollen barocken Kirchen und Klöster der Altstadt. Die Capilla del Rosario in der Kirche Santo Domingo erschlägt den Besucher fast mit ihrem überbordenden Goldaltar und ihren vergoldeten Ranken und Figuren aus vergoldetem Stuck, so als ob die Baumeister kein Fleckchen ungeschmückt lassen wollten.

An klaren Tagen sieht man über den Kuppeln und Türmen der Stadt den Popocatépetl, den mit 5452 Metern zweithöchsten Berg Mexikos und vermutlich einer der gefährlichsten Vulkane der Welt. Er ist dafür verantwortlich, dass die Stadt immer wieder von kleineren Erdstößen erschüttert wird. Gelegentlich rumpelt es auch kräftiger, wie im Jahr 1994, als ein Ascheregen über die Stadt niederging, oder 1999, als zahlreiche historische Gebäude und Kirchen beschädigt wurden.

Vielleicht liegt es an den vielen Kirchen, dass die Einwohner von Puebla bis heute in dem Ruf stehen, unausstehlich fromm zu sein. Bis ins 19. Jahrhundert hatten die Frauenorden von Puebla jedenfalls beispiellosen Zulauf, und die frommen Kolonialbeamten und Händler verbannten ihre Töchter scharenweise hinter die Klostermauern. Die Nonnen lebten in strenger Klausur, sie durften das Kloster nicht verlassen und außer dem Beichtvater keinen Mann sehen. Um sich das triste Dasein im Konvent ein wenig zu versüßen, vor allem aber um ihren Lebensunterhalt zu bestreiten, kneteten, kochten und backten sie Leckereien aus Zucker, Nüssen und einheimischen Früchten und verkauften sie an die Haushalte ihrer Eltern, die reichen Spanier und Criollos von Puebla. Ihre Kreativität kannte keine Grenzen. Sie kandierten Früchte, mischten Marzipane, dickten Fruchtgelees, raspelten Kokosnüsse, brauten Liköre, verklebten Erdnüsse, rührten Karamell und erfanden dabei ein ABC von Leckereien, für die es in der deutschen Sprache keine Entsprechung gibt: *alegrías, borrachitos, cajetas, camotes, cocadas, dulce de leche, frutas cubiertas, gaznates, glorias, jamoncillo, merengues, muéganos, natillas, obléas, palanquetas, sevillanas, tortitas de Santa Clara* …

Nonnen gibt es kaum noch, die Klöster wurden nach der Säkularisierung im Jahr 1869 enteignet und sind heute Museen, aber die Süßigkeiten haben sich bis in die Gegenwart gehalten. Wenn man durch die Calle 6 in der historischen Altstadt oder die 5 de Mayo gegenüber der wuchtigen Kathedrale am Zócalo geht, kommt man an Dutzenden antiquiert wirkenden Läden vorbei, in deren Holzvitrinen und Schaufenstern die traditionellen, handgefertigten Süßigkeiten ausliegen. Wer Diät halten will, sollte besser einen Bogen um Puebla machen: An den Ständen des Kunsthandwerksmarktes, in Schreibwarenläden, auf der Straße, in Supermärkten, im Busbahnhof – buchstäblich an jeder Ecke werden einem die farbenfrohen Leckereien unter die Nase gehalten. Sogar an den Mautstationen der Autobahn strecken die Händler den wartenden Fahrern ihre bunten Päckchen entgegen.

Lasst Dicke um mich sein

Süßigkeiten haben also eine lange Tradition in Mexiko, aber der süße Zahn der Mexikaner macht natürlich nicht bei den kolonialen Süßigkeiten halt. Mit demselben Heißhunger stürzen sie sich auf die globalisierten Marken der neokolonialen Süßwarenindustrie. Die Supermarktkasse mit ihren Schokoriegeln von Mars und Ferrero ist derselbe Spießrutenlauf wie im Rest der Welt. Nestlé hat viele der einheimischen Süßwarenfabrikanten aufgekauft und versorgt die Mexikaner in zahllosen kleinen Geschäften mit Kakaogetränken, Billigschokoladen und Eiskrems. Sogar Luxusimporte wie Lindt, Toblerone oder Ritter-Sport finden ihre Käufer. Aber besonders heiß sind die Mexikaner auf die globalen Erfrischungsgetränke, die *refresquitos*. In Mexiko ist Wasser seit jeher das Getränk für Hunde und Katzen, selbst in der traurigsten Hütte werden mindestens ein paar Tropfen frischer Orangensaft in das Wasser gerührt. Heute kommen diese *aguas de fruta* jedoch außer Mode, denn seit Mexikos Beitritt zur NAFTA Mitte der neunziger Jahre ist der Konsum von Cola und Limonaden regelrecht explodiert. Heute stehen die Mexikaner mit gut 180 Litern pro Kopf und Jahr auf Platz 2 des weltweiten Limonadenkonsums, und vom »amerikanischsten« aller Getränke, der Coca-Cola, trinken sie mittlerweile schon mehr als die US-Amerikaner selbst. Der mexikanische Coca-Cola-Abfüller FEMSA ist inzwischen der zweitgrößte der Welt und hat den kompletten lateinamerikanischen Markt von Brausenherstellern zusammengekauft. Für die Migranten wird die mexikanische Coke in die Vereinigten Staaten exportiert, und dort auch von Nicht-Latinos gesucht. Kein Wunder: Cola-Gourmets behaupten nämlich, sie schmecke besser als das Original, weil sie noch mit Rohrzucker hergestellt wird, und nicht mit Fruchtzucker aus Industriemais. Die Limonaden werden überall verkauft, sogar in Apotheken stehen die roten Kühlschränke.

Inzwischen dürfte klar sein, dass die Mexikaner unverbesserliche Zuckermäuler sind, die keiner süßen Versuchung widerstehen können. Sie konsumieren gewaltige Mengen Zucker und kommen im Jahr auf mehr als 50 Kilogramm pro Kopf – 15 Kilogramm mehr als die Deutschen und dreimal so viel wie von der Weltgesundheitsorganisation empfohlen.

Dieser immense Zuckerkonsum geht natürlich nicht spurlos an den mexikanischen Hüften vorbei. Oder um es etwas unverblümter auszudrücken: Die Mexikaner sind das fetteste Volk der Welt. Kleine Dicke bestimmen das Straßenbild. In seinem Klassiker *Vida, pasión y muerte del mexicano* aus dem Jahr 1973 mutmaßte Joacquín Antonio Peñalosa, dass bis zum Jahr 2010 »auf jeden Dünnen ein Dicker« kommen würde. So drastisch das klingt, der Schriftsteller lag immer noch weit daneben, denn inzwischen kommen auf einen Dünnen mehr als zwei Dicke: Ganze 70 Prozent der Bevölkerung leiden unter Übergewicht, knapp die Hälfte davon unter krankhaftem Übergewicht. Nirgends auf der Welt gibt es so viele dicke Kinder: 40 Prozent aller Fünf- bis Elfjährigen sind bereits übergewichtig, ein Viertel davon fettleibig. Die Folgen bleiben nicht aus: Die meisten Mexikaner leiden unter Gastritis, Colitis, Verstopfung und anderen Magen- und Darmproblemen. In Apotheken stehen Medikamente gegen jede Form der Verdauungsbeschwerden in der ersten Reihe. Die Zuckerkrankheit ist die häufigste Todesursache, direkt gefolgt von Herzleiden und Leberschäden.

Daran ist allerdings nicht nur der Zucker schuld. Mexikaner seien »per Definition gefräßig«, wie Peñalosa schrieb: Sie essen einfach für ihr Leben gern, und zwar überall und zu jeder Uhrzeit. Scharf, süß oder fettig muss es sein, das Essen muss vor allem die Geschmacksnerven befriedigen. *Antojitos* nennen sich diese Gaumenkitzler, böse Zungen nennen sie auch *comida chatarra*, also Junkfood. Aber wie man sie auch nennt, sie sind das große Laster der Mexikaner. An jeder Straßenecke sitzt eine Oma in einem kleinen Lädchen und verkauft nichts anderes als *refresquitos* und Dutzende Sorten Fertigkuchen und Kartoffelchips; sie muss sich nicht mal um den Einkauf kümmern, denn die Lieferwagen von Bimbo und FEMSA füllen ihr zweimal pro Woche die Regale auf. Vor Gerichten, Krankenhäusern, Behörden, Bürogebäuden, Firmenzufahrten und Schulen versammeln sich Straßenhändler, die aus kleinen Handkarren Orangensaft, frische Mangos mit Chilipulver oder hausgemachte, vor Fett triefende Kartoffelchips mit Chilisoße verkaufen. Morgens bauen Frauen an den Straßenecken ihre Aluminiumtöpfe auf und verkaufen ihre schmalzgesättigten *tamales*. Viele machen auf dem Weg zur Arbeit hier Halt, um *atole* zu trinken und ein mit einem *tamal* belegtes Brötchen zu essen; diese Brötchen nennen sich *guajolota* (Truthenne), was vermutlich daran liegt, dass man sich nachher fühlt, als hätte man einen ganzen Truthahn gegessen. Am späten Nachmittag öffnen an gleicher Stelle Buden, um Tacos und *tortas* – fettgetränkte und mit Mayonäse, Schnitzel, Avocado und Käse belegte Brötchen – zu verkaufen. Um Busbahnhöfe und die Zugänge zu U-Bahn-Stationen ballen sich Zeltdörfer von *torta*- und Taco-Ständen, jeder mit seinem Kühlbehälter für die Limonaden. In die U-Bahn steigen Händler mit Bauchladen zu und verkaufen Limonaden, Nüsschen, Lollis und Kaugummis. Diese Straßenhändler sind allgegenwärtig: An Ampeln und an Autobahnabschnitten, an denen sich regelmäßig der Verkehr staut, marschieren sie zwischen den Autos hindurch und bieten ihre Süßigkeiten feil (wer weiß, vielleicht staut sich der Verkehr auch umgekehrt, weil es hier Süßigkeiten gibt). Mit einem Spezialgürtel für Limonadenflaschen ausgestattet, steigen sie in die Langstreckenbusse und fahren ein Stück mit. Sie platzen in den Unterricht an Schulen, Vorlesungen an der Universität und Anhörungen vor Gericht; die Lehrer, Professoren und Richter greifen erst selbst zu und warten dann geduldig, bis sich auch der Letzte mit Kuchen und Limonaden versorgt hat, ehe es weitergehen kann. Sogar in *velorios*, den städtischen Trauersälen, in denen Familien ihre Totenwachen abhalten, schieben sich die Händler mit einem pietätvoll gemurmelten »Limos, Chips« am Sarg vorbei und zwischen den Trauernden hindurch. Der Mexikaner, der zu diesen süßen, knusprigen oder fettigen Versuchungen Nein sagen kann, muss erst noch geboren werden.

Es ist eigentlich kein Wunder, dass ein Mexikaner lange Zeit den traurigen Rekord als schwerster Mann der Welt hielt. Manuel Uribe Garza aus der nordmexikanischen Metropole Monterrey – in einem früheren Leben Autohändler – hatte jahrelang bergeweise Süßigkeiten und Junkfood in sich hineingestopft, bis er über 500 Kilogramm auf die Waage brachte. Manuelito, den seine Mutter liebevoll »Meme« nennt, ging ins Krankenhaus, um sich in einer zwölfstündigen Operation 80 Kilogramm Fett entfernen zu lassen – mehr als das Normalgewicht eines Menschen seines Alters. Er hätte die Operation beinahe nicht überlebt, doch die Pfunde waren fast so schnell wieder draufgefressen, wie sie abgesaugt worden waren. Irgendwann wog Meme 597 Kilogramm. Er konnte sein mit einem Stahlrahmen verstärktes Bett nicht mehr verlassen, bekam Elefantiasis und Tumore in den Beinen und versuchte in seiner Verzweiflung, sich das Leben zu nehmen. Dann wurde der Fernsehsender Televisa auf ihn aufmerksam, und Meme wandte sich mit einem Hilferuf an die Öffentlichkeit.

Daraufhin meldete sich eine Beraterin der Sears-Diät bei ihm, und Meme nahm ein rigoroses Ernährungs- und Gymnastikprogramm auf. In zwei Jahren nahm er ohne Hilfe von Medikamenten rund 150 Kilogramm ab, sein Sponsor Televisa behauptete gar, er habe 300 Kilogramm abgespeckt. Wie viel es auch gewesen sein mögen, danach war er offenbar so weit verschlankt, dass seine Krankenschwester Claudia Solis, ein zierliches junges Mädchen, seinen Heiratsantrag annahm. Sein Bett wurde auf die Ladefläche eines Abschleppwagens gehievt, und Meme im weißen Seidenschlafanzug bis vor die Kirche gekarrt. Die Rechte an der Zeremonie kaufte ein Fernsehsender aus den Vereinigten Staaten. Heute wiegt Memito angeblich noch knapp über 300 Kilogramm und hält inzwischen den Weltrekord im Abnehmen, doch sein Bett kann er immer noch nicht verlassen. Aber er hat seine Lektion gelernt und will nun anderen helfen, ehe ihre Probleme ähnliche Ausmaße annehmen. Auf einem umgebauten Kleinlaster, seinem »Meme-Mobil«, lässt er sich in Schulen in der Umgebung von Monterrey kutschieren, wo er vor Schulkindern Vorträge über gesunde Ernährung hält.

Wie nötig Aufklärung ist, haben inzwischen sogar Politiker verstanden, auch wenn sie noch nicht so recht wissen, was sie gegen die Fettleibigkeit bei Kindern unternehmen sollen. Ende 2009 startete das Gesundheitsministerium des Distrito Federal Aufklärungskampagnen, die vermutlich schockieren sollten, aber noch nicht so recht ins Schwarze trafen. An den Bushaltestellen von Mexiko-Stadt klebten plötzlich Plakate mit dem Bild eines Mannes, der einen riesigen Hamburger verschlingt, und irgendwo über der Bushaltestelle flatterte ein Banner: »Wenn du zu viel isst, kannst du einen Herzinfarkt bekommen.« Autofahrer konnten das Banner erkennen und mit etwas Glück mit dem Bild darunter in Verbindung bringen, aber wer an der Haltestelle stand, freute sich über den zufriedenen Moppel, der genüsslich in seinen Burger biss. Auf einem anderen Plakat war Michelangelos berühmte David-Statue mit fetten Ärmchen und Hängebauch abgebildet – wer die Anspielung verstand, fand sie bestimmt witzig, die meisten sahen aber nur ein Dickerchen mehr. Ein Werbespot im Fernsehen zeigte eine stark übergewichtige Frau, die im Sessel vor ihrem heimischen Fernseher sitzt, eingerahmt von mehreren Pizzas und gigantischen Cola- und Limonadenflaschen; plötzlich fahren auf der Straße Feuerwehr, Polizei und Notarzt vor, stürmen die Treppe hinauf und bahnen sich mit Äxten einen Weg in die Wohnung. In der nächsten Einstellung sitzt die Frau in der Sprechstunde einer Ernährungsberaterin der staatlichen Krankenversicherung.

Das Gesundheitsministerium wollte es allerdings nicht bei diesen humorigen Ermahnungen belassen – dafür wird die Behandlung von Diabetes und Herzerkrankungen inzwischen zu teuer. Im November 2010 verabschiedete die Regierung des Hauptstadtbezirks ein Gesetz gegen den Verkauf von Junkfood in den Schulen und gegen die Werbung für Junkfood auf Schulgeländen. Um in den Schulen verkauft zu werden, muss ein Produkt bestimmte Richtlinien erfüllen, wer dagegen verstößt, muss mit einem Bußgeld von bis zu einer Million Pesos rechnen. Junkfood-Konzerne wie FEMSA und Bimbo tun natürlich alles, um dieses Gesetz zu sabotieren. Außerdem gibt es Pläne, an den Schulen der Hauptstadt das Unterrichtsfach Ernährung einzuführen, und sogar über Schulspeisung wird diskutiert, auch wenn keiner weiß, woher das Geld dazu kommen soll.

Das Grundproblem ist jedoch die mexikanische Ernährungsphilosophie: Gut ist, was gut schmeckt. Oder wie es der Autor Joaquín Antonio Peñalosa so schön auf den Punkt bringt: »Ein Taco in der einen Hand, eine Limo in der anderen – das ist das wahre Leben!« Was will man dem entgegensetzen?

Mexiko-Lexikon
Mi casa es tu casa

Vor ein paar Jahren lief in Mexiko eine Limonadenwerbung, auf die ich gefühlte hundert Mal angesprochen wurde. In der ersten Szene steht ein blasser Deutscher in Anzug und Brille am Kopierer, als ihn eine Meute Mexikaner umringt. Einer schlägt ihm auf die Schulter und ruft: »Günther! Willkommen in Mexiko! Am Samstag feiern wir bei dir zuhause!« Günther sieht ihn entsetzt an und stammelt, er sei doch gerade erst angekommen. Aber sein neuer Kollege lässt ihn gar nicht zu Wort kommen. »Du bist in Mexiko! Sábado en tu casa!« In der nächsten Einstellung kommen Günther und seine Familie vom Supermarkt nach Hause und bereiten die Feier vor; es wird Abend – und niemand kommt. Gleichzeitig tobt bei seinem mexikanischen Kollegen zuhause die Fiesta und der Gastgeber ruft über den Lärm: »Günther kommt wohl nicht mehr!«

In Mexiko ist mein Haus dein Haus. Wenn Ihnen Ihr mexikanischer Arbeitskollege erzählt, dass er sein Haus neu gestrichen hat, sagt er tu casa, und Sie antworten höflich: »Gracias!« Was nicht heißt, dass Sie dieses Haus jemals auch nur von außen sehen werden, denn wie die meisten Mexikaner ist Ihr Kollege ein sehr privater Mensch, der jede freie Minute im Kreise seiner Großfamilie verbringt. Wenn Sie ihn beim Wort nehmen, müsste er eigentlich alles mit Ihnen teilen. Wenn Sie seine Krawatte loben, antwortet er: »muy a la orden – stets zu Diensten«, und wenn Sie zu ihm sagen: »Das ist aber ein schönes Auto, das du hast«, erwidert er: »Cuando gustes – wann immer du magst.« Achten Sie auf sein Gesicht, wenn Sie ihn um die Autoschlüssel bitten.

La Guadalupana
Die Mutter aller Mexikaner

Es war kurz nach 18 Uhr und schon fast dunkel, als Amparo
Serrano ihre Wohnung in San Ángel im Süden von Mexiko-
Stadt verließ. Mit zügigen Schritten lief die zierliche Frau im
modischen Wollmantel über das Kopfsteinpflaster des alten
Ortskern, überquerte die sechsspurige Avenida de la Revolu-
ción und ging dann an der Mauer eines alten Klostergartens
entlang hinunter zur Avenida de los Insurgentes, die die 25-Mil-
lionen-Einwohner-Metropole von Nord nach Süd durchquert.
Sie wandte sich nach Norden und ging an den vornehmen, mit
Lichterketten geschmückten Restaurants, Banken und Bouti-
quen vorbei die einstige Prachtstraße entlang, auf der sich die
Autos Zentimeter um Zentimeter voranschoben.

Es war Dezember und die Luft war kühl, doch Amparo ging
flott und spürte die Kälte kaum. Nach einer guten Stunde stieß
sie an einer breiten Kreuzung auf das Ende eines langen Zugs
von Pilgern. Viele trugen zusammengerollte Decken über den
Schultern und hatten sich schwere, mit bunten Papiergirlanden
behängte Marienbilder auf den Rücken gebunden. Amparo sah
Frauen mit Blumenstöcken im Arm, andere mit Marienfiguren
oder kleineren Bildern. Weiter vorn wippten die blumenge-
schmückten Bögen eines Altars über den Köpfen. Viele Männer
trugen grobe Wollumhänge, die Frauen hatten sich dünne
Schals über den Kopf und um die Schultern gelegt, um sich gegen die Kälte zu schützen. Es war eine bunt zusammengewür-
felte Gruppe aus Jungen, Alten und Familien mit ihren Kindern.
Direkt vor Amparo gingen ein Mann mit einem schlafenden
Mädchen auf dem Rücken und ein Grüppchen von vier älteren
Frauen mit schwarzen Wollschals und Ledersandalen an den
schmutzigen Füßen. Tausende Köpfe weiter vorn trötete eine
Blaskapelle, die durch den Motorenlärm und das Hupen kaum

zu hören war. Irgendjemand schoss in regelmäßigen Abständen eine Rakete in den Nachthimmel, die hoch über den Köpfen der Pilger mit lautem Knall zerplatzte und ein weißes Rauchwölkchen hinterließ. Die Wallfahrer sangen:

La Guadalupana, la Guadalupana,
La Guadalupana bajó al Tepeyac.

Amparo schloss sich dem Zug an, denn sie hatte dasselbe Ziel: Die Basilika der Jungfrau von Guadalupe ganz im Norden der Megalopolis. Lange ging sie schweigend neben den übrigen Pilgern her, und wenn sie eines der Lieder kannte, stimmte sie in den Gesang mit ein. Nach einer guten Stunde, etwa auf Höhe des Parque España in der Colonia Condesa, kam sie mit einer der älteren Frauen ins Gespräch. Die Frau erzählte, die Pilger kämen aus dem rund hundert Kilometer entfernten Cuernavaca und seien vor vier Tagen aufgebrochen. Die meiste Zeit seien sie neben der Autobahn hergegangen, vom Tal des ewigen Frühlings in Morelos durch die dreieinhalbtausend Meter hoch gelegenen Kiefernwälder der Sierra del Ajusco hinunter ins Tal von Mexiko. Übernachtet hätten sie am Straßenrand.

»Haben Sie ein Gelübde abgelegt?«, fragte Amparo.

»Nein, wir gehen mit, um unserer lieben Jungfrau ihr Geburtstagsgeschenk zu bringen und ihr ein Ständchen zu singen«, erwiderte die Frau stolz. »Wir gehen den Weg jedes Jahr, schon seit mehr als vierzig Jahren. Früher bin ich mit meinem Mann gegangen, aber seit er gestorben ist, gehe ich mit meinen drei Schwestern.«

Unter den hell erleuchteten Hochhäusern des Zentrums verlangsamte sich der Zug. In einer Unterführung unter einem Verkehrskreisel hatten Anwohner Tische aufgebaut und verteilten Wasserflaschen und belegte Brote an die Pilger. Amparo war dankbar für die kurze Rast, denn obwohl sie sich bequeme Turnschuhe angezogen hatte, taten ihr die Füße weh.

Über die zwölf Fahrbahnen der Avenida de la Reforma, die Ost-West-Achse des Zentrums mit ihren hell erleuchteten Hotelpalästen und weihnachtlich glitzernden Bürohochhäusern, wurden die Gläubigen von der Polizei eskortiert. Auf dem Kreisel um das Denkmal des letzten aztekischen Herrschers Cuauhtémoc kam der Verkehr komplett zum Erliegen, die Autos stauten sich in alle Himmelsrichtungen. Die Gesänge der Pilger gingen in einem lauten Hupkonzert unter.

Im Norden des Zentrums wurden die Geschäfte und Restaurants schnell weniger. Lagerhallen und Fabriken traten an ihre Stelle. Amparo ging in sich versunken und mit immer schwerer werdenden Beinen die Straße entlang. Hinter dem U-Bahnhof Ávila Gamacho bogen die Pilger rechts ab und gingen durch eine finstere Gasse, bis sie auf eine breite, abgesperrte Straße kamen. Ganz am anderen Ende sahen sie die hell erleuchtete Basilika, die aussah wie ein soeben gelandetes Ufo.

Die Calzada de Guadalupe war ein wogendes Menschenmeer. Der Weg der Pilger war links und rechts gesäumt von Ständen, an denen Kerzen mit Marienbildern, Kreuze, Brathähnchen, Rosenkränze, Süßigkeiten, Reizwäsche, Marienfiguren, Tacos, Blumen, T-Shirts mit Bildern der Jungfrau von Guadalupe, *tamales*, Schmuck, gebratene Bananen, Bilder von Johannes Paul II. und Luftballons verkauft wurden. Aus den Lautsprechern der CD-Händler, die raubkopierte DVDs von Wunderheilungen und CDs mit christlicher Musik anpriesen, plärrten Marienhymnen. »Die letzten sechs Gruften in der Basilika. Nur hier« stand an einem Zelt. Im Gewirr verlor Amparo ihre Begleiter. Langsam schob sie sich durch die Menschenmassen voran. Um sie herum drängten sich Alte und Junge, Männer und Frauen, Familien mit Kindern, Menschen im Rollstuhl. Aber vor allem waren es dunkelhäutige Menschen in einfacher Kleidung. Amparo fühlte sich fast wie eine Touristin. Immer wieder musste sie aufpassen, dass sie nicht über einen der Gläubigen stolperte, die auf Knien in Richtung der Basilika rutschten. Eine gute Stunde später, kurz vor Mitternacht, durchquerte sie schließlich das Tor zum Vorhof der Basilika.

Auf dem Platz war das Gedränge noch größer. Gruppen von aztekischen Tänzern mit Lederschurz und ausladendem Federschmuck trommelten und tanzten. Männer in weißen Anzügen mit bunten Bändern packten Instrumente aus. Maskierte Tänzer mit langen Bärten, Kronen und paillettenbesetzen Samtgewändern lieferten sich einen Schwertkampf mit Männern in weißen Hemden und blauen Pluderhosen. Frauen in schwarzen, bunt bestickten Gewändern und Federschmuck räucherten die

Umstehenden mit Weihrauch ein. Tänzer in türkisgrünen Roben und einem langen Kopfschmuck aus Truthahnfedern, der bis zum Boden herabhing, klapperten mit ihren metallbeschlagenen Sandalen. Auf den Stufen zur Basilika scharte sich eine Hundertschaft von Mariachis mit reich bestickten Anzügen und ausladenden Sombreros.

Aus der Basilika war Musik zu hören. Wie auf ein geheimes Zeichen schien plötzlich alles stillzustehen. Die Mariachis setzten die Trompeten an den Mund und griffen in die Saiten ihrer Gitarren, die Menschen fingen an zu singen und Amparo, die irgendwo zwischen Hunderttausenden Menschen auf dem Platz feststeckte, stimmte ein:

Estas son las mañanitas, que cantaba el Rey Davíd
Hoy por ser día de tu santo, te las cantamos a ti:
Despierta, Virgen, despierta, mira que ya amaneció
Ya los pajaritos cantan, la luna ya se metió.

Que linda está la mañana en que vengo a saludarte,
Venimos todos con gusto y placer a felicitarte.
El día que tú naciste, nacieron todas las flores,
Y en la pila del bautismo cantaron los ruiseñores. *

Nach diesem traditionellen mexikanischen Geburtstagsständchen läuteten die Glocken und hoch über der Basilika knallten die Feuerwerkskörper. Die Gläubigen starrten mit offenen Mündern in den Nachthimmel. Amparo nutzte die Atempause, um sich weiter in Richtung der Basilika durchzukämpfen. Irgendwann, es kam ihr vor wie eine halbe Ewigkeit, wurde sie von einem Strom von Pilgern erfasst, der sie die Stufen hinauf

---

* So furchtbar sich das Gedicht in Prosa anhört, es ist immer noch besser als jeder meiner Versuche, es in Verse zu übersetzen. »Das ist das Morgenlied, das König David sang, und weil heute dein Geburtstag ist, singen wir dir dieses Lied: Wach auf, Jungfrau, wach auf, schau, die Sonne geht schon auf, die Vögel singen und der Mond ist schon untergegangen. Wie schön ist der Morgen, an dem ich dich grüße. Wir sind mit Freuden gekommen, um dir unsere Glückwünsche zu bringen. Am Tag deiner Geburt wurden alle Blumen geboren und über dem Taufstein sangen die Nachtigallen.«

und ins Innere der runden Kirche spülte. Mit Trippelschritten näherte sie sich dem Altar, an dem ein Dutzend weißgekleideter Priester eine Messe feierte.

Vorn angekommen, wurde sie auf ein Förderband geschoben, das sie unter dem Bild der braunen Madonna im Strahlenkranz vorbei transportierte. Ein Mann neben ihr hatte sein gerahmtes Bild vom Rücken genommen und streckte es in die Höhe. Unter der Jungfrau angekommen, sah Amparo nach oben und betete still. Ihr kamen die Tränen. Dann war sie auch schon am Ende des Förderbandes angekommen und wurde von den Nachdrängenden auf der anderen Seite der Basilika wieder nach draußen geschoben.

Die mexikanische Madonna

An diesem 12. Dezember pilgerten neben mir und Amparo Serrano noch etwa 6 Millionen Gläubige aus dem ganzen Land in den Norden von Mexiko-Stadt. Rund 60 Millionen Menschen, und damit mehr als die Hälfte aller Mexikaner, besuchten im Laufe des Tages einen der zahllosen Altäre der Jungfrau von Guadalupe, der in keiner Kirche fehlen darf. In jeder Stadt, in jedem Dorf und in jeder mexikanischen Enklave in den Vereinigten Staaten fanden schon in der Nacht Umzüge statt und brachten Mariachis der braunen Madonna Geburtstagsständchen dar. Unsere liebe Frau von Guadalupe – die Nationalheilige von Mexiko, die Mutter aller Mexikaner und die Patronin des Amerikanischen Doppelkontinents – bewegt sogar noch mehr Menschen als der Fußball. Ihr Heiligtum ist mit rund 25 Millionen Besuchern im Jahr der meistbesuchte Marienwallfahrtsort der Welt und nach dem Vatikan das zweitwichtigste Pilgerziel der Katholiken. Für viele Mexikaner ist ihr Gedenktag der eigentliche Nationalfeiertag.

Doch der Marienkult beschränkt sich nicht auf diesen einen Tag – in Mexiko ist jeden Tag Marienfeiertag. Mexiko ist das Land der Jungfrau von Guadalupe, man begegnet ihr buchstäblich auf Schritt und Tritt. Die Mexikaner sind Kinder der Guadalupe: Sie werden unter ihrem Bild gezeugt, geboren, getauft, verheiratet und beigesetzt, und alles andere dazwischen findet auch unter ihrem freundlichen Blick statt. In den meisten mexikanischen Haushalten steht irgendwo ein bunter Marienaltar, der liebevoll mit Heiligenbildchen, Kerzen und Blumen geschmückt wird. Viele Mexikaner kleben sich ein gekacheltes Marienbild an die Hauswand oder stellen eine Marienfigur in eine Nische neben dem Eingang, um die Bewohner des Hauses zu schützen. In jeder Fabrik und jeder Markthalle, in jedem Bergwerk, Flughafen, Krankenhaus, Busbahnhof, Parkhaus und angeblich auch in jedem Puff hat sie einen reich geschmückten Altar. An jeder Imbissbude, an jedem Blumenstand und in jedem Krämerladen klebt mindestens ein Marienbildchen. In Polizeiwachen und Gerichten fehlt sie nur deshalb, weil die Verfassung die strikte Trennung von Kirche und Staat vorschreibt und religiöse Symbole aus öffentlichen Gebäuden verbannt – dafür hat sie vor der Tür umso üppigere Altäre. La Virgencita – das Jungfrauchen, wie die Mexikaner sie liebevoll nennen – ist die Patronin der Stierkämpfer, die vor jedem Auftritt an einem Altar der Arena beten und beim Kampf ihr Amulett bei sich tragen. Sie ist die Beschützerin der Taxifahrer, die sich ihr Bild an den Spiegel hängen oder auf das Armaturenbrett kleben und an ihrem Stand einen Altar aufbauen. Die mexikanische Fußballnationalmannschaft besucht vor wichtigen Turnieren geschlossen einen Gottesdienst in der Basilika und bittet vor dem Anpfiff in der Kabine um ihren Beistand.

Wenn es um die Produktion von Devotionalien für ihre Virgencita geht, sind die Mexikaner unschlagbar kreativ. Es gibt kaum etwas, was es nicht mit ihrem Bild zu kaufen gibt, von Kerzen und Figuren über Schmuck, Geschirr, Aufkleber und Lampen bis hin zu Schlüsselanhängern, T-Shirts und Schlafanzügen. Motorradfahrer tragen sie auf ihren Lederjacken, Autofahrer kleben sie sich aufs Auto, Sprayer sprühen sie auf Hauswände. Eingefleischte Guadalupanos lassen sich die Jungfrau auch auf Oberarme und Rücken tätowieren.

Der Legende nach soll die Jungfrau von Guadalupe dem Indio Juan Diego im Dezember des Jahres 1531 erschienen sein. Juan Diego war ein Angehöriger des Volkes der Chichimeca, der um das Jahr 1475 in Texcoco im Osten des Tals von Mexiko als Cuauhtlatoatzin zur Welt gekommen und von den ersten franziskanischen Mönchen in Mexiko getauft worden war. Er war auf dem Weg zur Morgenmesse, als er in der Nähe des Hügels Tepeyac, wo heute die Basilika steht, den Gesang eines Cenzontle hörte, des »Vogels der vierhundert Stimmen«. Kurz darauf hörte er, wie ihm eine Frau vom Hügel herab zurief: »Juanito! Juan Dieguito!«

Er folgte der Stimme und stand plötzlich vor einer Frau von überirdischer Schönheit, die strahlte wie die Sonne. Juan Diego fiel auf die Knie, und die Unbekannte fragte ihn: »Mein Sohn, liebster meiner Söhne, wohin des Weges?«

»In den Gottesdienst.«

»Ich bin die Jungfrau Maria, die Mutter des wahren Gottes, für den wir leben, des Schöpfers der Menschen, des Herrn über Nah und Fern, über Himmel und Erde.«

Nach dieser beeindruckenden Vorstellung trug sie ihm auf, den Bischof zu besuchen und ihn zu bitten, ihr an dieser Stelle am Fuße des Tepeyac eine Kapelle zu errichten. Juan Diego machte sich also auf den Weg zum Palast des Bischofs Juan de Zumárraga im Zentrum von Mexiko. Der schenkte ihm erstaunlicherweise keinen Glauben und Juan Diego ging unverrichteter Dinge wieder nach Hause. An den nächsten beiden Tagen wiederholte sich das Spiel: Die Jungfrau rief den liebsten ihrer Söhne zu sich und trug ihm auf, den Bischof um eine Kapelle zu bitten, und der Gottesmann schickte den Indio nach Hause. Am vierten Tag, dem 12. Dezember, bat Juan Diego die Jungfrau schließlich, ihm ein Zeichen mitzugeben. Also wies Maria Juan Diego an, den Hügel hinaufzusteigen und das, was er dort fand, in seinen Umhang zu packen und dem Bischof zu überbringen. Juan Diego stieg also den Abhang hinauf und stieß zu seiner Überraschung auf ein Beet mit blühenden Rosen. Wie ihm geheißen, schnitt er die Blumen ab, schlug sie in seinen Umhang und brachte sie dem Bischof. Doch als er den Umhang öffnete und die Rosen herausfielen, war auf dem Tuch das Bild der Jungfrau Maria zu sehen. Der Bischof war beeindruckt und ließ am Tepeyac eine kleine Klause errichten, in der Juan Diego bis an sein Lebensende lebte und betete. Das Bild, das auf seinem Umhang erschien, wurde in der Kapelle aufbewahrt, die später an dieser Stelle errichtet wurde, und hängt heute in der Basilika.

Soweit die Legende. Skeptiker und Kirchenhasser, von denen es in Mexiko nicht wenige gibt, lassen an dieser Geschichte natürlich kein gutes Haar. »Damit ziehen sie nur den Armen das Geld aus der Tasche«, informierte mich meine Schwägerin Adriana, als ich ihr erzählte, dass ich die Basilika besuchen wollte. »Weißt du, wie viel die jedes Jahr mit dem Zirkus verdienen? Hunderte Millionen!« Dann drückte sie mir ein Büchlein des Satirikers Eduardo del Río alias Rius in die Hand.

Rius ist Autor zahlreicher Aufklärungscomics und eine Ikone der mexikanischen Linken. Auf gut hundert Seiten fährt er die gesamte kritische Guadalupana-Forschung auf, um der Lüge die Maske vom Gesicht zu reißen. Der besagte Bischof Juan de Zumárraga habe den Vorfall in seinen zahlreichen Schriften mit keinem einzigen Wort erwähnt, obwohl ihn die Geschichte doch sicher bewegt haben müsste, wenn sie denn tatsächlich passiert wäre. In Wirklichkeit, so Rius, befand sich auf dem Tepeyac vor der Ankunft der Spanier ein Tempel der Fruchtbarkeitsgöttin Tonantzin, zu dem die Azteken zur Wintersonnenwende pilgerten. Tonantzin, deren Name übersetzt »unsere liebe Mutter« bedeutet, galt als Mutter der Götter, speziell des aztekischen Stammesgottes Huitzilopochtli. Die Spanier zerstörten ihren Tempel und errichteten dort um das Jahr 1530, also rund zehn Jahre nach der Eroberung Mexikos, eine Kapelle zu Ehren der Jungfrau von Guadalupe. Die war rein zufällig die Schutzpatronin der Eroberer um Hernán Cortés und aus der Extremadura mit angereist. Das hinderte die Indios jedoch nicht daran, weiter auf den Berg zu pilgern und unter dem Deckmantel des Marienkults ihrer Göttin zu huldigen.

Der Mythos von Juan Diego und den Rosen scheint erst mehr als ein Jahrhundert später entstanden zu sein. Die älteste schriftliche Fassung stammt jedenfalls erst aus dem Jahr 1648. Rius meint, der Klerus von Mexiko-Stadt habe damals vermutlich einfach ein Wunder gebraucht, um mit den verschiedenen Marien- und Christuserscheinungen im Rest der Kolonie mithalten zu können und ein Stück vom Wallfahrtstourismus abzubekommen. Deswegen habe er die Geschichte und das Tuch in die Welt gesetzt – mit umwerfendem Erfolg.

Überzeugte Guadalupanos interessiert das wenig. Für sie sind der Beweis für die Echtheit der Geschichte das Tuch selbst, und die Wunder, die es vollbringt. Dass es überhaupt noch existiert, sei schon das erste Wunder: Als Chichimeke trug Juan Diego nämlich einen Umhang aus Ixtle, einer Kaktusfaser, die eine Lebensdauer von bestenfalls zwanzig Jahren hat. Dass das Bild fünf Jahrhunderte überdauert hat, ist selbstverständlich ein Beleg für seine überirdische Herkunft. Dazu kommen die vielen Wunder, mit denen das Tuch selbst zu den Gläubigen spricht. Ende des 19. Jahrhunderts verschwand auf rätselhafte Weise die Krone der Jungfrau; ein Kleriker meinte dazu nur: »Wenn wir schon das Erscheinen des Tuchs nicht erklären können, wie sollen wir dann das Verschwinden der Krone erklären?« Während des Religionsverbots Ende der zwanziger Jahre ging die Jungfrau in den Untergrund, und als sie zurückkehrte, hatte sie die Augen weiter geöffnet, und auf ihren Pupillen war ein vier Millimeter großes Bild des knienden Juan de Zumárraga zu erkennen – ein neues Wunder und ein weiterer Beweis für seine Echtheit. In den letzten Jahrzehnten berichteten Gläubige immer wieder von Lichterscheinungen auf dem schwangeren Leib der Jungfrau, und Ärzte, die das Bild mit dem Stethoskop abgehorcht haben, wollen den Herzschlag eines ungeborenen Kindes gehört haben.

Für solche Geschichten hat Rius nur Spott und Häme übrig. Das einzige Wunder sei doch, wie viel Geld die Kirche den Mexikanern mit ihrem Märchen aus der Tasche geleiert habe, ätzt er. Kunsthistoriker gingen heute davon aus, dass das legendäre Bild der braunen Jungfrau im Strahlenkranz von einem chichimekischen Maler namens Marcos Cipac angefertigt wurde. Cipac sei von den Spaniern angelernt worden und habe die neu gebauten Kirchen mit Fresken ausgemalt. Das Bild der Jungfrau habe er natürlich nicht auf Ixtle gemalt, sondern auf herkömmliche Leinwand. Und überhaupt, wenn es sich wirklich um den Umhang von Juan Diego gehandelt hätte, dann müsste der Chichimeke ein Hüne von 2,50 Meter gewesen sein, so Rius.

Rius und meine Schwägerin haben natürlich vollkommen recht. Trotzdem geht ihr aufklärerischer Furor an der Sache vorbei. Rosen hin, Ixtle her, die Wirkung der Guadalupana ist genauso real wie die historischen Tatsachen. Und das nicht nur, weil sie Jahr für Jahr Millionen von Menschen mobilisiert und Hunderte Millionen von Pesos in die Kassen der Kirche spült.

Die Jungfrau von Guadalupe ist nicht ohne Grund die Nationalheilige der Mexikaner. Für den Historiker Francisco de la Maza ist sie sogar ein ganz entscheidender Faktor bei der Entstehung des mexikanischen Nationalbewusstseins. Für die Criollos, die in Mexiko geborenen Spanier, sei sie schon eine Generation nach der Gründung der Kolonie ein Symbol der Einzigartigkeit Mexikos gewesen, so de la Maza. Die Mestizen, die aus der Verbindung von Spaniern und Ureinwohnern hervorgingen, hätten sich in der braunen Jungfrau wiedererkannt. Und den Ureinwohnern, »den liebsten ihrer Söhne«, habe der Marienkult nach der Zerstörung ihrer Kultur eine Möglichkeit gegeben, ihre Religion in neuer Form weiterzuleben. Schon kurz nach der Eroberung durch die Spanier war die Jungfrau von Guadalupe also ein Zeichen, dass Mexiko von Gott auserwählt worden war. Ein Kleriker bezeichnete sie sogar als »das Glück Mexikos«. Kein Wunder, dass die Unabhängigkeitskämpfer, die sich Anfang des 19. Jahrhunderts gegen die spanische Krone erhoben, sie auf ihre Fahne setzten.

Diese Geschichte ist schon fast so mythisch wie die Marienerscheinung selbst: Am 16. September 1810 ließ der Priester Miguel Hidalgo um 5 Uhr morgens die Glocken seiner Kirche in Dolores in der Nähe von Guanajuato läuten und rief vor der versammelten Kirchengemeinde und seinen Mitverschwörern zum Kampf gegen die spanischen Unterdrücker auf. Am Ende einer leidenschaftlichen Predigt rief er: »Es lebe die Jungfrau von Guadalupe! Nieder mit der ungerechten Regierung!« Oder so ähnlich. Was er wirklich gerufen hat, darüber wird seither heftig gestritten. Jedenfalls nahm er auf dem Weg nach draußen eine Standarte der Guadalupana aus der Kirche mit. Ob Zufallsgriff oder geniale Eingebung, mit diesem Bild gelang es ihm, die unzufriedenen Bauern hinter sich zu scharen, die sich vermutlich kaum für die Nation und ihre Unabhängigkeit interessierten. Nebenbei machte Hidalgo die Jungfrau von Guadalupe endgültig zu *dem* Symbol der mexikanischen Nation. Das ist sie auch durch alle Säkularisierungen und Religionsverbote hindurch geblieben.

Einer der größten Fans der Guadalupana war übrigens kein Mexikaner, sondern ein Pole. Auf seiner legendären ersten Auslandsreise im Januar 1979 kam der frischgebackene Papst Johannes Paul II. nach Mexiko, um vor der Morenita am Tepeyac niederzuknien. Bei seinen folgenden Besuchen erhob er sie zur Patronin des gesamten amerikanischen Doppelkontinents und sprach Juan Diego erst selig, dann heilig. Diese besondere Aufmerksamkeit erfüllt die Mexikaner bis heute mit Stolz. Die Devotionalienhändler vor der Basilika verkaufen noch immer Bildchen von ihrem Juan Pablo, der vor der Guadalupana kniet oder von ihr in den Arm genommen wird. Bilder von Papa Ratzinger sucht man vergebens.

Die heilige Jungfrau der Schlachthöfe

Die Jungfrau von Guadalupe erscheint auch heute noch gelegentlich. Moises, ein Buchhändler aus der Universitätsstadt Xalapa in der Sierra von Veracruz, erzählte mir, am Haus seines Onkels sei der Putz abgebröckelt und habe irgendwann eine Form ergeben, die vage an das Bild aus der Basilika erinnerte. Zuerst bekreuzigten sich die Nachbarn beim Vorübergehen, und irgendwann standen Blumen und Kerzen vor dem Haus. Als sich die Form allmählich veränderte, weil der Putz natürlich immer weiter abbröselte und der Onkel ein bisschen nachhalf, kam irgendjemand auf die Idee, einen Altar mit Dach und Glastür an die Hauswand zu mauern und ein Bild hineinzustellen. Der Onkel wurde nicht gefragt. Seither sperren die Nachbarn jedes Jahr in der Woche vor dem 12. Dezember die Straße und feiern die Virgencita vor seiner Tür.

Solche Erscheinungen sind nicht ungewöhnlich und lassen sich bei Bedarf auch forcieren. Silverio alias El Ánima de San Bruno, ein Maler und Dichter aus Xalapa, erzählte mir, er habe sich immer darüber geärgert, dass seine Nachbarn am Tag der Müllabfuhr ihre Abfallsäcke neben seine Tür warfen. Eines Abends habe er die Nase voll gehabt. Er habe eine Tomate aus dem Abfall genommen, eine Jungfrau an den Sockel gemalt und einen Müllsack davor gestellt. Als am nächsten Morgen die Leute von der Müllabfuhr den Sack aufhoben, hatten sie eine Erscheinung. Binnen kürzester Zeit versammelte sich eine kleine Menschentraube, Blumen wurden aufgestellt, Kerzen angezündet und Gebete gesprochen. Seither stellen die Nachbarn ihre Müllsäcke ein paar Türen weiter ab.

Mehr Aufruhr verursachen die Erscheinungen, wenn sie sich im nicht mariengläubigen Ausland ereignen, wie im April 2005 in Chicago. In einer Unterführung des Kennedy-Expressway fühlten sich Passanten beim Anblick einiger Kalknasen an der Betonwand offenbar an das Bild aus der Basilika erinnert. Es dauerte nicht lange, und die Gläubigen brachten Blumen, zündeten Kerzen an, stellten Bilder der Jungfrau von Guadalupe auf und hängten mexikanische Fahnen an die Wand. Da der Schauplatz des Wunders die Vereinigten Staaten waren, blieb es jedoch nicht dabei. Das Fernsehen rückte an, und mit einem Mal nahm der Ansturm derartige Ausmaße an, dass die Chicagoer Polizei den Verkehr umleiten musste. Einige Wochen später beschloss die Stadtverwaltung, der Erscheinung ein Ende zu bereiten und das Bild zu übermalen. Doch es dauerte nicht lange, und die Silhouette war wieder zum Vorschein getreten – weil die Wand weiter nässte, weil die Gläubigen die Farbe abgerubbelt hatten, oder vielleicht auch einfach, weil es sich um ein Wunder handelte. Danach wurde das Bild noch mehrfach von Vandalen überpinselt und kam immer wieder zum Vorschein. Heute hängt ein gerahmtes Foto der ursprünglichen Erscheinung an der Wand, am Rahmen stecken mexikanische Fahnen, Marienbildchen und Briefe, und auf dem Boden davor stehen Kerzen, Holzkreuze und ein paar Topfpflanzen.

Über die Nachrichtenagentur Associated Press gelangte die Geschichte auch nach Deutschland, doch in der amerikanischen und der deutschen Presse ging der eigentliche Witz der Geschichte vollkommen verloren. Kein Wort darüber, dass es die mexikanische Nationalheilige war, die da in einer Unterführung in Chicago erschienen war, und kein Wort, dass die Gläubigen fast ausschließlich Mexikaner waren.

Für die »Pochos« oder »Chicanos«, wie die in den Vereinigten Staaten lebenden Mexikaner genannt werden, ist die Virgencita mindestens genauso wichtig wie für ihre Landsleute zuhause. Sie tragen ihr Bild in der Tasche oder um den Hals, wenn sie illegal in der Wüste von Sonora oder Tamaulipas über die Grenze gehen. Sie bitten sie um Arbeit und Schutz in der feindlichen neuen Welt. Sie schwören sich bei der Hochzeit vor ihr die Treue, vertrauen ihr bei der Taufe ihre Kinder an und geben ihren Toten ihr Bild mit, genau wie in Mexiko. Und genau wie in Mexiko haben die mexikanischen Gemeinden in den Vereinigten Staaten ihre Marienschreine, zu denen jedes Jahr in der Nacht vom 11. auf den 12. Dezember Tausende Pilger ziehen. Aber mehr noch als in Mexiko ist die Jungfrau von Guadalupe für die Mexikaner in Chicago, Denver, Los Angeles oder San Antonio ein Symbol für ihre Herkunft und Identität. Sie sind wieder Juan Diego, der in einer radikal veränderten Welt nach Schutz sucht, und die Jungfrau ist wieder das Symbol, um das sie sich scharen. Und die Virgencita lässt die liebsten ihrer Söhne und Töchter auch in der Diaspora nicht allein.

Virgencita, plís

Amparo Serrano alias Amparín, mit der ich in der Nacht vom 11. auf den 12. Dezember zur Basilika pilgere, ist diplomierte Designerin und hat eine ganz besondere Beziehung zur Jungfrau von Guadalupe. Ich besuche sie Anfang Dezember in ihrem Büro in einem Villenviertel von San Ángel, einem historischen Stadtteil im Süden von Mexiko-Stadt, in dem auch Diego Rivera und Frida Kahlo ihr Studio hatten. Die gepflasterte Straße ist von BMWs, Jeeps und SUVs gesäumt. Kein Schild weist darauf hin, dass sich hinter der hohen, mit violetten Bougainvilleas umrankten Mauer und dem braunen Holztor die Zentrale ihres Unternehmens Distroller verbirgt.

Doch die vornehm zurückhaltende Fassade täuscht. Sämtliche Räume der zweistöckigen Villa sind mit Comicfiguren und explodierenden Mustern in knalligen Farben tapeziert. Auf Regalen stapeln sich kreischend bunte Tassen, Stofffiguren und anderer Nippes. Auf dem Boden liegen Pappen und Schaumstoffteile in allen Regenbogenfarben herum.

Amparo Serrano passt rein äußerlich eher zur diskreten Fassade der Villa als zu dem farbenfrohen Chaos ihres Unternehmens. Sie ist etwa 1,60 Meter groß, zierlich, blass, hat schulterlanges, blondes Haar und trägt ein strenges blaues Kostüm, in dem sie aussieht wie eine Stewardess. Nur selten verzieht die etwa Vierzigjährige ihre schmalen Lippen zu einem nervösen Lächeln.

»Ich bin insgesamt viermal zur Basilika gegangen, von hier aus, von San Ángel«, erzählt sie. »Zweimal um zu bitten. Und beide Male sind meine Bitten erfüllt worden. Also musste ich wieder zurück, um mich zu bedanken.«

Amparín hat allen Grund, sich bei der Jungfrau von Guadalupe zu bedanken, denn die Muttergottes ist der eigentliche Star des Unternehmens: Die Designerin hat sich mit Marienbildchen und -figürchen ein kleines Imperium aufgebaut. In der Version von Amparín ist die Virgencita eine psychedelisch bunte Comicfigur in grellem Strahlenkranz, die in Dutzenden Versionen selig von den Wänden des Büros herunterlächelt. Mit ihren sympathischen Zeichnungen auf Tassen, Kalendern, Halskettchen, Schlüsselanhängern, Tüchern, Ringen, Sparschweinen, Blumentöpfen, Dosen, Weihnachtskugeln, Krippenfiguren, Decken, Armbändchen, Vasen, Handtüchern, Waschlappen und Kissen hat Amparín unter Jugendlichen einen regelrechten Virgencita-Boom ausgelöst. Schreibwaren- und Bekleidungshersteller buhlen darum, Schreibhefte, Bleistifte, Radiergummis, T-Shirts, Söckchen und Schlafanzüge mit Virgencita-Motiven bedrucken zu dürfen. Selbst Virgencita-Parfüms und -Kekse gibt es inzwischen. Wie Diddl-Maus mit Heiligenschein.

»Ich liebe Farben«, sagt sie. »Das hat natürlich damit zu tun, dass ich Mexikanerin bin.« Aber fast noch verkaufsträchtiger als die grellen Farben und fröhlichen Zeichnungen sind die kessen Bitten, mit denen Amparín ihre Karikaturen begleitet. »Virgencita, plís …«, fangen die meisten in Kinderenglisch an: »Virgencita, bitte behüte mich vor dem Lungenemphysem«, steht auf einem Feuerzeug, »Virgencita, wenn ich schon nicht schlau bin, dann mach mich wenigstens beliebt« auf einem Schulheft, oder »Virgencita, bitte pass auf, dass mir meine Karosse nicht geklaut wird« auf einem Autoaufkleber.

Das klingt nicht sonderlich pietätvoll. Amparín nickt: »Aber heute sagt niemand mehr, ›Gebenedeite Jungfrau, erhöre mich‹. Die Leute sagen, ›Hör zu, Virgencita, mach keinen Scheiß‹. Ich glaube, meine Zeichnungen bringen sie den Kindern näher. Die katholische Religion ist voller Blut und Selbstzüchtigung. Das macht Angst. Aber für mich bedeutet Maria Glück. Außerdem ist sie schwanger. Deswegen male ich ihr oft ein Herz auf den Bauch. Das ist das Leben, das sie in sich trägt. Sie ist glücklich.«

Nicht allen gefällt diese freche, bunte Art, viele halten sie für geschmack- und respektlos. Sogar ihre Mutter ist kein Fan ihrer Zeichnungen. »Religion ist halt ein schwieriges Thema. Aber ich habe mal einen Anruf vom Rektor der Basilika bekommen. Ich war nicht zuhause, meine Mutter hat den Anruf angenommen. Als ich heimgekommen bin, hat sie zu mir gesagt, ›Die Basilika hat angerufen, und jetzt wirst du schon sehen, was du davon hast‹. Aber der Monsignore hat mich gefragt, ob ich nicht ein paar von meinen Bildern für eine Versteigerung hergeben würde, um Geld für die Renovierung zu sammeln. Das war dann der Segen, oder?«

Amparín will aber unbedingt den Eindruck vermeiden, dass sie mit der Jungfrau von Guadalupe Geld verdienen könnte. »In einem Interview bin ich mal gefragt worden, ›Wie kannst du nur mit der Jungfrau Geld verdienen?‹ Das klingt fies, oder? Aber ich habe bis heute keinen Centavo mit der Jungfrau verdient.« Angesichts des Büros und der Ladenketten kommen mir da gewisse Zweifel, aber Amparín beharrt darauf. »Mit dem Geld, das ich mit der Jungfrau verdiene, beschäftige ich die Leute hier und Künstler in der Sierra Tarahumara. Die Arbeit hat auch eine gemeinnützige Seite, das geht ja nicht alles in meine Tasche. Für mich wäre es schön, wenn wir mit jedem Produkt einen bestimmten Prozentsatz spenden könnten, an die Stiftung, die ich gerade gegründet habe. Die Stiftung soll Leuten helfen, malen zu lernen.«

Für Amparín ist die Jungfrau von Guadalupe die Schutzpatronin von Distroller und aller Mexikaner. Um an sie zu glauben, muss man nicht religiös sein: »Auch wenn jemand eine andere Religion hat, ist sie ein Symbol. Sie ist nicht nur ein religiöses Symbol, sondern eine Art Flagge oder Glücksbringer. Ich bin kein religiöser Mensch und gehe auch nicht in die Kirche. Aber an die Jungfrau glaube ich.«

Mexiko-Lexikon
El fut

Die Besucher der Kneipe diskutierten noch heftig über das klare Abseitstor der Argentinier, als ein mexikanischer Abwehrspieler einen krassen Fehler machte und ein argentinischer Stürmer zum 2:0 abstaubte. Mit einem Mal wurde es ruhig in der Kneipe von Mexiko-Stadt. Im Stadion von Johannesburg war noch eine Stunde zu spielen, aber für die Zuschauer war das Spiel gelaufen. Sie wandten sich ihrem Bier zu und sahen nur noch mit einem Auge zu, wie Mexiko wieder einmal im Achtelfinale gegen Argentinien ausschied.

Den Fans ist die Nationalmannschaft ein Rätsel. Der Fußball – el futbol, liebevoll auch el fut – ist in Mexiko noch wichtiger als in Deutschland, wenn das überhaupt möglich ist. Die Primera División trägt pro Jahr nicht nur eine Meisterschaft aus, sondern gleich zwei, und die mexikanischen Mannschaften spielen in der Copa Santander Libertadores de América, der lateinamerikanischen Champions-League, ganz oben mit. Aber die Nationalmannschaft kommt einfach nicht auf die Beine. Vor den Weltmeisterschaften wird sie zumindest zuhause als Geheimtipp gehandelt, aber spätestens nach dem ersten Spiel verfallen die Fans in eine gut eingeübte Resignation. »Gespielt wie noch nie, verloren wie immer« lautet ihr Motto.

Der Soziologe Jorge Castañeda findet eine so einfache wie überraschende Lösung für dieses Rätsel: den Individualismus der Mexikaner und ihre Abneigung gegen jede Form der gemeinschaftlichen Organisation. Das ist eine erstaunliche Behauptung für ein Volk, dem man gern Kollektivismus unterstellt. Trotzdem leuchtet Castañedas Erklärung ein: Im übrigen Lateinamerika seien Fußballvereine aus Social Clubs hervorgegangen, in denen die Mitglieder selbst Sport trieben. Doch in Mexiko seien die Vereine von Anfang an reine Fußballclubs gewesen, die zur Unterhaltung der Zuschauer gegeneinander antraten. Mexikaner schauen Fußball im Fernsehen und im Stadion, aber den wenigsten käme es in den Sinn, sich im Verein zu engagieren oder auch nur einem Fanclub beizutreten.

Dahinter wiederum stecke die generelle Weigerung, sich zu gemeinschaftlichen Aktivitäten zu organisieren, so Castañeda. Seine Zahlen sprechen für sich: Mehr als 80 Prozent aller Mexikaner haben sich nie auch nur einziges Mal in einer Gruppe für ein soziales Anliegen engagiert. In Mexiko kommen auf 110 Millionen Einwohner gerade einmal 10000 Vereine; zum Vergleich: Die Vereinigten Staaten haben dreimal so viele Einwohner und zweihundertmal so viele Vereine. Oder andersherum: 85 Prozent der US-Bürger gehören zwei oder mehr Organisationen an, und 85 Prozent der Mexikaner keiner einzigen. Wenn sich Mexikaner denn tatsächlich einmal zu einem Verein zusammenschließen, löst sich dieser schnell unter gegenseitigen Vorwürfen und Anschuldigungen wieder auf, und jeder verdächtigt den anderen, nur seine eigenen Zwecke zu verfolgen. Mexikaner sind eben keine Mannschaftsspieler, sie wursteln sich lieber alleine durch.

Trotzdem ist Individualismus nicht ganz das richtige Wort. Schuld am mangelnden Mannschaftsgeist ist eher ein generelles Misstrauen, das Mexikaner allen Mitmenschen entgegenbringen, die nicht ihrer Familie angehören. Ganze 90 Prozent sind überzeugt, wenn sie nicht aufpassten, würden sie von anderen übers Ohr gehauen. Der Meinungsforscher Alejandro Moreno kommt deswegen zu dem Schluss: »Umfragen zum Thema Werte ergeben ein ums andere Mal, dass die mexikanische Gesellschaft große Schwierigkeiten hat, sich zu organisieren.«

Aber Meinungsumfragen sind kein Schicksal. Im Juli 2011 gewann die mexikanische Jugend-Nationalmannschaft zum zweiten Mal nach 2005 die U-17-Weltmeisterschaft. Das 2:0 gegen kompakt verteidigende Urus war eine hervorragende Mannschaftsleistung, da waren sich alle Kommentatoren einig. Vielleicht hat sich das Blatt gewendet, vielleicht wächst ja heute eine neue Generation von Mexikanern heran, die ihren Mannschaftsgeist entdeckt und endlich den verdienten Weltmeistertitel holt. Für die WM 2014 in Brasilien sind sie mein Geheimfavorit. Ich bin mir sicher: Die Jungs werden spielen wie noch nie.

La Familia
Der mexikanische Traum

Nach der Geburt seines ersten Sohnes beantragte Don Eulalio einen Kredit bei seinem Arbeitgeber, den staatlichen Wasserwerken, und kaufte ein Grundstück im neuen Stadtteil Agrícola Oriental, ein paar hundert Meter von der Stadtautobahn zum Flughafen von Mexiko-Stadt. Dort ließ er eine Bodenplatte, einige fünf Meter hohe Pfeiler und eine Decke aus Stahlbeton gießen. Wann immer er Geld hatte, bestellte er eine Ladung Backsteine und fuhr am Wochenende mit seiner Frau Doña Elvia und der immer größer werdenden Familie hinaus auf die Baustelle, um eine neue Mauer aufzusetzen. Nach drei Jahren war das Erdgeschoss fertig und verputzt, die Fenster eingebaut und die Küche eingerichtet. Die Familie zog ein. Oben ragten noch die Betonpfeiler und Stahlstangen aus dem Dach.

Auf die setzte Don Eulalio ein paar Jahre später ein neues Flachdach, um eine Wohnung für seinen ältesten Sohn zu bauen. Und weil der Betonmischer schon da war, ließ er nebenan eine neue Bodenplatte und neue Pfeiler gießen. Eines nach dem anderen heirateten die Kinder, und eines nach dem anderen zog mit ihren Familien in ein neues Häuschen auf dem Grundstück der Familie. Irgendwann kaufte Don Eulalio zum Schnäppchenpreis die Bauruine eines Nachbarn dazu, dem das Geld ausgegangen war. Für vier Kinder reichte der Platz, die älteste Tochter blieb im Haus bei den Eltern wohnen, andere heirateten in der Nachbarschaft.

Auch Tía Ana, die zweitälteste Tochter Don Eulalios und eine Großtante meiner Frau, heiratete einen jungen Mann, der direkt nebenan gebaut hatte, zog bei ihm ein und hatte im Laufe der Jahre drei Kinder mit ihm. Als ihr Sohn Manolo heiratete, bekam er die Wohnung auf dem Dach ihres Hauses, in der früher ihre Schwiegereltern gelebt hatten. Und als ihre jüngste

Tochter Perla schwanger wurde, überdachten sie das verbleibende Stückchen Garten und brachen eine Tür in die Wand zum Wohn- und Esszimmer, in dem nun zwei Familien aßen. Nur die älteste Tochter Rosita tanzte aus der Reihe und zog nach ihrer Heirat bei ihrem Mann Ricardo ein, der in einem etwas bürgerlicheren Stadtteil ein paar Kilometer weiter im Haus seiner Eltern lebte und wenig später eine Wohnung in einem »populären« Viertel von Coyoacán kaufte.

Als Don Eulalio starb, gehörte seinen Nachkommen der halbe Straßenzug. Jeden Sonntag kommt mindestens eine Tochter mit Anhang bei der Matriarchin Doña Elvia zum Mittagessen, schon am Morgen stehen die Frauen in der Küche und kochen. An den Festtagen feiert natürlich die ganze Familie bei Doña Elvia, mehr als fünfzig Personen drängen sich im kleinen Wohnzimmer und auf dem Hof. Und zu besonderen Anlässen, zum Beispiel einer Hochzeit, einer Erstkommunion oder dem 15. Geburtstag eines der Mädchen, der in Mexiko mit großem Tamtam gefeiert wird, sperrt die Familie schonmal die Straße.

Tía Ana lebt den mexikanischen Traum: Viele Kinder bekommen und das Leben im Schoß einer Großfamilie verbringen. Ihr Mann Tío Antonio brachte es einmal auf den Punkt, als er sagte: »Wozu lebt man, wenn nicht, um Kinder zu bekommen? Alles andere ergibt sich schon irgendwie.«

Landschaft in klarem Licht

Wenn man auf der Autobahn von Puebla her kommend über die Schulter des rund 5300 Meter hohen Vulkans Iztaccíhuatl fährt, öffnet sich unten plötzlich eine weites, von hohen Bergen eingerahmtes Tal, aus dessen ebenem Grund einige Vulkankegel ragen. An den meisten Tagen des Jahres liegt das Tal unter einer blickdichten braunen Dunstschicht, aber an einigen wenigen klaren Tagen, vor allem während der Weihnachts- und Osterferien, reißt der Schleier auf und man sieht in der Ferne einige Hochhäuser glitzern. An diesen seltenen Tagen bekommt man eine leise Ahnung, warum der Dichter Alfonso Reyes das Tal vor einem knappen Jahrhundert »la región más transparente del aire«* nannte, und man kann sich vorstellen, wie dem spanischen Eroberer Hernán Cortés und seinen Begleitern der Atem gestockt haben muss, als sie tief unter sich die Stadt Tenochtitlan, die Hauptstadt des Aztekenreichs, mit ihren weißen Pyramiden leuchten sahen.

Bei der Ankunft der Spanier war ein großer Teil des Tals noch von einem flachen See, der Lagune von Texcoco bedeckt. Rings um das Ufer reihte sich eine Großstadt an die andere, und im See selbst lag die Inselstadt México-Tenochtitlan. Ins Zentrum der Metropole mit ihren beispiellosen Tempelanlagen und Palästen gelangte man nur über breite, schnurgerade Dämme. Bernal Díaz de Castillo, der im Gefolge von Cortés nach Tenochtitlan kam, beschrieb den Anblick Jahrzehnte später so: »Wir waren baß erstaunt über dieses Zauberreich, das fast so unwirklich schien wie die Paläste im Ritterbuch des Amadis. Hoch und stolz ragten die festgemauerten, steinernen Türme, Tempel und Häuser mitten aus dem Wasser. Einige unserer Männer meinten, das seien alles nur Traumgesichte.«

Das Tal war schon damals eine wuchernde Metropole: Tenochtitlan hatte mehr als eine Viertelmillion Einwohner und mit den umliegenden Großstädten lebten vermutlich mehr als anderthalb Millionen Menschen im Tal. Viele der Bewohner lebten auf kleinen Inseln im See, den *chinampas*, wie man sie noch heute in Xochimilco im Süden der Stadt besuchen kann. Die *chinampas* befanden sich im Privatbesitz von Großfamilien, die dort ihrem Handwerk nachgingen und Mais, Bohnen und Gemüse anbauten. Wenn sie eine benachbarte Familie besuchen oder auf den Markt fahren wollten, mussten sie in ein Kanu steigen. Kein Mensch ist eine Insel – aber die aztekische Familie vielleicht schon.

Diese Vorliebe fürs Private oder besser fürs Familiäre hat sich bis heute gehalten. Wenn man die Serpentinen des Iztaccíhuatl weiter hinunterfährt und ins Tal von Mexiko rollt, kommt man zunächst an den verstreuten Hütten der *paracaidistas* vorbei,

* Carlos Fuentes verwendete dieses Zitat 1958 als Titel für seinen Roman über das Leben in Mexiko-Stadt; der deutsche Verlag übersetzte den Titel poetisch mit *Landschaft in klarem Licht.*

der Fallschirmspringer, wie die illegalen Siedler genannt werden. Diese werden irgendwann von grauen Hohlblockhütten abgelöst, die sich die kahlen Hänge hinaufziehen. Hinter der letzten Mautstation an der Einfahrt zur Stadt folgen endlose Reihen von identischen Häuschen. Jedes hat auf dem Dach seinen schwarzen Wassertank und zur Straße hin eine kleine Hofeinfahrt, die als Garage dient. In etwas besseren Vierteln haben die Häuschen einen kleinen Grünstreifen vor der Tür, der eifersüchtig durch einen Zaun oder besser noch durch eine Mauer geschützt wird. Nach hinten haben die meisten einen kleinen Garten oder zumindest einen Austritt mit einem Waschtisch, über den ein paar Wäscheleinen gespannt sind. Eine hohe, mit Glasscherben oder Stacheldraht gekrönte Mauer trennt den kleinen Hof vom Nachbarhaus, und oft ist selbst das Dach noch gegen eventuelle nachbarliche Blicke oder Angriffe gesichert.

Der Großraum Mexiko-Stadt, genauer gesagt die Zona Metropolitana del Valle de México ist mit knapp 8000 Quadratkilometern und geschätzten 25 Millionen Einwohnern nicht nur der bevölkerungsreichste, sondern auch der größte städtische Raum Lateinamerikas. Wenn die Stadt so uferlos wuchert, dann vor allem, weil jede Familie ihr eigenes Häuschen braucht. Für die meisten Mexikaner wäre es nämlich vollkommen undenkbar, in einer Wohnung zu leben, ob in einem modernen Wohnsilo wie in Brasilia, Buenos Aires oder Paris, oder auch nur in einem klassischen Mehrfamilienhaus mit Hinterhof, wie man sie aus Berlin oder Frankfurt kennt.

Natürlich hängt die Abneigung gegen Wohnblöcke und Hochhäuser auch mit der Furcht vor Erdbeben zusammen und mit den schlechten Erfahrungen, die man in diesem Zusammenhang mit den wenigen modernen Mehrfamilienhäusern gemacht hat. Im Zentrum, das auf dem trockengelegten See von Texcoco errichtet wurde, ist der Untergrund weich, weshalb die Gebäude selbst bei relativ schwachen Erdstößen heftig schwanken können. Bei dem verheerenden Beben vom 19. September 1985 fielen die Wohnsilos reihenweise in sich zusammen und begruben Hunderte Menschen unter sich. Die Bilder der umgekippten 14-stöckigen Wohnhäuser von Tlatelolco haben sich tief in die Psyche der Mexikaner eingegraben. Trotzdem ist es nicht so, als könne man in Mexiko-Stadt keine Hochhäuser bauen. Der 182 Meter hohe Torre Latinoamericano im Zentrum hat nicht nur das Erdbeben von 1985 überstanden, sondern auch das von 1957, bei dem das Unabhängigkeitsdenkmal umstürzte. Die Hochhäuser in der neuen Bürostadt Santa Fe an den Hängen im Westen wurden mit erdbebensicheren Techniken gebaut, und der 230 Meter hohe Torre Mayor an der Avenida de la Reforma erhielt ein 60 Meter tiefes Fundament, das auf dem vulkanischen Untergrund aufsitzt.

Es geht also. Wenn es in Mexiko trotz modernster Bautechniken kaum Hochhäuser gibt, dann vor allem, weil Mexikaner grundsätzlich ungern in Mietwohnungen leben. Der Grund ist ganz einfach: Sie lassen sich nicht aufstocken. Aber die Mutter nicht in Rufweite zu haben, das wäre für die meisten Mexikanerinnen ein Trauma.

Das Wesen der Mexikaner

Wenn die Mexikaner in Statistiken und Befragungen regelmäßig zu den glücklichsten Nationen der Welt zählen, dann hat das viel mit der Familie zu tun. Die Großfamilie bietet Geborgenheit und Liebe, sie ist ein mütterlicher Schoß und ein geschützter Raum, den viele Mexikaner gerade in den unteren Schichten oder auf dem Dorf nie verlassen. Sie ist Trutzburg und Bollwerk gegen eine feindliche Welt, in der man niemandem vertrauen kann (so zumindest die Wahrnehmung vieler Mexikaner). Außerdem ist sie Solidargemeinschaft und Versorgungswerk, und in einem Land mit einem ausgesprochen dünnen sozialen Netz ist sie für viele Menschen die einzige Renten-, Kranken- und Arbeitslosenversicherung. Trotzdem sollte man nicht den Fehler machen, sie mit einem Idyll zu verwechseln: Wenn viele Menschen auf engem Raum zusammenleben, gibt es naturgemäß auch Ärger – zumal, wenn sie miteinander verwandt sind.

Die Großfamilie ist nach wie vor die wichtigste Institution der mexikanischen Gesellschaft. Wenn man Mexiko und die Mexikaner verstehen will, muss man die Familie verstehen. Guadalupe Amezcua, eine Psychotherapeutin aus Xalapa, die sich auf Familientherapie spezialisiert hat und vor zwanzig Jahren das Gestalt-Institut Cesigue gründete, bringt es auf den Punkt: »Mexikaner sind Familienwesen. Mehr noch, die Familie ist das Wesen des Mexikaners. Der Sinn des Lebens ist die Gründung einer eigenen Familie.«

Für Tía Anas Kinder war das Leben in der Großfamilie natürlich ein Riesenspaß. Als sie zur Welt kamen, hatten sie sofort ein Dutzend Freunde, nämlich ihre Cousins in der Nachbarschaft. Mit denen verbrachten sie ihre ersten Lebensjahre in den Wohnzimmern der Familie und auf der Straße vor dem Haus. Später drückten sie dieselbe Schulbank, im Dutzend liefen sie in Diskotheken auf und gemeinsam wagten sie sich schließlich auf Partnersuche. Ihre wenigen Schulfreunde haben sie inzwischen längst vergessen, aber die Beziehung zu ihren Cousins und Cousinen besteht weiter – wer so viele Verwandte hat, braucht daneben keine anderen Freunde mehr.

Manolo und Perlita blieben bei ihren Eltern wohnen, selbst als sie schon berufstätig waren, und gründeten erst nach ihrer Heirat einen eigenen Hausstand. Aber auch das nur in Anführungszeichen, denn Ana kocht, wäscht, kauft ein und erzieht ihre Enkel. Selbst als Eltern leben Manolo und Perlita weiter unter der Fuchtel ihrer Mutter. Ihre Schwester Rosita ist zwar nach ihrer Hochzeit ausgezogen, aber sollte sie sich jemals scheiden lassen (was wir ihr natürlich nicht wünschen), würde sie selbstverständlich wieder bei ihren Eltern einziehen.

Vor der Hochzeit auszuziehen, wäre aber auch für Rosita nicht in Frage gekommen. Anas Nichte Luz María, die es wagte, nach ihrem Studium auszuziehen, obwohl sie noch nicht verheiratet war, erinnert sich: »Für meine Eltern war es ein schwerer Schlag, aber irgendwann haben sie sich damit abgefunden. Aber Tía Ana konnte es überhaupt nicht begreifen. Immer wenn ich sie gesehen habe, hat sie mich mitleidig gefragt, ob ich meine Mutter nicht vermisse, wie ich denn allein leben kann und ob ich nicht lieber wieder zu meiner Mutter zurück möchte. Da habe ich doch alles, und überhaupt, meine arme Mutter.«

Diese arme Mutter ist das Herz der Familie. Sie hält die Groschen und die verschiedenen Generationen zusammen und leidet schweigend, wenn ihr Mann oder ihre Kinder Dummheiten machen. So verlangt es zumindest das große Vorbild aller mexi-

kanischen Mütter, die Jungfrau von Guadalupe. Tía Ana ist
allerdings alles andere als eine sanftmütige Heilige, sondern
eine Frau, die ihren Kopf durchsetzt und resolut das Regiment
führt. Sie versorgt nicht nur ihren Mann, ihre Kinder und ihre
Enkelkinder, sondern auch ihre Mutter Doña Elvia, die ein paar
Häuser weiter wohnt und inzwischen nicht mehr gut zu Fuß ist.
Sie in ein Altersheim zu geben, würde ihr nie in den Sinn kommen. Ganz abgesehen davon, dass es in Mexiko kaum Pflege-
einrichtungen für Senioren gibt, wäre es für die meisten Menschen eine schreckliche Vorstellung und eine Schande, ihre
Mutter in ein Heim zu geben – dort leben nur Menschen, die
keine Familie haben. Wenn die Eltern alt werden, kümmern
sich selbstverständlich ihre Kinder um sie, bis sie im Kreis der
Familie sterben. »Das ist keine Last, sondern ein Privileg«, erklärt Familientherapeutin Amezcua. Wie Ana gibt es viele
Frauen mittleren Alters, die sich gleichzeitig um vier Generationen kümmern.

Die Väter spielen eine eher untergeordnete Rolle in diesem
Matriarchat, in dem sich alles um Kindererziehung und Haus-
haltsführung dreht. In den engen Beziehungen zwischen Müttern und Kindern ist kaum Platz für sie. Die Väter sind Erzeuger
und Ernährer, die in der Familie scheinbar das Sagen haben,
aber in Wirklichkeit meist am Rand stehen. Sie kommen und
gehen, und manchmal bleiben sie auch ganz weg. Gerade in den
unteren Schichten und auf dem Land ist der abwesende Vater
eine verbreitete Figur – abwesend, weil er arbeitet, weil er mit
seinen Freunden das Geld vertrinkt, oder weil er die Familie
verlassen hat. Das Ideal der Frau als Mutter und Heilige lässt
wenig Platz für die Sexualität; deshalb betrügen viele Männer
ihre Frauen, nur um dann ironischerweise mit der Geliebten
eine neue Familie zu gründen und wieder am Rand zu stehen.

Über den legendären Machismo der mexikanischen Männer
wurde viel geschrieben, doch dessen andere Seite wird oft vergessen. Männer schlagen, betrügen und verlassen ihre Frauen,
aber die wissen sich zu rächen. »Die Frauen üben keine direkte
Gewalt aus, denn das würde ihnen schlecht bekommen«, meint
Amezcua. »Stattdessen hetzen sie die Kinder gegen den Vater
auf und sagen ihnen, ›dein Vater ist unverantwortlich, dein Vater ist ein Frauenheld, Männer sind zu nichts nütze ...‹ Wenn

die Männer dann alt werden, kehrt sich das Machtverhältnis oft um. Sie können sich nicht mehr wehren und jetzt rächen sich die Frauen. Es gibt eine Menge Familien, in denen alte Männer ausgeschlossen werden und einsam in einem Zimmerchen sitzen.«

Das Matriarchat – eine Gruppe von Müttern und Großmüttern im Mittelpunkt einer kinderreichen Familie – ist noch immer die verbreitetste Familienform in Mexiko. Aufgrund der starken emotionalen Bindungen in der Familie sind mexikanische Kinder und Jugendliche in der Regel sehr viel anhänglicher als Kinder aus Westeuropa. In seinem Klassiker *Psicología del Mexicano* schreibt Rogelio Díaz-Guerrero: »Beim Vergleich mit Nationen wie den Vereinigten Staaten oder Großbritannien konnten wir feststellen, dass die mexikanischen Kinder sehr viel eher auf ihre Eltern hören, sich mehr in ihrer Nähe aufhalten, stärker von ihnen abhängig sind und eine deutlich liebevollere Beziehung zu ihnen pflegen... Außerdem eifern die mexikanischen Kinder häufiger ihren Eltern nach und wollen denselben Beruf ausüben.« Daher kommt er zu dem Schluss, »dass sich Mexikaner im Kindes- und Jugendlichenalter als Mitglieder einer Familie emotional sicherer fühlen als die Angehörigen der meisten anderen Nationen«.

Nicht alle Psychologen sehen die Großfamilie allerdings in einem derart positiven Licht. Die Familie stiftet nicht nur Identität, sondern schafft auch Identitätsprobleme. »Für die Kinder ist es natürlich schön, in einer großen Familie zu leben«, erklärt Amezcua. »Aber das kann auch für Probleme sorgen. Die Kinder haben viele Autoritäten: Die Oma sagt dies, die Mutter sagt das, die Tante sagt wieder was anderes. Die Omas sind die Familienoberhäupter, und die Mutter wird wieder zur Tochter und steht mit ihrem Kind auf einer Stufe. Die Mutter wird nicht als Mutter respektiert. Für die Kinder ist das sehr verwirrend. Deswegen müssen wir in der Therapie oft erst einmal klären, wer in der Familie was zu sagen hat und welche Rolle die Großeltern haben, weil die Kinder ihre Mutter nicht mehr respektieren. In diesen komplizierten Beziehungen haben die Kinder oft große Schwierigkeiten zu erkennen, wer sie selbst sind.«

In der Anhänglichkeit sieht Amezcua auch die Gefahr der Abhängigkeit. Viele Kinder und Erwachsene sind beim Kontakt mit der Welt außerhalb der Familie oft unselbständig und bringen ein geringes Selbstvertrauen mit. Die Familientherapeutin erklärt: »Die Kinder hängen ja nicht aus freien Stücken am Rockzipfel. Ihre Großmutter lässt sie oft nicht einmal allein zum Laden an der Ecke gehen, geschweige denn ihre Schulfreunde ein paar Straßen weiter besuchen. Sie werden überbehütet und fühlen sich ohne Familie hilflos.« Gerade in den Städten verbringen die Kinder die meiste Zeit zuhause und haben außer ihren Geschwistern und Cousins kaum wirkliche Freunde. Daher haben sie oft Angst, das schützende Nest zu verlassen und große Schwierigkeiten, ihre eigene Persönlichkeit zu entfalten.

Und nicht nur die Kinder. Viele Erwachsene, vor allem Frauen, haben große Schwierigkeiten, sich von ihrer Mutter zu lösen. Tía Anas Nichte Bibiana ließ sogar die Hochzeit mit ihrem langjährigen Freund platzen, weil sie sich nicht aus dem Haus ihrer Eltern ausziehen wollte. »Warum soll ich heiraten?«, fragte sie. »Ich bin doch glücklich hier!«

Ferien in der Stadt

Tía Ana liebt die Wochenenden, denn dann nimmt sie ein Bad in der Familie. Von den acht Kindern, fünfundzwanzig Enkeln und mehr als zwanzig Urenkeln von Doña Elvia hat unter der Woche immer irgendjemand Geburtstag und wird am Sonntag bei der Oma gefeiert. Zwar finden sich nicht alle zum sonntäglichen Mittagessen ein, doch mehr als zwanzig Personen sind es immer. Ana ist meistens dabei, auch weil sie sich zusammen mit ihrer älteren Schwester Teresa um die Mutter kümmert und in der Küche das Regiment führt. Für sie sind diese wöchentlichen Familienfeiern eine Art Kommunion.

Gelegentlich unternimmt die Familie auch gemeinsame Ausflüge. Alle drei oder vier Wochen quetscht sich der halbe Klan in drei Kleinwagen und fährt zu einem Picknick in den Park des Sportpalasts an der Autobahn zum Flughafen. Die Jungen spielen Fußball, die Mädchen Familie, die Männer stehen um den Grill herum und die Frauen bereiten das Essen zu. Manchmal fährt die Familie auch in den Bosque de Chapultepec, einen großen Park im Zentrum von Mexiko-Stadt, in dem es unter anderem einen Zoo, mehrere Museen und einen Vergnügungspark mit Achterbahn gibt. Und jeden Sommer fährt Ana mit einigen Geschwistern und deren Kindern und Enkeln für eine Woche nach Acapulco, wo sie entweder am Strand schlafen oder sich in einem billigen Hotel mit zwei Dutzend Mann zwei Hotelzimmer mieten.

Familien wie die von Tía Ana, die ständig aufeinander kleben und vom samstäglichen Einkauf im Supermarkt bis zum Strandurlaub alles buchstäblich im Dutzend unternehmen, werden leicht spöttisch als *mueganos* bezeichnet. Mueganos sind dicke, mit Karamell verklebte Klumpen von Nüssen, an denen man sich ganz furchtbar die Zähne ausbeißen kann. In Mexiko-Stadt wird für diese Familien, die überwiegend aus der Unter- und Mittelschicht stammen, seit einigen Jahren viel getan. Der betont familienfreundliche Bürgermeister Marcelo Ebrard lässt sich seit seinem Amtsantritt im Jahr 2006 immer neue Freizeitangebote einfallen. In den Oster- und Sommerferien werden zum Beispiel in ärmeren Stadtteilen wie Iztapalapa »Strände« aufgeschüttet und Schwimmbecken aufgestellt. Tía Ana ist zwar gar nicht erfreut, dass ihre Enkelkinder mit den *prietos* – den Braunen, wie sie die Angehörigen der Unterschicht verächtlich nennt – im Dreckwasser herumplanschen. Aber die Kinder sind begeistert, mit ihren Cousins und Großcousins in Badehosen im Sand herumzutollen, und ihnen ist es egal, ob die Hintergrundkulisse Mexiko-Stadt ist oder Acapulco.

Vergangenen Dezember war eine Abordnung der Familie auch einmal zum Schlittschuhlaufen auf der weltgrößten Eislaufbahn, die Bürgermeister Ebrard in den Weihnachtsferien auf dem Zócalo, dem riesigen Platz zwischen Kathedrale und Regierungspalast, aufbauen lässt. Das Gedränge war groß. Obwohl sie früh ankamen, standen sie zwei Stunden lang Schlange, um ihre Schuhe abzuholen und dann eine Stunde lang aufs Eis zu dürfen. Es war ein Desaster, denn weder die Älteren noch die Kinder hatten je auch nur auf Rollschuhen gestanden. Während sie sich tapfer eine Stunde lang an der Bande entlang um das Rund hangelten, saßen Ana und eine ihrer Schwestern auf der Tribüne und passten auf die Kleinen auf. Ana amüsierte sich prächtig, aber die Eisläufer schworen sich, das Experiment nicht zu wiederholen.

Da waren die Fahrradtouren schon ein größerer Erfolg. Im Rahmen der Aktion »Grüne Stadt« lässt die Stadtverwaltung an Sonntagvormittagen in wechselnden Stadtteilen Straßen sperren, damit Radfahrer ungestört vom Verkehr ihre Runden drehen können, und verleiht kostenlos Räder und Helme. Anas Kinder und ihre Cousins hatten in ihrer Kindheit irgendwann einmal auf einem Fahrrad gesessen. Den ersten Sonntag verbrachten die Eltern damit, sich einigermaßen im Sattel zu halten und den Kindern beizubringen, ein paar Meter geradeaus zu fahren. An den folgenden Wochenenden schlingerten sie dann einigermaßen passabel ihre Runden.

Die Macht der Familie

Die Großfamilie ist nicht nur die wichtigste, sondern auch die mächtigste Institution der mexikanischen Gesellschaft. Auf den Dörfern sowieso, denn hier lebt traditionell nur eine Handvoll Familien. Aber auch in Städten teilen sich einige wenige alteingesessene Klans die Macht. In einer Stadt wie Xalapa mit ihren rund 400 000 Einwohnern bestimmen etwa zwanzig Sippschaften die wirtschaftlichen und politischen Geschicke der Stadt. Die mächtigste Familie sind die Chedraui, die Anfang des 20. Jahrhunderts aus dem Libanon nach Mexiko einwanderten. Wie viele ihrer Landsleute integrierten sie sich rasch, setzten viele Kinder in die Welt und legten einen phänomenalen Aufstieg hin. Heute ist der weit verzweigte Klan der Chedraui unter anderem Besitzer einer nationalen Supermarktkette mit Filialen in den Vereinigten Staaten und stellt regelmäßig Bürgermeister, Funktionäre und Stadträte in Xalapa.

In der Wirtschaft ist die Macht der Familien vielleicht am deutlichsten sichtbar: Grade einmal zwanzig Dynastien besitzen 50 Prozent aller an der mexikanischen Börse gehandelten Werte. Allein die Hälfte davon entfällt auf Carlos Slim, den reichsten Mann der Welt, der laut Forbes über ein Vermögen von rund 50 Milliarden Euro verfügt. Obwohl immer nur Vater

Carlos genannt wird, ist sein Imperium in Wirklichkeit längst ein Familienunternehmen, das er gemeinsam mit seinen Söhnen Carlos, Marco Antonio und Patrick lenkt. Die Slims sind Eigentümer der quasi-monopolistischen Telefongesellschaft Telmex, des weltweit drittgrößten Mobilfunkanbieters América Móvil, der Investmentbank Inbursa und eines schier unüberschaubaren Imperiums von Hotel-, Restaurant- und Kaufhausketten, Reifenherstellern, Bauunternehmen, Kunststoff- und Zigarettenherstellern, Autobahnen, einer Fluggesellschaft und so weiter. Die Familie Larrea ist mit einem geschätzten Vermögen von mehr als 15 Milliarden Euro die zweitreichste des Landes und besitzt mit Grupo México den größten Bergbaukonzern Mexikos und den drittgrößten Kupferproduzenten der Welt. Ihr folgt die Familie Baillères mit dem Bergbauunternehmen Peñoles, der Versicherungsgesellschaft GNP und der Kaufhauskette Palacio de Hierro. Die Familie Servitje lenkt mit Bimbo den zweitgrößten Backwarenkonzern der Welt. Die Familie Aramburuzabala kontrolliert die Hälfte der Bierproduktion des Landes mit internationalen Marken wie Corona, Modelo und Victoria. Die Familie Azcárraga bestimmt die Programme von Televisa, des größten Fernsehsenders der spanischsprachigen Welt, und so weiter. Jorge Zepeda schreibt treffend: »Egal ob wir essen, trinken, uns anziehen, fernsehen, Fußball schauen, rauchen, reisen, telefonieren, ins Kino gehen oder Musik hören – ein Tag ohne Slim und die anderen Dynastien ist vollkommen undenkbar.«

Familien sitzen überall am Ruder, im Großen genau wie im Kleinen. Weil die Familie so wichtig ist, versuchen die Mexikaner nach Kräften, sie zu erweitern. Eine Möglichkeit ist eine Heirat zwischen den Kindern; obwohl die sich heute nicht mehr so ohne Weiteres arrangieren lässt, nehmen Eltern noch immer vergleichsweise großen Einfluss auf die Partnerwahl. Eine sicherere Möglichkeit ist die Patenschaft, oder besser der *compadrazgo*. Der Schriftsteller J. M. Servín definiert dieses Phänomen als »Pakt zweier Väter mit dem Zweck, ihre Familien vor der Willkür der Macht und den Widrigkeiten des Schicksals zu schützen, die Familien zu vergrößern und die Feieranlässe zu mehren.« Der *compadre*, wörtlich der »Mitvater«, liebevoll auch *compa* genannt, ist wichtiger als der eigene Bruder, denn ihm vertraut man das eigene Kind an. *Compadres* schulden einander absolute Loyalität. Wenn einer der beiden stirbt, übernimmt der andere die Verantwortung für dessen Familie. In der städtischen Mittelschicht kommt dieses Männerbündnis zwar allmählich außer Mode, weil es natürlich nicht ganz billig ist, neben den eigenen auch noch die Patenkinder zu verwöhnen. Dafür ist es unter Politikern und Anwälten umso beliebter; obwohl hier meist kein Kind von der Partie und der *compadre* eher ein Komplize ist, bleibt die Loyalität dieselbe.

Daher ist der *compadrazgo* für viele gleichbedeutend mit der Vetternwirtschaft, die in Mexiko schon fast zum guten Ton gehört. Wenn irgendwo ein neuer Bürgermeister oder Gouverneur gewählt wird, vergibt der ganz selbstverständlich alle wichtigen Posten in der Verwaltung an Bluts- und Wahlverwandte – dazu wurde er ja schließlich gewählt. Die erweiterte Familie unterstützt den Kandidaten nach Kräften und darf erwarten, zum Dank nach der gewonnenen Wahl sämtliche lukrativen Posten zu erhalten – alles andere käme einem Verrat gleich. Da die Bürgermeister alle drei und die Gouverneure alle sechs Jahre gewählt werden und die Wiederwahl per Verfassung verboten ist, findet nach jeder Wahl ein fröhliches Bäumchen-Wechsel-Dich statt. Das setzt sich bis in die untersten Ebenen fort, denn die neuen Ressortleiter oder Minister verteilen die Stellen in ihrem Bereich natürlich wieder unter *compas* und Verwandten. Die Familie nutzt die Amtszeit eines der Ihren, um sich nach Kräften zu sanieren. Dass Bauprojekte oder andere öffentliche Aufträge in der Familie vergeben werden, ist Ehrensache. Ein besonders dreistes Beispiel ist Ángel Aguirre Rivero, der Anfang 2011 als Kandidat der PRD zum Gouverneur des Bundesstaats Guerrero gewählt wurde, weil er mit der Vetternwirtschaft der PRI aufräumen wollte; nach seinem Amtsantritt vergab er prompt dreizehn Posten in verschiedenen Ministerien und Behörden an Söhne, Brüder, Schwestern, Neffen und Cousins – der Rest ging vermutlich an *compadres*. Andrés Manuel López Obrador, der Messias der mexikanischen Linken, steht dem kaum nach. Als Bürgermeister von Mexiko-Stadt baute er eine 35 Kilometer lange Stadtautobahn auf Stelzen und den Zement dazu kaufte er, wie könnte es anders sein, bei seinem Bruder, dem Besitzer eines Zementwerks im knapp tausend Kilometer entfernten Bundesstaat Tabasco.

So sehr sich die politischen Gegner empören, derlei Mauscheleien sind keineswegs anrüchig. Die meisten Mexikaner würden es umgekehrt sonderbar finden, wenn Aguirre Rivero, López Obrador und ihresgleichen ihre Posten und Aufträge an »Fremde« vergeben würden. Eine Bekannte meinte einmal beiläufig in einem Gespräch über einen Nachbarn: »Was geht mich der an? Wir sind doch nicht mal verwandt!« Dieser Satz ist beinahe ein geflügeltes Wort und bringt die Klan-Mentalität der Mexikaner auf den Punkt. Die Familie geht immer und überall vor, und wer nicht dazu gehört, der zählt nicht.

Die moderne Familie

Tía Anas jüngste Tochter Perla war die Erste in der gesamten Familie, die zur Universität ging. Sie studierte Ingenieurwesen und fand nach dem Studium eine Stelle in einem deutschen Unternehmen in Mexiko-Stadt. An der Universität lernte sie einen Dozenten kennen, den sie nach dem Abschluss heiratete. Als sie schwanger wurde, zwang ihr Vorgesetzter sie, auch an den Wochenenden zu arbeiten, und als sie sich weigerte, wurde sie fristlos entlassen – so wichtig Familien sind, gesetzlichen Schutz und staatliche Förderung können sie in Mexiko nicht erwarten. Nach der Geburt ihrer Tochter war Perla lange arbeitslos und ihre Mutter riet ihr, doch zuhause zu bleiben und sich um ihr Kind zu kümmern. Doch Perla konnte sich ein Leben ohne Beruf nicht vorstellen und arbeitet heute wieder in einem Unternehmen im Norden der Stadt, während ihre Mutter auf ihre Tochter aufpasst.

Innerhalb von nur zwei Generationen hat sich die mexikanische Familie so radikal verändert wie anderswo in zwei Jahrhunderten: Ana wuchs mit sieben Geschwistern auf, sie selbst hatte drei Kinder. Ihre Tochter Perla hat ein Kind, ihre Tochter Rosita zwei, ihr Sohn Manolo eins, und dabei wird es wohl auch bleiben. Zwischen 1990 und 2008 – also innerhalb von weniger als zwei Jahrzehnten – sank die Fruchtbarkeitsquote von durchschnittlich 3,4 auf 2,1 Geburten pro Frau. Mütter bekommen ihre Kinder immer später: Bekamen in Anas Generation noch 40 Prozent aller Frauen vor dem zwanzigsten Lebensjahr ihr erstes Kind, waren es in der Generation ihrer Kinder nur noch 25 Prozent; dieser Anteil ist inzwischen auf 12,5 Prozent gesunken. Einer der Gründe sind vermutlich die Wirtschaftskrisen der achtziger und neunziger Jahre, aber auch die veränderten Geschlechterrollen – vor allem die veränderte Rolle der Frau.

In den letzten zwei Jahrzehnten haben sich die Erwartungen und Einstellungen vieler Frauen verändert: Ana wurde Ende der fünfziger Jahre geboren, und in ihrer Generation war kaum eine Frau berufstätig. Manche Frauen der städtischen Mittelschicht arbeiteten ein paar Jahre als Angestellte, bis sie einen Mann gefunden und eine Familie gegründet hatten. Aber für die meisten Frauen war es vollkommen selbstverständlich, zuhause zu bleiben und eine große Familie zu versorgen.

Eine Generation und zwei heftige Wirtschaftskrisen später reicht ein Einkommen allein jedoch nicht mehr aus, um eine Familie zu ernähren. In Familien der Unterschicht gehen Frauen nach wie vor nur selten einer geregelten Arbeit nach, viele verdienen ein bisschen Haushaltsgeld dazu, indem sie auf der Straße Essen verkaufen oder Wäsche waschen. An beruflicher Selbstverwirklichung haben sie kein Interesse, ihnen ist es wichtig, mit ihrer Arbeit in der Nähe der Kinder und Enkel zu sein.

Für die Familien der aufstiegsorientierten Mittelschicht werden Kinder eine zunehmend teure Angelegenheit: Wer es sich irgendwie leisten kann, schickt seine Kinder auf Privatschulen – und wer nicht, auch. Deshalb müssen sich auch hier die Frauen notgedrungen eine Arbeit suchen. Viele suchen sich eine Stelle beim Staat, um einen Pensionsanspruch zu bekommen – noch können sie sich nach dreißig Jahren pensionieren lassen, danach kümmern sie sich um ihre Enkelkinder.

Aber auch die Rolle der Männer hat sich verändert. Die Familientherapeutin Guadalupe Amezcua meint, zumindest in der Mittelschicht seien die Geschlechterrollen heute im Wandel begriffen: »Viele Männer wollen es besser machen als ihre Väter. Sie haben heute eine emotionalere Beziehung zu ihren Kindern, sie wechseln ihnen die Windeln und spielen mit ihnen. Aber mit einem Bein stehen sie nach wie vor im Machismo. Das bedeutet zum Beispiel, dass sie ihre Frau kontrollieren wollen. Die Frau darf arbeiten, aber sie muss um Erlaubnis bitten. Gleichzeitig muss sie den Haushalt führen und darf natürlich nicht mehr verdienen als der Mann. Denn wenn sie mehr verdient als der Mann, dann führt das zu Konflikten. Viele Männer haben außerdem nach wie vor ihre Geliebte, das gehört immer noch dazu.«

Trotzdem genießen Frauen heute größere Freiheiten als ihre Mütter. Das eigene Einkommen gibt ihnen Selbstbewusstsein und mit der wirtschaftlichen Unabhängigkeit haben sie eher die Möglichkeit, sich von ihrem Mann zu trennen. Die neuen Scheidungsgesetze kommen ihnen dabei sehr entgegen, zumindest in Mexiko-Stadt. Dort wurde im Jahr 2008 die Blitz-Scheidung eingeführt, bei der die Schuldfrage entfällt. Zumindest in der Hauptstadt ist die Scheidung nun ein bloßer Verwaltungsakt, es reicht aus, wenn einer der Partner auf dem Standesamt ein Formular ausfüllt. Wenn keine minderjährigen Kinder im Spiel sind, ist die Scheidung damit eine Sache von ein paar Stunden.

Die neuen Scheidungsgesetze sind nur ein Beispiel für die progressive Familienpolitik der linken Stadtregierung. Im Jahr 2007 strich sie die Abtreibung aus dem Strafgesetzbuch; seither ist der Schwangerschaftsabbruch bis zur zwölften Woche legal. Damit übernimmt die Hauptstadt auch hier eine Vorreiterrolle; in anderen Bundesstaaten gilt eine strenge Indikationsregelung und Gerichte müssen darüber befinden, ob eine Frau beispielsweise nach einer Vergewaltigung abtreiben darf. In anderen Bundesstaaten wird die Abtreibung ähnlich behandelt wie Mord, und selbst auf versuchte Abtreibung steht eine lange Gefängnisstrafe.

Nach der Liberalisierung der Abtreibungsgesetze ließen die Proteste der konservativen Partei PAN und der katholischen Kirche nicht auf sich warten. Kardinal Norberto Rivera griff sogar in die inquisitorische Kiste und drohte damit, die Stadtregierung zu exkommunizieren. Aber die ließ sich nicht beirren und brachte Ende 2009 die Kirche ein weiteres Mal gegen sich auf, als sie die Ehe zwischen gleichgeschlechtlichen Paaren gesetzlich zuließ. Seither können homosexuelle Paare nicht nur eine Lebenspartnerschaft eintragen lassen wie in Deutschland, sondern sie haben sämtliche Rechte heterosexueller Paare. Das heißt, sie kommen nicht nur in den Genuss des einen oder anderen Steuervorteils, sondern können tatsächlich eine Familie gründen und Kinder adoptieren. Mit diesen Gesetzen gehört Mexiko-Stadt familienpolitisch zu den fortschrittlichsten Metropolen der Welt. Die Stadt steht heute für nicht weniger als eine Neudefinition der Familie.

La Telenovela

Auch in Mexiko ist das Fernsehen ein empfindlicher Seismograph für gesellschaftliche Veränderungen und Befindlichkeiten – natürlich auch, was die Familie angeht. Das Familien-Genre par excellence ist die Telenovela. Und zwar nicht nur, weil sich die ganze Familie jeden Tag zu einer bestimmten Uhrzeit vor dem Fernseher versammelt, um ihre Lieblingsserie zu sehen, sondern auch, weil ihr klassisches Thema die Familie ist.

Als der mexikanische Privatsender Televisa (der damals noch Telesistema Mexicano hieß) im Jahr 1958 seine ersten Telenovelas ausstrahlte, griff er brisante Themen wie die verbreitete Untreue und Doppelmoral der Männer auf. Hauptfiguren waren starke junge Frauen, die aus der Provinz in die Stadt kamen und Geliebte von einflussreichen Männern wurden, um ihre Träume vom gesellschaftlichen Aufstieg zu verwirklichen. Die Telenovelas, die über einen Zeitraum von vier oder fünf Monaten an jedem Wochentag ausgestrahlt wurden, sorgten für täglichen Gesprächsstoff und kurbelten den Verkauf von Fernsehgeräten an. Aber auch die Regierung wurde hellhörig und zensierte die Sendungen, weil sie angeblich die »Werte der mexikanischen Familie« gefährdeten.

Nach diesem Warnschuss schrieb sich Televisa genau diese Werte auf die Fahnen. Der Schauspieler Julio Alemán brachte das neue Konzept auf den Punkt, als er sagte: »Die Telenovelas haben einen gesellschaftlichen Auftrag. Sie sind Bildung, Unterhaltung und Katharsis zugleich« – schöner hätte es auch Friedrich Schiller kaum sagen können. Die Bildung bestand jedoch vor allem in der Vermittlung traditioneller Geschlechterrollen. Televisa entdeckte das Format der *telenovela rosa*, einer Romanze nach dem Aschenputtel-Schema: Eine einfache Frau vom Land kommt in die Stadt, verliebt sich in einen reichen Mann, widersteht allen Intrigen, bewahrt sich ihren Anstand und heiratet in der letzten Folge ihren Prinzen, um eine Familie mit ihm zu gründen. Weibliche Rollen sind extrem reduziert: Die Frau, die typischerweise María heißt, erleidet ergeben ihr Schicksal, bis sie von ihrem Prinzen erlöst wird. Es ist eine Märchenwelt, in der die Bösen ihre gerechte Strafe erhalten und die Sanftmütigen die Erde erben. Dieser Plot war nicht nur politisch genehm, sondern erwies sich auch als Exportschlager. Die erste globale Telenovela war *Los Ricos También Lloran* (»Auch die Reichen weinen«) aus dem Jahr 1979; sie wurde in über hundert Länder verkauft und dutzendfach kopiert.

Aber nicht alle teilen dieses Bild der heilen Familie und der traditionellen Geschlechterrollen. Mit aufklärerischem Gestus erfand der Produzent Epigmenio Ibarra die Telenovela als Sozialdrama neu und erhob den Anspruch, den Alltag der mexikanischen Familien ins Fernsehen zu bringen, so wie er wirklich ist. In seiner Telenovela *El Sexo Débil* (»Das schwache Geschlecht«), die 2011 auf dem Kabelkanal Cadena Tres ausgestrahlt wurde und optisch ein bisschen an *Sex and the City* erinnert, nahm er zum Beispiel den Machismo aufs Korn.

In *El Sexo Débil* geht es um die Camachos, eine Familie aus fünf Männern, die das neue schwache Geschlecht verkörpern. Vater Agustín Camacho ist ein erfolgreicher Kardiologe, der sich in seiner mustergültigen Familie immer einsam gefühlt und seine Frau betrogen hat. Seine vier Söhne sind der Gynäkologe Álvaro, der sich vom beruflichen Erfolg seiner Frau bedroht fühlt; der Schönheitschirurg Julián, der ein »besonderes Talent für Frauen« hat; der Psychiater Dante, der sich selbst nicht versteht und immer von den Frauen verlassen wird; und schließlich der Neurologe Bruno, der in einer Klinik für misshandelte Frauen arbeitet und aus der Reihe tanzt, weil er als Einziger eine glückliche und homosexuelle Beziehung führt. Zu Beginn der Serie stehen die heterosexuellen Camachos vor den Scherbenhaufen ihrer Beziehungen: Sie werden von ihren Frauen verlassen, weil sie beziehungsunfähig und den neuen, selbstbewussten Frauen nicht gewachsen sind. In einem Teaser wurde die Serie so angekündigt:

Die Frauen brauchen keine schlechtere Hälfte mehr. Die Männer haben den Anschluss verpasst. Die Frauen haben die Aschenputtel-Rolle hinter sich gelassen und sind Kriegerinnen geworden. Die Männer haben den Kompass verloren und verstecken sich hinter der Maske der Machos. Was passiert, wenn der Prinz sein Pferd und seine Prinzessin verliert? Wie soll der moderne Mann sein? Wer ein Mann werden will, muss lernen, verwundbar zu sein und seine Gefühle zu zeigen, er muss seine Fehler einsehen und den Mut haben, um Verzeihung zu bitten. Wer ein Mann werden will, darf kein Macho mehr sein. Solange wir Machos sind, bleiben wir das schwache Geschlecht.

Getreu dem aufklärerischen Programm Ibarras mutieren die Ca-Machos im Laufe der 120 Folgen zu Softies und werden mit glücklichen Beziehungen belohnt. Am Ende bleibt also auch die aufklärerische Telenovela dem Märchenschema treu, nur dass diesmal der Froschkönig die Vorlage liefert. Mit seiner Telenovela hat der Produzent offenbar einen Nerv getroffen. Aufgrund des Erfolgs hat er angekündigt, weitere Staffeln folgen zu lassen – für Telenovelas aufgrund der abgeschlossenen Handlung ein Novum.

Jede Familie auf ihre Weise

Wie in jeder richtigen Familie tun sich auch hinter der harmonischen Fassade der mexikanischen Familie finstere Abgründe auf, und zwar nicht nur in der Telenovela. Die Familie von Tía Ana ist da keine Ausnahme.

Darüber, dass Anas jüngster Bruder Alkoholiker ist und Frau und Kinder schlägt, verliert man in der Familie kein Wort, genauso wenig wie darüber, dass ihre jüngste Schwester ihren Mann seit Jahren mit dessen Cousin betrügt. Aber nicht, weil man sich dessen schämen würde, sondern weil das so normal ist, dass niemand darüber spricht.

Ana und Antonio lernten sich kennen, als er in die Nachbarschaft zog. Toño war im Alter von 14 Jahren zusammen mit

seinem besten Freund aus einem armen Bergdorf im Bundesstaat Hidalgo zu Fuß nach Mexiko-Stadt gegangen, um Arbeit
zu suchen. In den sechziger Jahren brummte das mexikanische
Wirtschaftswunder und in der Hauptstadt gab es reichlich gut
bezahlte Arbeit. Toño arbeitete zuerst auf dem Bau, dann als
Wachmann am Flughafen und verdiente gut genug, um sich ein
Grundstück in der Colonia Agrícola Oriental kaufen zu können. Er baute ein Häuschen und holte seine Eltern und seine
zwei Schwestern aus Hidalgo nach. Seine Eltern wohnten im
Erdgeschoss mit dem großen Wohnzimmer, er und seine beiden
Schwestern zogen in die kleine Wohnung unterm Dach.

Wie viele Hidalguenses hatte Toño blaue Augen. Als Anas
jüngere Schwester Guadalupe ihn zum ersten Mal auf der
Straße sah, verliebte sie sich über beide Ohren in ihn und
konnte gar nicht mehr aufhören, Ana von ihm vorzuschwär-
men. Ana horchte auf. Sie wünschte sich Kinder mit blauen
Augen und heller Haut; auf keinen Fall sollten ihre Kinder so
dunkelhäutig werden wie die der Nachbarn in der Colonia. Sie
passte Toño auf der Straße ab, und bald gingen die beiden
abends Händchen haltend durch die Straßen. Wenig später bestellte Toño Mariachis, ging zu Don Eulalio und hielt um Anas
Hand an. Die beiden heirateten unverzüglich mit einer großen
Fiesta auf der Straße und Ana zog bei Toño ein. Guadalupe
heiratete wenig später einen anderen Nachbarn, aber sie hat
ihrer Schwester bis heute nicht verziehen.

Anas Eheglück währte nur kurz. Von Anfang an war Ana
verbittert, dass die Familie ihres Mannes im Haus lebte und
dass sie sich zu allem Überfluss die Dachwohnung mit den
Schwestern teilen musste – sie hatte Besseres verdient. Täglich
bestürmte sie Toño, seine Eltern sollten in die Dachwohnung zu
den Schwestern ziehen, damit sie unten wohnen konnte. Sie
weinte und bettelte, schrie und drohte. Als sie schwanger wurde,
hatte sie endlich einen Vorwand. Mit dem Kind konnte sie doch
unmöglich diese Hühnerleiter hinaufsteigen! Also bat Toño
seine Eltern schweren Herzens, nach oben zu ziehen.

Nun war Ana die Herrin des Hauses, und das ließ sie die anderen auch spüren. Sie kommandierte Toño herum, schickte
ihren Schwiegervater zum Einkaufen, ließ sich von der Schwiegermutter das Haus putzen und sich von ihren Schwägerinnen

bekochen. Aber eins wurmte sie noch. Toño hatte das Haus seinen Eltern geschenkt, und nach deren Tod hätten er und die beiden Schwestern es zu gleichen Teilen geerbt. So war es zumindest abgesprochen. Aber geschrieben stand es nirgends, denn wie so viele Hausbesitzer hatte sich Toño nie die Mühe gemacht, zum Notar zu gehen und das Haus im Grundbuch eintragen zu lassen. Das übernahm nun Ana für ihn und sorgte für klare Besitzverhältnisse. Und als ihre Schwiegereltern wenige Jahre später starben, setzte sie ihre Schwägerinnen vor die Tür.

Tío Toño war allerdings auch alles andere als ein Heiliger. Als sich seine Frau nur noch um die drei Kinder kümmerte und von Tag zu Tag runder wurde, suchte er sich anderweitig Trost. In den Mittagspausen soll er mit grell geschminkten Frauen gesehen worden sein. Später lernte er eine junge Verkäuferin kennen, die in der Nähe des Flughafens wohnte und ihn zum Mittagessen zu ihrer Mutter mit nach Hause nahm. Irgendwann mietete er ihr eine Ein-Zimmer-Wohnung, und seine Töchter nehmen an, dass die junge Frau damals ein Kind von ihm bekam. Wenn Ana meinte, Toño arbeite Nachtschicht, war er in Wirklichkeit oft in seiner *casa chica*, seinem »kleinen Haus« bei seiner Geliebten. Irgendwann kam ihm Ana jedoch auf die Schliche, machte ihm eine fürchterliche Szene und drohte, ihn vor die Tür zu setzen. Er sah Geliebte und Kind nie wieder.

Danach wurde es zuhause zunehmend ungemütlich. Ana ließ Toño seine Sünden nicht vergessen, sie machte ihm das Leben schwer und hetzte die Töchter gegen ihn auf. Bis heute erzählt sie ihren Enkelkindern von ihrem bösen Großvater und droht bei jeder Gelegenheit, sich von ihm scheiden zu lassen. Nachdem er mit 50 Jahren in Rente gegangen war, verbrachte er viel Zeit bei seinem Jugendfreund aus Pachuca, der inzwischen sein *compadre* war. Erst als sein erster Enkel zur Welt kam, zog er wieder vollends zuhause ein. Dort schläft er allerdings auf dem Sofa im Wohnzimmer.

»Gott weiß, dass ich schlimme Sachen gemacht habe«, sagt Tía Ana heute vage. »Aber er wird es mir vergeben, denn er weiß auch, dass ich es für meine Familie getan habe.«

Mexiko-Lexikon
Se sintió

»Das sieht ja scheußlich aus!«, rief ich, während ich mit Don Manuel durch die Zimmer ging und mir die frisch gestrichenen Wände ansah. »Die sind ja total scheckig!«

Ich war frustriert. Als ambitionierter deutscher Heimwerker hatte ich unsere neue Wohnung ja eigentlich selbst streichen wollen. Aber Don Manuel, dem Handwerker unseres Vertrauens, der uns den Strom verlegt hatte, erschien allein die Vorstellung absurd, dass ich den Pinsel in die Hand nehmen könnte. Und da ich nicht Nein sagen konnte, hatten wir am Morgen zusammen ein paar Eimer Farbe und Rollen gekauft, und er hatte losgelegt. Als ich am Abend durch die Zimmer ging, sah ich ernüchtert, dass überall die alte Farbe durchschien.

»Das streiche ich natürlich noch ein zweites Mal«, versicherte mir Don Manuel. »Morgen um 9 Uhr bin ich wieder da.«

Am nächsten Morgen ging ich in die Wohnung und wartete. Wer nicht kam, war Don Manuel. Ich rief bei ihm zuhause an und seine Frau antwortete mir, er sei schon unterwegs. Er kam nie an. Später erzählte ich Lourdes davon.

»Das hättest du nicht sagen dürfen«, sagte sie. »Se sintió.«

Sentirse. Se sintió. Está resentido. Don Manuel fühlte sich auf den Schlips getreten, in seiner Ehre gekränkt, zutiefst beleidigt und verletzt. Ein häufiger Ausdruck, denn Mexikaner sind erstaunlich feinfühlige Menschen, selbst leise Kritik rührt an ihre Ehre. Daher reden sie gern um den heißen Brei herum.

»Was hätte ich denn sagen sollen?«

»Zum Beispiel, dass die Farbe nicht so gut deckt, wie du erwartet hattest.«

Beim nächsten Mal. Diesmal musste ich die Wohnung selbst fertig streichen. Von Don Manuel haben wir nie wieder etwas gehört.

La Chamba
Die fleißigsten Menschen der Welt

»Ricardo, komm schon, wir sind spät dran!«

Es ist schon fast halb sieben, als er die Wohnungstür zuschließt und hinter seiner Frau Rosita und seinen beiden Kindern die Treppe hinunterläuft. Auf dem ersten Absatz fällt ihm ein, dass er vor lauter Eile die Schultaschen der Kinder vergessen hat, und er rennt noch einmal zurück. Als er endlich auf den Parkplatz vor dem Haus sprintet, sitzt Rosita schon auf der Rückbank des Autos bei den Kindern. Sie hilft dem achtjährigen Pedro, seinen Schlafanzug aus- und seine Uniform anzuziehen, während der dreijährige Juanito sich auf dem Sitz zusammengerollt hat und wieder schläft.

Auf der Gasse vor dem Haus staut sich der Verkehr. Zentimeter für Zentimeter schiebt Ricardo seinen silberfarbenen Nissan Tiida aus der Hofausfahrt in die Blechlawine, bis einem der anderen Fahrer nichts anderes übrig bleibt, als ihn hereinzulassen. Es ist *viernes de quincena*, Freitag und der zweiwöchentliche Zahltag, weshalb der Verkehr besonders chaotisch ist.

Ricardo Luna, seine Frau Rosita und ihre beiden Kinder wohnen in Coyoacán im Süden von Mexiko-Stadt und arbeiten am Obersten Gerichtshof des Distrito Federal. Das Gerichtsgebäude befindet sich in der Innenstadt, etwa zehn Kilometer nördlich von Coyoacán. An guten Tagen brauchen Ricardo und Rosita morgens etwas mehr als eine Stunde, um zur Arbeit zu kommen und ihren Ältesten unterwegs vor der Schule abzusetzen, aber an den berüchtigten Zahltagen dauert die Fahrt durch das Labyrinth der Straßen anderthalb Stunden.

Nach einigen Schlenkern durch die engen Gassen von Coyoacán kommt Ricardo auf eine breite Avenida. Inzwischen ist der kleine Pedro fertig angezogen und gekämmt, Juanito schläft immer noch. Rosita zieht eine Tupperdose aus ihrer Tasche und gibt Pedro eine kalte Quesadilla und eine kleine Schokomilch im Tetrapack.

»Mach schnell, wir sind gleich da«, drängt sie.

Sie biegen von der Hauptstraße ab und stecken plötzlich in einem *tianguis*. Entlang der Straße haben Händler ihre bunten Stände aufgebaut, an denen sie Obst, Gemüse, Gewürze, Kleider, Kosmetik und Haushaltskram verkaufen. An einem Stand stapeln sich die kleinen runden Frischkäse auf Bananenblättern, auf einem anderen recken Reihen von gelben Hühnern die Füße in die Luft. Auf der Straße haben Essstände ihre Planen gespannt und Plastiktische aufgebaut. Aber heute morgen hat Ricardo nichts dafür übrig.

»Die mit ihrem Scheißmarkt hier jeden Freitag«, schimpft er, während er langsam an den Ständen vorüberschleicht.

Aber nach einer Minute ist er vorbei und ein paar Ecken später reiht er sich in die lange Schlange der Autos vor der Schule ein. Ein Hausmeister mit einer orangefarbenen Weste hat entlang des Mittelstreifens Hütchen aufgestellt und weist die Autos der Eltern ein. Es ist eine kleine Privatschule, und Ricardo und Rosita haben sich für sie entschieden, weil ein paar Straßen weiter Rositas Mutter wohnt, die den Jungen nach Schulschluss abholen kann. Während sie in der Schlange warten, schiebt sich Pedro den Rest seiner zweiten Quesadilla in den Mund. Rosita holt die letzte aus der Dose und drückt sie ihm in die Hand. Als sie an den Eingang kommen, öffnet der Hausmeister die Wagentür, die Mutter steigt mit Pedro aus, setzt ihm den Schulranzen auf und gibt ihm einen Kuss auf die Wange. Dann verschwindet der Junge durch das Schultor, in der einen Hand die angebissene Quesadilla, in der anderen seine Milch.

Rosita drückt dem Hausmeister zwei Pesos in die Hand und steigt wieder hinten ein.

»Wie spät ist es?«, fragt sie.

»Kurz vor sieben«, antwortet Ricardo leicht gereizt. »Wir liegen noch gut in der Zeit.«

Er schlängelt sich zurück auf die Avenida, wo der Verkehr inzwischen steht. Auf der rechten Spur stauen sich die überfüllten grünen Mikrobusse, auf dem Trittbrett der hinteren Tür hängen einige Jugendliche. Irgendwo hinter ihm ertönt eine Sirene, aber niemand macht Platz.

»Wenn du am Zahltag einen Herzinfarkt bekommst, rufst du besser gar nicht erst den Arzt an«, meint er und lacht freudlos.

Je näher sie dem Zentrum kommen, umso dichter wird der Verkehr. Stellenweise geht es nur im Schritttempo voran. Ricardo wird immer nervöser. Es ist schon kurz vor acht, als er endlich vor dem Parkhaus steht. Die Schlange ist endlos. Gereizt trommelt er auf das Lenkrad ein. Auf dem Rücksitz versucht Rosita inzwischen verzweifelt, Juanitos Arme und Beine in Ärmel und Hosenbeine zu bekommen. Der Kleine plärrt, die Mutter schreit, Ricardo brüllt: »Verdammt nochmal, geht das hier denn nicht voran!«

Endlich rollt er ins Parkhaus und findet auf dem Dach noch eine Lücke. Ricardo hat den Motor kaum abgestellt, da steht er schon draußen.

»Mach schon!«, ruft er seiner Frau zu.

Rosita zerrt den Kleinen aus dem Auto und Ricardo nimmt ihn auf den Arm. Dann rennen sie die Feuertreppe hinunter und über die Straße ins Bürogebäude. Hinter dem Eingang eine neue Schlange. Um 8:11 stechen sie endlich ein – gerade noch rechtzeitig, um nicht den ganzen Tag vom Gehalt abgezogen zu bekommen. Aber nicht früh genug, um keinen Ärger mit dem Vorgesetzten zu bekommen.

Doch erst muss Rosita den Kleinen in den Kindergarten des Gerichts bringen, der sich in einem Anbau befindet. Die beiden verabschieden sich nicht einmal. Rosita zerrt den weinenden Juanito an der Hand hinter sich her, während Ricardo über die Nottreppe in den vierten Stock rennt. Schwitzend stürmt er in sein Großraumbüro, in dem seine Kollegen bereits geschäftig hin und her laufen. Er schaut zum großen Schreibtisch am Kopfende des Raums und freut sich, dass er seinen Vorgesetzten, den *secretario de acuerdos,* nicht sieht. Der wartet allerdings schon mit einem riesigen Aktenstapel an Ricardos Platz.

»Ist deine Uhr kaputt? Oder bist du nicht von den Titten deiner Frau losgekommen?«, fragt er Ricardo laut. Ricardo hört seine Kollegen kichern und spürt, wie ihm heiß wird. »Da hast du was zu tun! Du hast gestern wieder nur Scheiße gemacht, die ganzen Akten voller Fehler! Glaubst du, sowas unterschreibe ich?«

Ricardo antwortet: »Guten Morgen, Señor Ruíz. Es tut mir leid, der Verkehr …«

Aber Señor Ruíz mustert ihn nur verächtlich und lässt ihn stehen. Ricardo setzt sich an seinen Schreibtisch und packt erst einmal sein Frühstück aus. Lustlos stopft er die erste kalte Quesadilla in sich hinein. Zum Glück kommt in diesem Moment eine Frau mit einer schmutzigen Schürze an seinem Schreibtisch vorbei.

»Ricardito, wie geht's? Du siehst aus, als hättest du Hunger! Darf ich dir was bringen?«

Ricardo sieht sie dankbar an.

»Grüne Chilaquiles«, sagt er. »Und einen Kaffee!«

Zehn Minuten später ist sie zurück.

»Das macht 25 Pesos«, sagt sie.

»Tut mir leid, ich habe grade kein Geld. Aber ich gehe gleich abheben!«

Die Frau zieht ihren Block heraus und notiert.

»Da sind noch 90 Pesos von letzter Woche«, sagt sie.

»Klar, die bezahle ich dir nachher. Ich muss nur erst das Geld abheben.«

Die Chilaquiles sind köstlich und ordentlich scharf. Langsam entspannt sich Ricardo ein wenig und öffnet die erste Akte. Die Seite ist übersät mit den roten Schnörkeln seines Vorgesetzten. Alles albernes Zeug, angeblich falsch gesetzte Kommas, Rechtschreibfehler – Kleinigkeiten, nicht eine einzige inhaltliche Korrektur. Ricardo fährt den Rechner hoch, öffnet das erste Dokument und gibt die Korrekturen ein. Aber er kann sich nicht konzentrieren. Der Blick seines Chefs wurmt ihn. Außerdem kommen ständig Kollegen, um kurz ein Schwätzchen zu halten, nicht zu vergessen die Anwälte aus verschiedenen Prozessen, die Akten einsehen wollen. Es hat keinen Zweck, arbeiten zu wollen. Gegen 11 Uhr bekommt er eine SMS von seiner Frau. »Es ist da.« Das ist eine gute Entschuldigung.

Mit dem Aufzug fährt er in den ersten Stock, wo zwei Geldautomaten stehen. Dort wartet bereits eine lange Schlange von Kollegen. Als er endlich an der Reihe ist, hebt er fast den gesamten Lohn ab. Sorgfältig zählt er das Geld nach: neun braune Fünfhunderter, zwei grüne Zweihunderter, ein roter Hunderter.

Sein erster Weg gilt seinem *compadre* Raúl, der im fünften Stock sitzt. Der erwartet ihn schon strahlend. Vor ihm stehen seine beiden Kollegen Pepe und Nacho. Reihum Händeschütteln und Schulterklopfen. Schließlich zücken alle ihre Geldbeutel, ziehen einen braunen Schein heraus und geben ihn Raúl.

»Wer ist denn nächste Woche dran?«, fragt Ricardo.

Raúl zeigt auf Nacho. »Der Glückliche hier!«

»Aber dann bin ich an der Reihe!«, ruft Ricardo.

»Was machst du mit dem Geld?«, fragt Pepe.

»Wir fahren jetzt übers verlängerte Wochenende nach Acapulco«, antwortet Raúl. »Das Hotel ist schon reserviert. Und was machst du, wenn du dran bist?«

Ricardo tut so, als hätte er die Frage nicht gehört. Vermutlich wird er Pedros Schulgebühren zahlen, mit denen er zwei Monate im Rückstand ist.

Karriere auf mexikanisch

Ricardo Luna ist Stellvertreter des Secretario de Acuerdos der dritten Zivilrechtskammer am Obersten Gerichtshof des Distrito Federal. Ich werde gar nicht erst versuchen, das mexikanische Gerichtssystem zu erklären, denn es ist entsetzlich kompliziert und hat vor allem ein Ziel: »Die Akte zu füttern«, wie Ricardo meint. Vor zehn Jahren, kurz nach dem Abschluss seines Studiums, übernahm Ricardo die Stelle von seinem Vater, der sie zuvor 25 Jahre lang gehabt hatte. Über alte Freunde seines Vaters und gegen die Bezahlung eines knappen Monatslohns besorgte er ein Jahr darauf seiner Frau eine Stelle als Sekretärin in einer anderen Kammer des Gerichts eine Etage tiefer. Ricardo empfindet seine Arbeit zwar als zutiefst unbefriedigend, angefangen von den dauernden Schikanen und Beleidigungen durch seinen Vorgesetzten bis hin zur Tatsache, dass er keinerlei Aussicht auf eine Beförderung hat. Aber es ist immerhin eine *plaza*.

Plaza ist für viele Mexikaner ein Zauberwort: die unkündbare Festanstellung beim Staat. Die *plaza* bedeutet ein sicheres Einkommen, Weihnachtsgeld, Krankenversicherung, vier Wochen bezahlten Urlaub, Aussicht auf einen Immobilienkredit und andere Vergünstigungen. Nach gerade einmal dreißig Jahren können sich die Beamten pensionieren lassen. Davon können die Arbeitnehmer in der Privatwirtschaft nur träumen. Wenn Lehrer, Verwaltungsangestellte und andere kleine Staatsdiener in Rente gehen, sorgen sie daher dafür, dass jemand aus ihrer Familie nachrückt. Ricardo hatte eigentlich überhaupt kein Interesse daran, Jura zu studieren. In der Schulzeit war er eher ein musikalisch begabter Junge und spielte gern Gitarre, und die machiavellistische Welt der Juristen, der er an der staatlichen Universität UNAM begegnete, lag ihm überhaupt nicht. Aber sein Vater hatte nun einmal die *plaza*. Die Vorstellung, sich in der Arbeit selbst verwirklichen zu wollen, wäre ihm, genau wie vielen anderen Mexikanern, als schlechter Witz erschienen.

Umso begehrter sind die Stellen im Staatsdienst, und Mexikaner tun fast alles, um an sie heranzukommen. Wer keinen Verwandten in einer Behörde oder Schule hat, braucht eine *palanca*, frei übersetzt Vitamin B, um sich in eine halbwegs lohnende Anstellung zu hebeln. Das kann zum Beispiel der Taufpate sein, der seinem *compadre* noch einen Gefallen schuldig ist. Auch als Geliebte eines Richters oder Schuldirektors kommt man leichter an eine lukrative Stelle und muss oft nicht einmal zur Arbeit erscheinen, um auf die Gehaltsliste zu kommen.

Und wer keine Beziehungen hat, der kommt vielleicht durch Geld an eine Stelle, wenn er nämlich dem späteren Vorgesetzten oder einem Gewerkschaftsboss ein oder zwei Monatsgehälter hinblättert. Der Verkauf von Stellen ist zwar illegal, aber in Behörden, Schulen und Staatsbetrieben wie der Ölgesellschaft Pemex hat er sich trotzdem zu einem lukrativen Geschäft entwickelt. Bei dem für seine Korruption besonders berüchtigten staatlichen Stromversorger Luz y Fuerza del Centro, der Mexiko-Stadt und Umland mit Strom versorgte und Ende 2009 aufgelöst wurde, kontrollierte die mächtige Monopolgewerkschaft CME sämtliche Neueinstellungen; obwohl die Stellen angeblich ausgeschrieben wurden, konnte man sie nur entweder erben oder kaufen. Der Preis lag bei etwa einem Jahresgehalt, je nach Stelle zwischen 80 000 und 200 000 Pesos (umgerechnet 5500 bis 13 000 Euro), plus einer Bearbeitungsgebühr von bis zu 10 000 Pesos. Von den mehr als fünftausend Mitarbeitern, die in den letzten Jahren bei Luz y Fuerza neu angestellt wurden, mussten rund viertausend für ihre Stelle bezahlen, und zwar durchschnittlich 110 000 Pesos. Beförderungen oder Versetzungen in eine andere Abteilung kosteten ähnlich viel.

Für besonders kreative Gewerkschafter bot dieser illegale Postenschacher ungeahnte Verdienstmöglichkeiten. Einer war ein gewisser Señor B., dem zwei Bekannte von Ricardo auf den Leim gingen. Victoria Morales war Referendarin am Obersten Gerichtshof, und ihr Mann Carlos Mendoza war ein selbständiger Anwalt. Die beiden kamen aus der unteren Mittelschicht, waren die Ersten aus ihrer Familie, die studiert hatten, und kannten niemanden in einflussreichen Positionen. Den beiden stand das Wasser bis zum Hals: Victoria war zum zweiten Mal schwanger und hatte keine Aussichten, am Gericht eine Festanstellung zu bekommen, und die Anwaltspraxis von Carlos lief schlecht. Über einen seiner wenigen Fälle lernte Carlos besagten Señor B. kennen, einen distinguiert wirkenden Herrn mit grauen Schläfen und grauem Anzug. Mit geschultem Auge erkannte Señor B., dass es Carlos nicht allzu gut gehen konnte, und bot an, ihm unter die Arme zu greifen. Einige Wochen später verabredete er sich mit Victoria und Carlos in einem Café. Der Gewerkschafter hatte gleich zwei Abteilungsleiter aus der Rechtsabteilung von Luz y Fuerza mitgebracht. Die fünf verstanden sich blendend. Der Herr, der sich als Victorias künftiger Vorgesetzter vorstellte, war erstaunlich freundlich und versicherte ihr fürsorglich, sie brauche sich wegen der Schwangerschaft keine Sorgen zu machen, er werde sie behandeln wie seine eigene Tochter. Victoria war begeistert, nach der Schikane am Obersten Gerichtshof war dies zu schön um wahr zu sein. Der Haken: Señor B. verlangte insgesamt 150 000 Pesos für die beiden Stellen. Ein Freundschaftspreis. Victoria und Carlos rechneten es durch und kamen zu dem Schluss, dass es sich auf jeden Fall lohnte. Da sie nun den gleichen Weg zur Arbeit hatten, verkauften sie das neuere ihrer beiden Autos und kratzten das restliche Geld in der Verwandtschaft zusammen; Victorias Mutter nahm sogar eine Hypothek auf ihr Haus auf. Dann trafen sie sich ein weiteres Mal mit Señor B. und übergaben ihm das Geld in bar. Victoria war überglücklich. Aber schon am zweiten Montag erklärte ihr der Abteilungsleiter deutlich weniger freundlich, es gebe Probleme und vermutlich werde sie die Stelle doch nicht bekommen. Er setzte sie an einen leeren Schreibtisch und behandelte sie wie Luft. Ihrem Mann ging es ähnlich. Als die beiden am dritten Montag das Gebäude betreten wollten, wurden sie von den Wachleuten aufgehalten; sie seien nicht auf seiner Liste und er dürfe sie nicht ins Gebäude lassen. Entsetzt versuchten die beiden den ehrenwerten Señor B. zu erreichen, doch der war nicht auffindbar, sein Handy abgemeldet. Das Geld war futsch, denn Victoria und Carlos konnten ja schlecht zur Polizei gehen und ihn wegen Veruntreuung von Bestechungsgeldern anzeigen. Und die Stellen waren wieder frei, um ein weiteres Mal verkauft zu werden.

Señor B. und seine Helfershelfer wurden später beschuldigt, mindestens 60 Personen auf diese Weise betrogen zu haben. Der Stellenverkauf war natürlich längst bekannt, aber er wurde erst verfolgt, als die Regierung die mächtige Gewerkschaft CME in Misskredit bringen wollte und eine Rechtfertigung brauchte, um das Staatsunternehmen Luz y Fuerza zu zerschlagen. Die Enttarnung von Schurken wie Señor B. bot da genau die richtige mediale Begleitmusik. Das ändert nichts daran, dass die Praxis bei Pemex und anderen Staatsunternehmen, Behörden und Gerichten nach wie vor gang und gebe ist. Beim staatlichen Energieversorger CFE, der das Gebiet von Luz y Fuerza übernahm, war und ist die Korruption genauso an der Tagesordnung.

Es gibt allerdings auch Stellen, die man nicht kaufen kann, und das sind die »Vertrauenspositionen«, die von den Vorgesetzten direkt vergeben werden. Eigentlich sollte es sich dabei nur um politische Posten handeln, doch dieser Begriff wird in Mexiko sehr großzügig gefasst. Präsidenten, Gouverneure oder Bürgermeister besetzen sämtliche der leitenden Stellen mit »ihren Vertrauten«, und diese wiederum bringen ihre *compas* mit. Dabei gilt die Faustregel: Je höher das Amt, desto unwahrscheinlicher, dass der Ernannte dafür qualifiziert ist. Kurz bevor beispielsweise der veracruzanische Gouverneur Fidel Herrera aus dem Amt schied, berief er noch rasch vier neue Oberrichter ins Amt, offenbar um seinen Rückzug zu decken oder sich für Gefälligkeiten zu bedanken; keiner der vier hatte auch nur ein Semester Jura studiert.

Ricardos *compadre* Raúl hat eine solche Vertrauensposition. Er bekam sie, weil ein Oberrichter seinem Vater einen Gefallen schuldig war. Dabei handelt es sich allerdings nicht um eine Lebensstellung: Wenn der Oberrichter in ein paar Jahren pensioniert wird, sind Raúls Tage am Gericht vermutlich gezählt, da der Nachfolger seine eigenen »Vertrauten« mitbringt und eigene Gefälligkeiten zu erwidern hat.

Das liebe Geld

Wenn die fleißigen Deutschen an Mexikaner denken, fällt vielen der in eine bunte Wolldecke gehüllte Indio ein, der mit tief ins Gesicht gezogenem Sombrero am Straßenrand sitzt und schläft. Das Klischee bedarf dringend einer Aktualisierung. Nach Erhebungen der OECD arbeiten die Arbeitnehmer in Mexiko länger als in irgendeinem anderen Mitgliedsland, nämlich rund 10 Stunden am Tag, und haben dabei nur zwei Wochen Urlaub im Jahr. Für das, was sie dabei verdienen, würde in Deutschland niemand auf Hartz IV verzichten. Wenn es um die Arbeit geht, sind Mexikaner ausgesprochen leidensfähig.

Beim Thema Geld sind die Mexikaner noch empfindlicher als die Deutschen: Eine Frage nach dem Einkommen käme einer Ehrabschneidung gleich. Trotzdem weiß natürlich jeder, wie viel der Kollege verdient, zumal beim Staat. Als Sekretärin am Obersten Gerichtshof bekommt Ricardos Frau Rosita rund 4000 Pesos (oder 270 Euro) im Monat, plus ein Weihnachtsgeld von 10 000 Pesos (oder etwa 650 Euro) in Form von Einkaufsgutscheinen; das entspricht etwa dem Gehalt eines Lehrers an einer staatlichen Schule. Ricardo verdient als Stellvertreter des Secretario de Acuerdos im Monat fast das Dreifache, nämlich etwas mehr als 11 000 Pesos. Sein Vorgesetzter bekommt rund 50 000 Pesos, genau wie ein Richter der ersten Instanz oder wie Raúl, der Stellvertreter eines Oberrichters ist. Dieser wiederum verdient etwa 100 000 Pesos und damit 25-mal so viel wie seine Sekretärin – die Sondervergütungen und Bestechungsgelder noch gar nicht eingerechnet. Anders gesagt nimmt der Oberrichter in zwei Wochen das mit nach Hause, was seine Sekretärin in einem Jahr verdient, und in einem Jahr fast so viel wie sie in ihrer gesamten Lebensarbeitszeit. In kaum einem anderen Land der Welt sind die Einkommensunterschiede derart extrem wie in Mexiko.

Um verstehen zu können, was dieser Verdienst bedeutet, muss man sich die Preise in Mexiko-Stadt ansehen. Im Vergleich zu Deutschland ist der Kauf von Wohnraum relativ günstig. Für seine 60 Quadratmeter-Wohnung in einem Stadtteil der »mittleren Mittelschicht« (in Mexiko ist die Mittelschicht zwar nicht sonderlich groß, aber dafür umso filigraner aufgegliedert) hat Ricardo umgerechnet etwa 50 000 Euro oder sechs Jahresgehälter bezahlt. Mieten käme ungleich teurer: Seine Nachbarin, eine freischaffende Masseurin und Yogalehrerin, zahlt pro Monat rund 400 Euro und damit deutlich mehr als Ricardo für seinen staatlichen Immobilienkredit, der ihn im Monat etwa 100 Euro kostet. Aber die Miet- und Wohnraumkosten hängen extrem vom Stadtteil ab: In der Colonia Condesa oder der Colonia Roma, die sich näher am Zentrum befinden, wäre die Miete leicht doppelt oder dreimal so hoch, im vornehmen Stadtteil Polanco noch deutlich höher, in einem Stadtteil der unteren Mittelschicht wie Portales würde er dagegen weniger als die Hälfte bezahlen, und in der berüchtigten Ciudad Nezahualcoyotl oder jedem anderen Stadtteil der Unterschicht noch einmal die Hälfte. Die Nebenkosten für Ricardos Wohnung sind relativ günstig, für Telefon, Strom, Wasser, Gas, Müllabfuhr und Wachpersonal der Anlage bezahlt er im Monat rund 100 Euro. Autos und Unterhaltungselektronik sind in Mexiko etwas teurer als in den Vereinigten Staaten; Ricardos Nissan Tiida, der in Mexiko gebaut wird, hat ihn etwa 6500 Euro oder 9 Monatsgehälter gekostet. Die übrigen Lebenshaltungskosten sind dagegen relativ hoch: Obwohl Rosita jeden Centavo umdreht und bei Walmart und auf dem Markt einkauft, braucht sie im Monat mehr als 500 Euro, also gut die Hälfte des Familieneinkommens, für Lebensmittel und Hygieneprodukte; Obst, Gemüse und Tortillas sind zwar vergleichsweise billig, Fleisch, Milch, Konserven, Shampoos und so weiter sind dagegen eher teurer als in Deutschland. Das Benzin ist mit umgerechnet 60 Cent pro Liter deutlich günstiger als in Deutschland, trotzdem gibt Ricardo im Monat etwa 5 Prozent des Familieneinkommens dafür aus. Nach Abzug der Schulgebühren von rund 150 Euro haben Ricardo und Rosita am Monatsende kaum noch Geld für Kleider und sonstige Anschaffungen übrig; mit den Warengutscheinen und dem Weihnachtsgeld bestreiten sie alle sonstigen Ausgaben. Ihnen graut schon vor dem Tag, an dem Juanito eingeschult wird, doch eine staatliche Schule käme für sie nicht in Frage.

Für einen deutschen Akademiker, zumal für einen Volljuristen, wäre diese Bezahlung völlig inakzeptabel, aber Ricardo kann hochzufrieden sein, denn er hat immerhin Arbeit als Jurist gefunden, und im Vergleich ist das Familieneinkommen gar nicht schlecht. So bescheiden es sein mag – mehr als 85 Prozent der mexikanischen Arbeitnehmer verdienen deutlich weniger als er und seine Frau. Der Mindestlohn liegt zur Zeit bei rund 60 Pesos oder umgerechnet 4 Euro – pro Tag wohlgemerkt. Davon müssen schätzungsweise eine halbe Million Arbeitnehmer leben. Daneben gibt es geringfügig höhere Mindestlöhne für einzelne Berufsgruppen: Näherinnen sollen mindestens 5 Euro am Tag verdienen, Grundschullehrer an Privatschulen sogar ganze 6 Euro. Laut Artikel 123 der mexikanischen Verfassung soll es der Mindestlohn einem Arbeitnehmer ermöglichen, seine Familie zu ernähren, aber selbst die Topverdiener der Liste, die Journalisten, die 11 Euro pro Tag verdienen sollen, würden mit einer vierköpfigen Familie knapp über der Armutsgrenze leben. Wie der Underground-Schriftsteller und Gonzo-Journalist J. M. Servín in seiner Reportagensammlung *D. F. Confidencial* schreibt: »Der Mindestlohn ist noch für das unterentwickeltste Selbstbewusstsein eine Beleidigung. Das Einzige, was er nährt, ist ein Gefühl der Selbstgefälligkeit unter Regierenden und Unternehmern.«

Der Mindestlohn wird jedes Jahr neu angepasst, nur *woran* ist unklar; an die Lebenshaltungskosten jedenfalls nicht. Durch die Schuldenkrise des Jahres 1982 und die Währungskrise des Jahres 1995 hat der Mindestlohn drastisch an Kaufkraft eingebüßt: Im Jahr 2005 konnte man dafür nur noch ein Fünftel dessen kaufen, was man im Jahr 1975 dafür bekam. Das Realeinkommen vieler Mexikaner entspricht heute etwa dem ihrer Großeltern Ende der vierziger Jahre und vor Beginn des mexikanischen Wirtschaftswunders. Natürlich hat sich seit Einführung des Mindestlohns im Jahr 1934 eine Menge verändert und verbessert: Auch Arbeitnehmer in Privatunternehmen haben heute ein Recht auf Kranken- und Rentenversicherung, und wenn sie entlassen werden, muss ihr Arbeitgeber ihnen eine Abfindung zahlen, die sich nach der Dauer des Arbeitsverhältnisses richtet. Was nicht heißt, dass auch alle tatsächlich in den Genuss der Sozialleistungen und Entschädigungen kommen. Viele Arbeitgeber melden ihre Arbeitnehmer erst gar nicht an, und viele Arbeitnehmer bestehen nicht darauf, aus Angst, ihre Arbeit zu verlieren. Kein Wunder, dass man in Mexiko immer wieder den Spruch hört: »Du tust so, als würdest du mich bezahlen, ich tue so, als würde ich arbeiten.«

Am schlechtesten geht es in Mexiko allerdings den Arbeitslosen, die verdienen nämlich gar nichts und haben auch keinen Anspruch auf Sozialversicherungen. Nach Auskunft der Regierung lag die Arbeitslosenquote im Sommer 2011 bei etwa 5,5 Prozent oder rund 2,5 Millionen. Woher die Statistikbehörde INEGI diese Zahlen nimmt, konnte mir niemand erklären – mit der Realität haben sie jedenfalls nicht allzu viel zu tun. Arbeitslose werden nirgends gemeldet, denn es gibt weder eine staatliche Arbeitsvermittlung noch Arbeitslosengeld oder Sozialhilfe – die Zahlen basieren offenbar auf Umfragen, Schätzungen, Hochrechnungen und großzügigen Rundungen nach unten. Die CIA, die ihre eigenen Gründe hat, sich für die Arbeitslosenzahlen im südlichen Nachbarland zu interessieren, legt eine andere Messlatte an und geht davon aus, dass 25 Prozent der arbeitsfähigen Bevölkerung »unterbeschäftigt« sind – eine Zahl, die mir persönlich immer noch zu niedrig erscheint. Wahrscheinlich gehören zu diesen Unterbeschäftigten auch die geschätzten 5 Millionen Mexikaner, die zwischen 2000 und 2010 illegal in die Vereinigten Staaten gegangen sind, um dort Arbeit zu suchen, weil sie sich mit ihrer Arbeitskraft in Mexiko kein angemessenes Einkommen verdienen können. Genau wie die geschätzten 12 Millionen, die in ungeregelten Beschäftigungsverhältnissen arbeiten, sei es als Haushaltshilfen, als Tagelöhner in der Landwirtschaft oder als Handlanger auf dem Bau. Oder die Verkäufer, die jeden Morgen an der Ampel von einem Autofenster zum anderen laufen und Zigaretten und Telefonkarten anbieten oder die in der U-Bahn oder am Straßenrand raubkopierte CDs und DVDs verkaufen. Oder die mehr als 5 Millionen Kleinbauern, die auf ein oder zwei Hektar Land Mais anbauen, sich ein paar Hühner und Ziegen halten und nicht wissen, wovon sie ihre Familien ernähren sollen. Nicht dazu gehören allerdings die Kinder armer Familien in den Straßen der Städte oder auf dem Land, in Chiapas, Oaxaca oder Guerrero, die nach vier oder sechs Jahren Grundschule zum Arbeiten geschickt werden; »arbeitsfähig« im Sinne des Gesetzes sind sie zwar noch nicht, aber ausgebeutet werden sie trotzdem schon. Mexikaner sind extrem kreativ, wenn es darum geht, ihren Familien den Tisch zu decken. Aber dass sie eine »Arbeit« hätten, von der sie ihre Familie ernähren können, das behaupten wohl nur Regierungspolitiker.

Aber egal wie viel sie verdienen, die meisten Mexikaner leben von der Hand in den Mund – von der Unterschicht bis zur oberen Mittelschicht. Dass Arbeiter und kleine Angestellte bei ihrem Verdienst nie Geld haben, ist verständlich. Aber auch viele Besserverdiener, die mit großen Geländewagen zur Arbeit fahren, haben keinen Peso in der Tasche. Wenn Alan Greenspan in seiner Autobiografie behauptet, in Entwicklungsländern sei die Sparquote höher als in der entwickelten Welt, dann kann er Mexiko nicht damit gemeint haben: Hier hat kaum jemand etwas auf der hohen Kante.

Wenn ich mir einige meiner Bekannten ansehe, bekomme ich fast den Eindruck, es gebe ein Gesetz, das besagt, sie dürften am Ende der *quincena* keinen Centavo mehr übrig haben. Mexikaner kaufen für ihr Leben gern ein, und wenn sie nur noch ein paar Münzen in der Tasche haben, stürmen sie in Drei-Peso-Läden. Dort kaufen sie ein Haarband für die Nichte, ein Spielzeugauto für den Neffen, eine Plastikvase für die Mutter oder einen bunten Teller für den Vorgesetzten. Der Umgang vieler Mexikaner mit dem Geld erinnert mich immer an ihren Umgang mit dem Nachtisch: Wenn es einen Kuchen gibt, dann muss der bis zum letzten Krümel aufgegessen werden. Warum sollte man ihn auch aufheben? Man weiß ja nicht, was morgen passiert! Ein beliebtes Motto lautet: *A tragar, que el mundo se va a acabar* – lasst uns fressen, denn morgen geht die Welt zu Grunde. Mit dem Geld verhält es sich ähnlich: Es brennt den Mexikanern Löcher in die Taschen.

Wenn tatsächlich einmal größere Ausgaben anstehen, gibt es verschiedene Möglichkeiten, an Geld zu kommen. Eine beliebte Methode ist die *tanda*, ein Sparkarussell, zu dem sich zehn oder mehr Kollegen zusammentun und zum Zahltag einem aus der Runde 500 oder 1000 Pesos geben. Menschen, die wenig Geld haben und denen das Sparen obendrein notorisch schwerfällt, bekommen so ohne größere Anstrengungen einmal alle paar Monate eine größere Summe in die Finger.

Eine andere Möglichkeit ist das Pfandleihhaus, der berühmte Nacional Monte de Piedad. Dieses Pfandleihhaus wurde 1775 gegründet und ist bis heute eine der wichtigsten Kreditanstalten des Landes. Mit seinen mehr als 150 Filialen und macht es einen Umsatz von einer knappen Milliarde Euro im Jahr. Das Klischee lautet, dass die Mexikaner im Sommer ihren halben Hausstand ins Pfandleihhaus tragen und dann nach Acapulco fahren. Bei einem Jahreszins von 48 Prozent ist der Kredit dort für mexikanische Verhältnisse sogar noch vergleichsweise erschwinglich.

Banken verlangen für Kredite und Kreditkarten Jahreszinsen von 45 bis zu horrenden 90 Prozent, und die sogenannten Mikrokredit-Banken, die nur dem Namen nach mit der humanitären Idee des Friedensnobelpreisträgers Muhammad Yunus zu tun haben, knöpfen ihren Kunden für ihre Kleinkredite ganz legal Wucherzinsen von bis zu 300 Prozent im Jahr ab. Trotzdem leben die meisten meiner Bekannten auf Pump. Sie haben am Ende der *quincena* nicht nur keinen Centavo mehr in der Tasche, sondern überall Schulden angehäuft. Das ist leicht, denn man kann überall anschreiben und auf Kredit einkaufen. Die landesweiten Kaufhausketten wie Liverpool oder Palacio de Hierro bieten Kartenbesitzern den Kauf in 6, 12, 18 oder 24 bequemen Raten. Auch die Gewerkschaften und Arbeitgeber mischen kräftig mit: Sie vergeben Konsumkredite und verticken Computer, Reisen, Autos und selbst Gräber inklusive Beerdigung auf Raten. Sogar Straßenhändler bieten Kredit: Die Besitzer von Süßigkeiten- und Tacoständen vor Bürogebäuden schreiben natürlich gern an, wenn die Stammkundschaft kein Geld mehr für eine Cola oder Quesadilla in der Tasche hat; am Zahltag lauern sie dann am Ausgang des Gebäudes, um zu kassieren. Für die Angehörigen der neuen Mittelschicht, die seit der Tequilakrise des Jahres 1995 allmählich wieder auf die Füße gekommen sind, gehört Kredit schon fast zum Lebensgefühl.

Trotz der internationalen Finanzkrise des Jahres 2008 wird es in Mexiko nach wie vor immer einfacher, Geld aufzunehmen. Banken, Kleider- und Supermarktketten drängen ihren Kunden ihre Kreditkarten regelrecht auf, weshalb heute jeder zweite erwachsene Mexikaner eine Kreditkarte im leeren Geldbeutel hat. Auch die Vergabe von Immobilienkrediten wird immer einfacher und günstiger. Für Hypotheken verlangen Banken einen Jahreszins von 11 Prozent, was schon fast sagenhaft günstig ist. Seit einigen Jahren ist beim Hauskauf nicht einmal mehr eine Eigenbeteiligung nötig, die Banken vergeben Hypotheken über 100 Prozent des Werts der Immobilie. Auch der Staat vergibt Immobilienkredite an seine Angestellten: Ricardo hat seine Wohnung im Jahr 2003 mit einem Kredit der staatlichen Wohnungsbaugesellschaft gekauft. Der Kredit hat eine Laufzeit von dreißig Jahren, Ricardo zahlt im Monat knapp 100 Euro ab, die ihm gleich vom Gehalt abgezogen werden.

Einer, der grundsätzlich auf Pump lebt, ist Ricardos *compadre* Raúl, für mexikanische Verhältnisse eigentlich ein Besserverdiener. Er lacht darüber, dass er einmal im Jahr mit seiner Familie für vierzehn Tage nach Europa, Cancún oder in die Vereinigten Staaten fliegt und den Urlaub die restlichen 350 Tage des Jahres abstottert. Seine beiden Autos sind natürlich geleast, sein Anzug noch nicht abbezahlt, von dem Immobilienkredit, mit dem er sein Haus gebaut hat, ganz zu schweigen. Raúl schiebt ein halbes Jahresgehalt an Schulden vor sich her, die Hypothek noch nicht eingerechnet. Trotzdem ist es nicht so, als würde er in Saus und Braus leben, weil er von seinem Einkommen nicht nur seinen eigenen Lebensunterhalt bestreitet. Da er als Einziger von fünf Geschwistern studiert hat und ein vernünftiges Einkommen nach Hause bringt, hat er seine Eltern zu sich nach Hause geholt und zahlt die Schulgebühren von zwei Neffen. Wenn seine Geschwister in Schwierigkeiten stecken, ist er zur Stelle und greift ihnen unter die Arme. Das ist noch ein Grund, warum Mexikaner nie Geld in der Tasche haben: Wer ein Einkommen hat, ist der Sozialversicherer der Familie.

Die andere Seite

Als Rositas Mutter Tía Ana ihren 60. Geburtstag feierte, kam auch ihre Nichte Araceli zu Besuch, die seit 17 Jahren in Phoenix, der Hauptstadt des US-Bundesstaates Arizona lebt. Sie war der Mittelpunkt der Geburtstagsfeier und schwärmte der versammelten Verwandschaft einmal mehr vor, wie großartig das Leben »auf der anderen Seite« doch sei. In Mexiko hatte sie keine Arbeit gefunden, in Phoenix hatte sie eine Stelle als Krankenschwester, ein Haus, ein Auto, eben alles, was zum Leben der Mittelschicht gehört.

»Machst du dir denn keine Sorgen wegen dieser neuen Anti-Mexikaner-Gesetze?«, fragte Tía Ana.

»Ach nein«, meinte Araceli. »Aber ich muss ein bisschen aufpassen und darf abends nicht mehr aus dem Haus gehen, damit ich nicht von der Polizei angehalten und nach meinen Papieren gefragt werde.« Denn wenn das passiert, ist der amerikanische Traum ausgeträumt.

Für die Rückreise wollte Araceli eigentlich ein reguläres Touristenvisum beantragen und besorgte sich falsche Papiere, um nachzuweisen, dass sie in Mexiko eine feste Anstellung hätte. Nachdem sie einige Tage vergeblich vor der Botschaft in der Avenida de la Reforma angestanden hatte, kam sie endlich bis in das Gebäude, aber dort beschied man ihr, dass sie kein Visum bekommen würde. Nun blieb ihr nichts anderes übrig, als illegal über die Grenze zu gehen – *de mojada*, wie man in Mexiko sagt, also »nass«, benannt nach den Einwanderern, die durch den Grenzfluss Rio Bravo schwimmen.

»Ruf mich kurz an, wenn du ankommst«, sagte Tía Ana am Tag vor ihrer Abreise. »Ich zünde der Jungfrau eine Kerze an und bete für dich.«

Drei Tage später rief Araceli an. »Ich will dir gar nicht erzählen, wie ich rübergekommen bin. Aber ich bin wieder zuhause.«

Die Arbeitsmigration der Mexikaner in die Vereinigten Staaten hat eine lange Geschichte. Ein Teil der mexikanischstämmigen Bevölkerung ging nicht über die Grenze, sondern wurde von ihr überrollt, als die Vereinigten Staaten zwischen 1836 und 1848 die Hälfte des mexikanischen Territoriums annektierten. Die legendären Cowboys des Wilden Westens waren überwiegend Mexikaner, sie trieben das Vieh nicht nur aus Arizona, sondern auch aus den mexikanischen Bundesstaaten Sonora und Sinaloa zu den Verladestationen nach Kansas, von wo aus es weiter zu den Schlachthöfen in Chicago transportiert wurde. Während des Zweiten Weltkriegs und des Vietnamkriegs legten die Vereinigten Staaten Programme auf, um Mexikaner zur Arbeit in der amerikanischen Rüstungsindustrie ins Land zu holen, nur um sie dann nach dem Krieg wieder nach Hause zu schicken.

Bis Anfang der siebziger Jahre gingen Mexikaner vor allem als Saisonarbeiter in die Vereinigten Staaten. Es waren überwiegend junge Männer, die ein paar Monate blieben, sich ein bisschen Geld verdienten und wieder nach Hause zurückkamen. Das Muster war typisch für die arme Landbevölkerung der nördlichen Bundesstaaten Sinaloa, Sonora, Chihuahua und Zacatecas. In *Los Indios de México* beschreibt der Journalist und Anthropologe Fernando Benítez diese Arbeitsmigranten so: »Sie pfänden ihre Kuh, ihr Land und alles was sie haben. Wenn sie zurückkommen, kaufen sie sich ein Pferd, eine Uhr und eine Pistole und den Rest versaufen sie. Nach einem halben Jahr verkaufen sie erst das Pferd, dann die Pistole und schließlich die Uhr. Sie gehen aus dem Hochland fort und träumen schon wieder davon, zurückzukommen. Es ist wie ein Rausch und eine Geschichte ohne Ende.«

Damals war die Grenze in beiden Richtungen durchlässiger, die Vereinigten Staaten duldeten mexikanische Arbeitnehmer oder warben sie sogar an. In den siebziger Jahren änderte sich das Muster. Der Grenzübertritt wurde schwieriger, und viele Arbeitsmigranten blieben in den Vereinigten Staaten. Die Männer gingen ohne Visum »nach drüben« und arbeiteten als Hilfsarbeiter in der Automobilindustrie von Detroit und Chicago, als Obstpflücker auf den Plantagen von Kalifornien oder als Bauarbeiter oder Küchenhilfe in den Bundesstaaten entlang der Grenze und in sämtlichen Metropolen des Nachbarlandes. Nach einigen Jahren holten sie ihre Frauen nach, die als Kindermädchen und Haushaltshilfen der weißen Ober- und Mittelschicht Arbeit fanden. So ging es auch Anas Nichte Araceli: Ihr Mann Pepe ging nach Phoenix und arbeitete dort in verschiedenen Restaurants. Während eines Besuchs zu Hause lernte er

Araceli kennen, und die beiden heirateten. Eigentlich wollte Pepe wieder nach Mexiko kommen, aber während eines Besuchs zeugte er ein erstes Kind, und nun musste er in den Staaten bleiben, um Geld zu verdienen. Nach einem weiteren Besuch kam ein zweites Kind zur Welt und irgendwann beschlossen die beiden, dass es besser wäre, wenn Araceli nachkam. Es war nicht ganz einfach für die junge Frau; zuhause war sie Vollzeitmutter gewesen, in Phoenix musste sie sich auch eine Arbeit suchen. Außerdem sprach sie kein Wort Englisch. Zuerst arbeitete sie in verschiedenen Haushalten, dann half ihr einer ihrer Arbeitgeber, ein Arzt in einem staatlichen Krankenhaus, in einer Abendschule eine Ausbildung zur Krankenschwester zu machen.

Pepe und Araceli sind ein eher untypisches Paar, da beide aus Mexiko-Stadt stammen. Die überwiegende Zahl der Auswanderer kommt vom Land. In den letzten Jahrzehnten verschoben sich die Auswanderungsgebiete die Westküste entlang immer weiter nach Süden, von Michoacán über Guerrero nach Oaxaca, und erfassten schließlich auch die ländlichen Regionen im Zentrum und an der Golfküste. Gerade aus den Bergen von Oaxaca und Chiapas brechen heute immer mehr Indigenas auf, die noch nicht einmal Spanisch sprechen, geschweige denn Englisch. Menschen, die früher nach Mexiko-Stadt gegangen wären, um Arbeit zu suchen, gehen nun in die Vereinigten Staaten. Die Zahl der Migranten steigt unaufhaltsam: In den Siebzigern waren es insgesamt geschätzte 1,5 Millionen, in den Achtzigern 2,5 Millionen und in den Neunzigern 3,5 Millionen. Im ersten Jahrzehnt des 21. Jahrhunderts gingen schließlich Jahr für Jahr zirka 500 000 Mexikaner illegal über die Grenze. Heute leben mehr als 30 Millionen Mexikaner in den Vereinigten Staaten, ein Drittel davon illegal. Während der Immobilienkrise kehrte ein Teil der Illegalen, darunter viele Bauarbeiter, nach Mexiko zurück. Aber der Rückstrom Richtung Norden hat längst wieder begonnen.

Trotz des zunehmenden Rassismus und der Diskriminierung, mit denen Latinos behandelt werden, ist die Wirtschaft der Vereinigten Staaten ohne Mexikaner kaum denkbar. Illegale verdienen 30 Prozent weniger als andere, arbeiten bis zu 70 Stunden pro Woche, bekommen keinen Zuschlag für Überstunden, haben keinen Anspruch auf Sozialleistungen und kosten Arbeitgeber pro Jahr rund 10 000 Dollar weniger als reguläre Arbeitnehmer. Trotzdem sind viele Mexikaner dankbar, überhaupt arbeiten zu können; kein Wunder, dass sie bei ihren amerikanischen Arbeitgebern beliebt sind und als besonders fleißig gelten. Aber auch die amerikanischen Verbraucher profitieren: Wenn sie im Supermarkt billiges Obst und Gemüse kaufen, dann vor allem deshalb, weil die Hälfte aller in der Landwirtschaft beschäftigten Arbeitskräfte illegale Einwanderer sind (in Kalifornien sind sogar 80 Prozent der Obstpflücker Mexikaner ohne Visum) und für einen Hungerlohn arbeiten. In amerikanischen Restaurants stammt das schlecht bezahlte Personal – von den Spülkräften bis zu den Köchen – überwiegend aus Mexiko. Wenn es keine Nachfrage nach ihrer Arbeitskraft gäbe, dann würden die Mexikaner vermutlich keinen Fuß über die Grenze setzen; aber über 90 Prozent finden gleich nach ihrer Ankunft eine Arbeit.

Andernfalls würden die an sich wenig mobilen Mexikaner kaum das Risiko auf sich nehmen, illegal über die Grenze zu gehen, sondern in ihren Dörfern und bei ihren Familien bleiben. Denn der Grenzübertritt wird umso gefährlicher, je höher die Mauer wird, die die Vereinigten Staaten bauen, und je mehr rechtsradikale Milizengruppen wie Minuteman die Grenze patrouillieren. Der einzige Erfolg dieser Maßnahmen war bislang, dass sich auf mexikanischer Seite immer mehr kriminelle Banden formieren, die Migranten auf immer gefährlicheren Wegen durch die Wüsten schleusen, und dass unterwegs heute im Durchschnitt rund 400 Menschen pro Jahr sterben, weil sie im Sommer in der glühenden Hitze verdursten und im Winter in den eisigen Nächten erfrieren.

Das Geschäft mit den Auswanderern ist eine Goldgrube, Schätzungen gehen davon aus, dass rund hundert Banden im Jahr Milliarden von Dollar verdienen. Die Schleuser warten nicht etwa an der Grenze auf ihre Kunden. Die sogenannten *polleros* besuchen arme Dörfer in den armen ländlichen Regionen von ganz Mexiko und Mittelamerika, heuern Auswanderungswillige an und bringen sie in Bussen an die Grenze zu den Vereinigten Staaten. Dort bleiben die Grenzgänger einige Tage lang in Verstecken und werden schließlich irgendwo in der Wüste über die Grenze gebracht. Sie bekommen eine grobe

Route und werden ein paar Tage später auf der anderen Seite von den Kontaktleuten der Schleuser eingesammelt. Die Einschleusung kostet etwa 20 000 Pesos pro Person. Aber das ist natürlich nicht die einzige Möglichkeit, mit den Migranten Geld zu verdienen. Viele Schleuser arbeiten mit Drogenbanden zusammen, und die Grenzgänger müssen oft Pakete von bis zu 20 Kilogramm Marihuana durch die Wüste schleppen. Die Banden haben ihre Verbindungen bis nach Süd- und Mittelamerika, Banden wie die gefürchteten Mara Salvatrucha aus El Salvador bringen die Migranten aus Mittelamerika sogar selbst nach Norden und operieren direkt im Grenzgebiet. So werden die Migranten in den Kampf der Drogenbanden verwickelt und zu unschuldigen Opfern.

Aber auch über die unmittelbaren Gefahren des Grenzübergangs hinaus hat die Migration zum Teil drastische Folgen. Nicht nur in traditionellen Auswanderungsregionen wie Zacatecas, sondern auch schon in den Bergen von Puebla und Veracruz werden ganze Landstriche entvölkert, in einigen Dörfern sind neun von zehn Erwachsenen Frauen. Es bleiben vor allem Alte zurück, die Traditionen der Dörfer sterben aus und die Familien werden zerrissen, da die Männer wegen der verschärften Einreiseregelungen nicht einmal mehr an Weihnachten oder zur Kirchweih zu ihren Familien zurückkommen. Andererseits schicken sie erhebliche Summen an ihre Frauen und Eltern. Im Jahr 2007 waren es insgesamt geschätzte 25 Milliarden Dollar, durch die Finanz- und Immobilienkrise ging die Summe im Jahr 2009 auf 21 Milliarden zurück, im Jahr 2010 war sie wieder auf knapp 23 Milliarden gestiegen. Damit sind die Geldanweisungen der Migranten nach dem Erdöl und den Drogen die drittgrößte Devisenquelle. Oder wie der Journalist Victor Ronquillo schreibt: »Mexiko exportiert Arme, die der reichsten Volkswirtschaft der Welt als billige Arbeitskräfte dienen. Diese Armen schicken pro Jahr mehr als 25 Milliarden Dollar nach Hause, mit denen sie ihre Familien ernähren, ihre Häuser instand setzen und einer todgeweihten Wirtschaft neues Leben einhauchen. Nach dem Erdöl sind die Armen *der* Exportschlager Mexikos.«

In einigen Bundesstaaten der Vereinigten Staaten wird der Aufenthalt für die Illegalen allerdings immer riskanter. Einer davon ist Arizona, wo im Sommer 2010 das berüchtigte Gesetz SB 1070 verabschiedet wurde. Dieses Gesetz erhebt den illegalen Aufenthalt in Arizona zum Straftatbestand, obwohl es sich nach den Bundesgesetzen lediglich um eine Ordnungswidrigkeit handelt. Die Polizei hat damit das Recht, »Verdächtige« nach ihren Einwanderungspapieren zu fragen, und Personen, die sich nicht ausweisen können, einzusperren. Wer tatsächlich keine Aufenthaltserlaubnis hat, wird einfach auf der anderen Seite der Grenze ausgesetzt, sein gesamtes Vermögen wird eingezogen und seine in den Vereinigten Staaten geborenen Kinder werden in Waisenhäuser gesteckt. Die Gouverneurin Janice Brewer ließ sogar ein neues Freiluftgefängnis bauen, eine Art Viehgehege, in dem etwa tausend Menschen bis zur Klärung ihres Einwanderungsstatus untergebracht werden sollen – wie lange das auch immer dauern mag.

Der Aufschrei war groß, zum einen, weil die Menschen- und Eigentumsrechte der Migranten aufs Gröbste missachtet werden, aber auch, weil in Arizona natürlich nicht nur rund 500 000 illegal eingereiste Mexikaner leben, sondern auch gut zwei Millionen amerikanische Staatsbürger und legale Einwanderer mexikanischer Herkunft. Allein aufgrund ihrer Hautfarbe gelten diese plötzlich als »verdächtig« und müssen bei jeder Gelegenheit ihre Papiere mit sich führen, um nicht verhaftet zu werden.

Umso größer war die Erleichterung, als ein Bundesgericht das Gesetz stoppte, unter anderem wegen Verstoß gegen die Bundesgesetze und wegen der unzumutbaren Härte für die Migranten. Aber die Auseinandersetzung hat gerade erst begonnen. Arizona klagt gegen die Entscheidung, und in der Zwischenzeit können rechtschaffene Bürger auf der Website *ReportIllegals.com* anonym illegale Einwanderer sowie deren Arbeitgeber denunzieren. Der berüchtigte Sheriff Joe Arpaio aus Maricopa geht auf die Jagd nach Illegalen, lässt sie in Sträflingsanzüge stecken, in Ketten legen und misshandeln. Es soll ein Klima der Angst geschaffen werden, das nicht nur illegale Einwanderer abschreckt, sondern alle Latinos.

In einem Forum der *New York Times* schrieb ein Befürworter von SB 1070: »Dieser Kampf ist nicht vorbei, ehe nicht alle illegalen Mexikaner Arizona verlassen haben.« Das ist ein moderater Kommentar. Aber der Mann hat recht und verweist – ohne es zu wollen – auf die einzig mögliche Lösung: Die Amnestie für die illegalen Einwanderer und deren Einbürgerung. Es wäre nicht das erste Mal: Ausgerechnet unter Ronald Reagan wurde 1986 eine Einwanderungsreform durchgeführt, in der alle Einwanderer, die vor dem 1. Januar 1982 ins Land gekommen waren, ein Visum beantragen konnten. Wenn Barack Obama den Mut dazu hätte, dann würde er genau das tun, doch das ist sehr zweifelhaft: Obwohl er auch dank der Latinos gewählt wurde (die mehr als 10 Prozent der Bevölkerung ausmachen), hat er für die Migranten bislang nichts getan.

*

»Überlegs dir, ob du nicht lieber wieder nach Mexiko kommst«, sagte Tía Ana auf der Geburtstagsfeier zu Araceli. Als wir Tía Ana das letzte Mal sahen, erzählte sie, Araceli wolle ihr Haus verkaufen und überlege tatsächlich, nach 17 Jahren in den Vereinigten Staaten wieder nach Mexiko zu ziehen. Aber ihre zwei Kinder, die ebenfalls weder Pass noch Visum haben, wollen auf keinen Fall nach Mexiko. Die Vereinigten Staaten sind ihre Heimat, sie waren drei und fünf Jahre alt, als sie nach Arizona zogen, sie sind dort zur Schule gegangen und arbeiten dort. Aracelis Sohn hat inzwischen selbst eine zweijährige Tochter mit einer Dominikanerin, die natürlich auch keine Papiere hat. Wenn die beiden das Land verlassen wollten, könnten sie das Kind nicht mitnehmen, denn das ist amerikanischer Staatsbürger. Sie überlegen, nach Kalifornien zu ziehen, aber da ist die Situation kaum besser, ähnliche Gesetzesinitiativen sind auf dem Weg. Fürs Erste bleibt Tía Ana also nichts anderes übrig, als eine Kerze anzuzünden.

Mexiko-Lexikon
A ver

»A ver si vamos a Acapulco el próximo fin«, sagte Raúl zum Abschied und umarmte mich herzlich. »Schauen wir mal, dass wir nächstes Wochenende nach Acapulco fahren.«

Ich war seit ein paar Wochen in Mexiko und meine Frau Lourdes hatte ihn und seine französische Frau Estelle zum Abendessen eingeladen. Raúl war einer ihrer Kollegen, und Lourdes wollte, dass ich ein paar Leute kennenlerne. Es war, wie sie mir später gestand, das erste Mal, dass sie einen Kollegen zum Essen zu sich nach Hause eingeladen hatte. Der Abend war lustig, wir hatten gegessen, eine Menge Tequila getrunken und herzlich über kulturelle Missverständnisse gelacht. Irgendwann hatten Lourdes und Raúl angefangen, von Acapulco zu schwärmen. Lourdes meinte, ich müsse die Bucht unbedingt kennenlernen und Raúl hatte vorgeschlagen, doch zusammen hinzufahren. Raúl und Estelle waren weit nach Mitternacht gegangen, und ich war froh, ein paar neue Freunde gefunden zu haben.

Als Lourdes am Montag von der Arbeit nach Hause kam, fragte ich sie, ob sie mit Raúl gesprochen hätte.

»Ich habe ihn nicht gesehen«, antwortete sie. »Mal schauen, ob ich ihn morgen sehe.«

Am Dienstag hatte sie es vergessen. Am Mittwoch wurde ich langsam nervös, weil wir doch klären sollten, ob wir mit dem Bus oder mit dem Auto fahren wollten und vielleicht auch ein Hotel buchen sollten. Am Donnerstagabend sagte Lourdes zu mir: »Für Samstag hat uns meine Mutter zum Essen eingeladen. Sie möchte wissen, was du essen willst.«

Ich antwortete entgeistert: »Aber wir fahren doch am Wochenende mit Raúl und Estelle nach Acapulco!«

Lourdes sah mich mit großen Augen an. »Davon weiß ich gar nichts!«

Ich war verblüfft. »*Aber wir haben uns doch verabredet! Du warst doch dabei!*«

Lourdes sah mich weiter verständnislos an. Dann lachte sie plötzlich. »*A ver! Er hat gesagt, mal schauen, ob wir nach Acapulco fahren!*«

»*Ja und?*«

»*A veeeer!*« *Sie zog das Wort in die Länge und lachte.* »*Das hat er doch nur so gesagt! Das bedeutet überhaupt nichts!*«

La Salud
Ärzte und Schamanen

An einem Mittwochmorgen wachte mein Schwiegervater Don José mit Schmerzen in der Brust auf. Vorsichtig massierte er sich ein wenig, doch die Schmerzen wollten nicht weggehen und zogen bis in die Schulter hinauf. Um seine Frau nicht zu beunruhigen, sagte er ihr nichts. Aber als seine Tochter Adriana wie immer auf dem Weg zur Arbeit vorbeikam, bat er sie, einen Arzt anzurufen.

Eine halbe Stunde später fuhr der Arzt vor. Er horchte Don José ab, maß Blutdruck und Puls und fragte ihn, was er zu Abend gegessen hatte. Schließlich diagnostizierte er Magenbeschwerden mit Sodbrennen, verschrieb ein halbes Dutzend Medikamente, kassierte 800 Pesos und ging.

Don José bezweifelte zwar, dass seine Schmerzen vom Magen kamen, aber er nahm seine Medizin brav ein. Eine Wirkung blieb aus. Gegen Mittag beschloss er, einen anderen Arzt zu konsultieren.

Als seine Tochter Adriana am frühen Nachmittag zum Mittagessen kam, fiel ihr ein, dass in einem der Nachbarhäuser eine illegale Arztpraxis war. Sie lief los und kam wenig später mit der Ärztin wieder. Die untersuchte Don José kurz und sah ihn an. »Entweder haben Sie schon einen Herzinfarkt gehabt oder Sie bekommen ihn bald.« Sie verschrieb eine Reihe von Laboruntersuchungen, kassierte 500 Pesos und ging.

Inzwischen war auch Adrianas Mann Miguel Ángel eingetroffen. Don José bat seinen Schwiegersohn, ihn in ein Labor zu begleiten. Ohne viele Worte setzte Miguel Ángel Don José ins Auto und brauste los, die Avenida Ángel Urraza hinunter bis zur Avenida Coyoacán.

»Wo fährst du mich hin?«, fragte Don José beunruhigt. »Das Labor ist doch gleich um die Ecke!«

»Was wollen Sie noch in einem Labor, Don José? Ich bringe Sie ins Krankenhaus.«

»Aber welches Krankenhaus?«

»Ins Centro Médico.«

»Was?! Bist du verrückt geworden?!«

Don Jose war entsetzt. Das Centro Médico an der Avenida 20 de Noviembre in der Colonia Del Valle von Mexiko-Stadt ist ein Krankenhaus der staatlichen Angestelltenkrankenkasse ISSSTE. Don José stammt aus einer einstmals wohlhabenden Familie der Oberschicht, und obwohl er als frisch pensionierter Regierungsbeamter einen Anspruch auf die Leistungen der staatlichen Versicherungen genießt, hatte er noch nie auch nur einen Fuß in eine staatliche Klinik gesetzt. Er hatte Schreckliches gehört, und allein bei dem Gedanken stellten sich ihm die Haare auf. Aber Miguel Ángel hörte ihm gar nicht zu. Drei Ampeln weiter bog er rechts ab und rollte in die Einfahrt eines riesigen, fabrikähnlichen Gebäudes.

»Haben Sie eine Überweisung von Ihrer zuständigen Klinik?«, fragte die Dame an der Rezeption der Notaufnahme.

»Nein«, antwortete Miguel Ángel.

»Hat Sie jemand empfohlen?«, fragte sie weiter.

»Hören Sie, der Herr hatte einen Herzinfarkt. Wenn ihm etwas passiert, mache ich Sie persönlich verantwortlich.«

Die Dame sah erst Miguel Ángel an, dann Don José, und führte die beiden in ein Behandlungszimmer. Dort ging es erstaunlich schnell. Der Arzt ließ ein EKG anfertigen und wenig später wurde Don José auf einem Rollbett in die Intensivstation der Koronarabteilung im fünften Stock geschoben. Dort musste er sich ausziehen, bekam einen weißen Kittel, wurde in ein anderes Bett gelegt und in eine mit Dutzenden Apparaten ausstaffierte Nische geschoben.

Ein Arzt nahm Miguel Ángel beiseite. »Sind Sie ein Verwandter?«, fragte er. Miguel Ángel nickte.

»Wir behalten ihn hier und untersuchen ihn. Solange er hier ist, muss rund um die Uhr jemand von der Familie im Wartesaal erreichbar sein. Heute Nacht um halb 12 ist Visite. Dann muss jemand von Ihnen hier oben sein.«

Dann war der Arzt auch schon wieder verschwunden, und Miguel Ángel verabschiedete sich von Don José.

»Ich lasse Sie jetzt hier. Nachher bringe ich Ihre Frau mit einem Schlafanzug und Zahnbürste vorbei. Soll sie Ihnen noch was mitbringen?«

»Wieso Schlafanzug? Die machen ein paar Untersuchungen und dann fahren wir wieder!«

»Es kann ein bisschen länger dauern.«

»Wie, ein bisschen länger? Dann komme ich gleich wieder mit!«

Wortlos klemmte sich Miguel Ángel die Hose von Don José unter den Arm und verließ die Intensivstation.

Doña María wurde bleich, als sie hörte, dass Miguel Ángel ihren Mann ins Centro Médico gebracht und die Ärzte ihn gleich dabehalten hatten. Sie packte ein paar Sachen für sich und ihren Mann zusammen und fuhr mit einem Taxi ins Krankenhaus. Doch der Wachmann an der Drehtür zum Vorhof wollte sie nicht durchlassen.

»Haben Sie keinen Passierschein?«

»Nein. Mein Mann ist doch gerade erst eingeliefert worden!«

»Sie brauchen einen Passierschein.«

»Aber wo bekomme ich den?«

»Drin, an der Rezeption am Haupteingang.«

»Aber wie kann ich den bekommen, wenn Sie mich nicht reinlassen?«

Der Wachmann stutzte. Der Fall schien ihm noch nicht untergekommen zu sein. Nach kurzem Nachdenken fragte er: »Haben Sie einen Ausweis dabei?«

Doña María kramte ihren Wählerausweis hervor und gab ihn dem Wachmann. Der sah ihn sich genauestens von beiden Seiten an und steckte ihn schließlich in ein Kistchen.

»Sie können rein. Aber tragen Sie sich hier in das Buch ein.«

Drin meldete sie sich zuerst an der Rezeption der Notaufnahme und fragte, ob es Nachrichten von ihrem Mann gab. Die Dame suchte den Namen auf einer Liste.

»Nein, nichts. Warten Sie hier. Besuchszeit ist heute Abend von halb 12 bis 12. Dann können Sie mit einem Arzt sprechen.«

Aber zuerst brauchte Doña María einen Passierschein.

»Für die Herzstation?«, fragte die Dame an der Rezeption in der großen Eingangshalle am Haupteingang. »Kommen Sie heute Abend um 11 Uhr wieder.«

Der Warteraum für die Angehörigen von Patienten befand sich im Untergeschoss und hatte den Charme eines Busbahnhofs. Die einzige Sitzmöglichkeit waren vier Reihen von am Boden festgeschraubten Stühlen aus Lochblech. Die Stühle hatten Armlehnen, um zu verhindern, dass sich die Wartenden hinlegten, und an der Wand klebten handgeschriebene Zettel mit der Aufschrift »Decken und Kissen mitbringen verboten« oder »Nicht auf den Boden setzen«. Doña María suchte sich einen freien Platz und wartete geduldig.

Es wurde dunkel und immer kälter. Die Tür zum Hof ließ sich nicht schließen, weil die Lichtschranke defekt war, und von draußen wehte ein eisiger Wind herein. Doña María sprach mit niemandem, sie saß nur allein auf ihrem Stuhl und wartete geduldig. Im Wartesaal war ein kleiner Stand aufgebaut, an dem ein junger Mann mit hochgegelten Haaren und abgepackten Kuchen verkaufte, aber Doña María traute sich nicht, das wenige Geld auszugeben, das sie mitgenommen hatte.

Der Wartesaal leerte sich. Um viertel vor 11 stand Doña María auf und ging durch die verlassenen, hellblau gestrichenen Gänge in die leere, strahlend weiße Eingangshalle. Vor der Rezeption warteten schon drei Leute, die ebenfalls im Wartesaal der Notaufnahme gesessen hatten.

»Ihr Mann ist auch auf der Intensivstation?«, fragte die ältere Frau, die in der kurzen Schlange vor ihr stand.

Doña María nickte.

»Meiner ist schon eine Woche da. Er liegt im Koma.«

»Und Sie brauchen immer noch einen Passierschein?«

»Ja, wir müssen jeden Tag um 11 hierherkommen und bekommen einen neuen Schein.«

»Aber wozu brauchen Sie den denn?«

»Um in die Intensivstation zu kommen. Und ins Krankenhaus. Wenn Sie rausgehen, geben Sie den Schein Ihrem Sohn oder Ihrer Tochter, sonst kommen die nicht rein. Es darf immer nur ein Angehöriger ins Krankenhaus.«

Doña María nickte dankbar.

Um kurz nach 11 öffnete ein Mann im blauen Anzug das Fenster der Rezeption.

»Nummer?«, fragte der Mann, als Doña María an die Reihe kam.

»Nummer?«, fragte Doña María.

»Die Patientennummer.«

»Die weiß ich nicht.«

Der Mann sah sie an.

»Wie heißt der Patient?«

»José De Villa.«

Der Mann suchte auf seiner kurzen Liste und reichte ihr wortlos ein rosafarbenes Pappkärtchen mit einer handgeschriebenen Nummer und einem Datumsstempel.

Am Eingang zur Herzstation musste sie das rosafarbene Kärtchen abgeben, bekam ein graues Kärtchen mit einer gestempelten Nummer und trug sich auf einer Liste ein. Als sie die Intensivstation betrat, blieb ihr selbst fast das Herz stehen. Auf einem Bett in einer Nische lag ihr Mann, blass, verschlaucht und verkabelt. Vorsichtig näherte sie sich dem Bett. Don José schlug die Augen auf. Er sah ein bisschen blass aus, aber im Grunde wie immer.

»Hallo José. Wie geht es dir?«

»Gut, gut. Es ist nichts.«

Die beiden wechselten ein paar Worte, dann schwiegen sie. Wenig später kam ein junger Arzt vorbei und winkte Doña María zu sich.

»Ihr Mann hatte einen Herzinfarkt, aber er hat Glück gehabt. Wir haben die Arterie wieder geöffnet. Wenn sie sich wieder schließt, müssen wir operieren.« Er zeigte ihr ein paar Computerausdrucke und erklärte ihr einige Untersuchungsergebnisse, doch sie verstand ihn nicht und hörte ihm kaum zu. »Wenn wir operieren, müssen Sie acht Blutspender bringen«, hörte sie noch, und »kommen Sie morgen um 8 Uhr zur nächsten Visite, dann wissen wir mehr.«

Wieder im Wartesaal, rief Doña María von einem Münztelefon aus ihre Tochter an. Sie verabredeten sich für 9 Uhr am Eingang. Dann setzte sie sich wieder auf ihren Platz und versuchte, es sich ein bisschen bequem zu machen. Sie hatte eine lange Nacht vor sich, und die Tür zum Hof stand immer noch offen.

Gesundheit und andere Wunder

Dass Don José überhaupt aufgenommen wurde, erscheint seiner Tochter Adriana im Nachhinein wie ein Wunder. »Vielleicht liegt es daran, dass er helle Haut hat, oder dass Miguel Ángel sich nichts gefallen lässt«, mutmaßt sie und erzählt: »An einem Abend, an dem ich unten im Wartesaal gesessen habe, ist eine vielleicht fünfzigjährige Frau mit ihrer Mutter in die Notaufnahme gekommen. Die Mutter war ganz gelb im Gesicht und konnte sich kaum auf den Beinen halten. Die Tochter hat der Rezeptionistin gesagt, sie wären den ganzen Tag lang von einem Krankenhaus zum anderen gelaufen. Überall sind sie weggeschickt worden. Sie war total verzweifelt. Aber die Rezeptionistin hat ihr überhaupt nicht zugehört. Sie hat nur gesagt, ›Ohne Empfehlung kann ich Sie nicht aufnehmen‹. Dann hat sie die Nächsten drangenommen. Das ist pure Korruption.«

Das Centro Médico Nacional 20 de Noviembre in Mexiko-Stadt ist eines der Aushängeschilder des staatlichen mexikanischen Gesundheitssystems. Es ist ein Forschungskrankenhaus der Universidad Autónoma de México (UNAM), hat unter anderem eine Koronar- und eine neurochirurgische Abteilung und führt routinemäßig Herz-, Nieren- und Rückenmarktransplationen durch. Mit rund 500 Betten auf sieben Etagen ist es eines der größten Krankenhäuser der Stadt. Es wurde im Jahr 1961, auf dem Höhepunkt des Milagro Méxicano, des mexikanischen Wirtschaftswunders, eingeweiht. Damals wurde das Sozialversicherungssytem ausgebaut und neben der Sozialversicherung IMSS für Arbeiter auch die Versicherung ISSSTE für Staatsbedienstete eingerichtet. Außerdem wurden reihenweise neue Krankenhäuser gebaut. Das Gebäude war im klassischen Bauhaus-Stil gehalten und ein Symbol der Moderne, in die Mexiko damals aufzubrechen schien. Nach dem Erdbeben vom 19. September 1985 wurde es mit dicken, weißen Stahlrohren und Metallverstrebungen verstärkt, sodass es heute eher an eine Raffinerie erinnert als an ein Krankenhaus.

Der prophylaktische Stützverband spiegelt den Zustand des staatlichen Gesundheitswesens und der Sozialversicherungen wieder. Nach den Wirtschaftskrisen der Achtziger und Neunziger ist das Gesundheitssystem heute weit von den Träumen des

Wirtschaftswunders entfernt und hinkt selbst hinter dem Durchschnitt der OECD-Staaten hinterher. Das staatliche mexikanische Gesundheitswesen hat heute rund 130 000 Ärzte und 80 000 Krankenhausbetten, das heißt, es kommen rund 840 Einwohner auf einen Arzt und 1400 auf ein Krankenhausbett (in Deutschland sind es rund 300 beziehungsweise 250). Dazu kommen allerdings noch einmal rund 50 000 private Ärzte und 35 000 Krankenhausbetten in privaten Krankenhäusern für die Privilegierten, die sich diesen Service leisten können. Für gewöhnliche Arbeitnehmer ist er unerschwinglich: Zumindest preislich können es die privaten Krankenhäuser durchaus mit Privatkliniken in den Vereinigten Staaten aufnehmen.

Wer sich nicht dem staatlichen Gesundheitswesen anvertrauen will, und kein Geld für einen privaten Arzt hat, kann zu den sogenannten »Similares« gehen. Das sind Apotheken, die keine Originalmedikamente verkaufen, sondern »ähnliche Präparate« (wobei unklar ist, ob sich die Ähnlichkeit auf die Inhaltsstoffe, die Wirkung, die Form oder die Farbe der Pillen bezieht). Nebenan befindet sich meist ein Raum, in dem ein Arzt seine Sprechstunden abhält. Die Untersuchung kostet 30 Pesos oder knapp 2 Euro und der Arzt verschreibt die Medikamente des freundlichen Herstellers. Die bekannteste Kette ist »Dr. Simi« des Milliardärs Victor González Torres, der 2006 als unabhängiger Kandidat bei den Präsidentschaftswahlen antrat. Die Apotheken sind an dem Logo eines runden, freundlich dreinblickenden Herrn im weißen Kittel zu erkennen, ihr Motto lautet, »dasselbe, nur billiger«. An den Wochenenden stellen sie Lautsprecher vor die Tür und lassen Salsas und Cumbias krachen, zu denen ein überlebensgroßer »Dr. Simi« auf der Straße herumhopst.

Pro Kopf und Jahr werden in Mexiko weniger als 500 Euro für die Gesundheit ausgegeben – kaufkraftbereinigt, wohlgemerkt (das ist ein Viertel des OECD-Durchschnitts und ein Sechstel dessen, was die Deutschen ausgeben). Davon übernimmt der Staat weniger als die Hälfte, der Rest kommt aus dem privaten Geldbeutel. Und das ist wörtlich zu nehmen, denn kaum jemand versichert sich privat. Arztbesuche werden in bar und ohne Quittung bezahlt, Medikamente sowieso.

Einen weiteren, nicht in Geld zu berechnenden Teil übernimmt die Familie, das Herz des mexikanischen Sozialstaats. Frauen pflegen ihre Eltern und setzen sich im Krankenhaus rund um die Uhr neben das Krankenbett, denn die Krankenhäuser haben kein Pflegepersonal. Wer eine Krankenschwester will, kann sich auf der Straße vor dem Krankenhaus eine mieten.

Als wäre das staatliche Gesundheitswesen nicht schon marode genug, wird es auch noch nach Kräften ausgenommen. Einer, der mit den Fingern in der Kasse erwischt wurde, war der ehemalige ISSSTE-Direktor Miguel Ángel Yunes Linares. Als er im Februar 2010 von seinem Amt zurücktrat, um als Kandidat der christlichen Partei PAN für den Gouverneursposten im Bundesstaat Veracruz anzutreten, füllte er sich offenbar die Kriegsschatulle mit mehreren Millionen Pesos aus Geldern der Versicherung; belangt wurde er dafür nie. Und weil es die Kleinen den Großen nachmachen, gibt es auf den Stationen der staatlichen Krankenhäuser kaum Verbandsmaterial und Antibiotika, auf den Toiletten kein Klopapier und keine Seife und aus den Apotheken verschwinden die kostenfreien Medikamente, weil Mitarbeiter sie stehlen und verkaufen.

Der Fortschrittsglaube des mexikanischen Wirtschaftswunders ist einem tief verwurzelten Misstrauen gegen den Staat im Allgemeinen und seine Einrichtungen im Besonderen gewichen, darunter natürlich auch das staatliche Gesundheitswesen. Jeder hat irgendwo einen Cousin dritten Grades, der nach der routinemässigen Entfernung der Gallenblase eine Bauchfellentzündung bekam und innerhalb von zwei Tagen starb. Oder einen Neffen, der mit akuter Blinddarmentzündung ins Krankenhaus kam und erst nach einem Durchbruch operiert wurde, weil ihn die Ärzte für gesund erklärt hatten. Oder eine Großtante, deren Eileiterkrebs erst erkannt wurde, als ihr Unterleib schon angeschwollen war wie ein Fußball.

Die Behörden tun wenig, um das Vertrauen der Bevölkerung in das Gesundheitswesen zu stützen. Man könnte fast den Eindruck bekommen, dass sie selbst kein Vertrauen haben. In einem Fernsehspot zur Korruptionsbekämpfung setzt ein Chirurg im Operationssaal schon das Messer an, als ihm eine Krankenschwester ins Ohr raunt: »Doktor, der Blinddarm ist auf der anderen Seite.« In der nächsten Szene sieht man denselben Mediziner, wie er Jahre zuvor sein Diplom bei einem korrupten Prüfer kauft und eine Stimme fordert die Zuschauer auf: Wenn du Korruption siehst, zeig sie an.

Die Mexikaner nehmens mit Fatalismus. Sie lieben die Geschichten von grausigen Krankheiten, Ärztepfusch und Korruption, denn sie bestätigen ihre tiefsten Überzeugungen. Die staatlichen Einrichtungen sind inkompetent, das Leben spielt einem übel mit, und die Gesundheit ist ein Mysterium, das mit menschlichen Maßstäben nicht zu fassen ist. Eine Krankheit kommt von außen und fällt einen an wie ein böser Geist. Das passt zu der Vorstellung, dass andere einem Krankheiten anhexen können: Frauen bringen Rivalinnen mittels Zauber um, die böse Schwiegermutter verhext ihre Schwiegertochter, Nachbarn und Kollegen wünschen sich gegenseitig Krankheiten an den Hals. Deshalb sehen die meisten Mexikaner auch keinerlei Notwendigkeit, sich gesund zu ernähren oder gar (welch absurder Gedanke!) Sport zu treiben. Für die Gesundheit kann man nichts tun, sie ist einem gegeben oder sie wird einem genommen. »Si no te toca, aunque te pongas, y si te toca, aunque te quites«, oder sinngemäß: Wenn du nicht dran bist, dann kannst du dich noch so anstrengen, und wenn du dran bist, dann kannst du dich noch so verstecken – es bringt alles nichts.

Unter diesen Umständen bleibt den Kranken eigentlich nur eine einfache Wahl: Beten oder der Besuch bei einem Wunderheiler.

Alternative Medizin

Als die Ärzte Don Manuel sagten, er habe nur noch sechs Monate zu leben, überwältigte ihn eine Mischung aus Trauer und Wut. Er hatte einen Herzinfarkt gehabt und es gab wohl ein paar Komplikationen mit den Herzkranzgefäßen, von denen er nichts verstand. Aber nachdem er das Krankenhaus verlassen hatte, fühlte er sich nicht sterbenskrank. Er war noch keine vierzig und das konnte es doch noch nicht gewesen sein! Aber der Chefarzt hatte ihm gesagt, er bräuchte ein neues Herz und die Warteliste sei so lang, dass er wohl nicht mehr drankäme.

»Ich habe mich zuhause ins Bett gelegt und gewartet, dass die sechs Monate rumgehen«, erinnert er sich. »Einmal habe ich Besuch von der Tante meiner Frau bekommen, und die hat mir empfohlen, zu den *hermanitos*, den Brüderchen, zu gehen. Eine Bekannte hätte einen Hirntumor gehabt, und die hätten sie geheilt. Mir war alles egal, in dem Moment hätte ich alles gemacht. Also hat die Tante ihre Bekannte angerufen und die hat einen Termin für mich ausgemacht.«

Ein paar Nächte später fuhr ihn seine Frau in die Altstadt von Mexiko-Stadt. Das Haus befand sich in einer dunklen Seitenstraße irgendwo hinter der Kathedrale. Als sie es schließlich gefunden hatten, mussten sie sich die Treppe hinauftasten, denn das Treppenhaus und sämtliche Räume waren nur von ein paar Kerzen erleuchtet. Am oberen Ende der Treppe öffnete sich ein düsterer Flur, in dem sie gute zwei Stunden lang zwischen Dutzenden betender Menschen warteten. Es herrschte ein ständiges Kommen und Gehen. Als Don Manuel an die Reihe kam, wurde er in einen großen, düsteren Raum geführt. Am Eingang wurde er mit Kräuterbündeln abgerieben, mit Weihwasser bespritzt und mit Weihrauch eingeräuchert. Im Schatten der Wände standen Dutzende Menschen und beteten, und seine Frau stellte sich dazu.

Bis hierhin fällt es Don Manuel leicht, seine Geschichte zu erzählen, doch mit einem Mal stockt er. Dem Rechtsanwalt, der an einem Arbeitsgericht im Süden von Mexiko-Stadt arbeitet, ist es sichtlich unangenehm, dass ich, ein Ausländer, ihn für einen abergläubischen Spinner halten könnte. Er erzählt seine Geschichte überhaupt nur zu später Stunde und nach einigen Tequilas, und als es spannend wird, gibt er sich einsilbig.

»Ein alter Mann hat mir mit einer Machete die Brust aufgeschnitten. Ich weiß, du hältst mich für verrückt. Aber ich habe es genau gespürt. Meine Frau war dabei, die hat es mit eigenen Augen gesehen. Ich habe seine Hand in meiner Brust gespürt, ich habe gespürt, wie er mir das Herz rausgenommen hat. Es war alles voller Blut.«

Nach der Operation ging Don Manuel nach Hause und schnurstracks zurück ins Bett. Aber dort hielt er es nicht lange aus, schon nach wenigen Wochen suchte er sich eine neue Arbeit und bekam seine heutige Anstellung am Arbeitsgericht.

Knapp zwei Jahre nach der Operation spürte er eine innere Unruhe. Er musste einfach wissen, was mit seinem Herzen los war. Also klemmte er sich seine Krankenakte unter den Arm und ging zurück ins Krankenhaus, um sich untersuchen zu lassen. Der Arzt war erstaunt, dass er noch lebte und ließ ein Belastungs-EKG und eine Ultraschallaufnahme machen. Die Untersuchungen ergaben nicht den geringsten Befund, so als hätte er nie einen Infarkt gehabt.

»Sechs Monate haben die mir noch gegeben«, sagte Don Manuel zum Schluss. »Und weißt du, wie lange das her ist? Zwanzig Jahre.«

Die Geschichten von Wunderheilungen sind mindestens genauso beliebt wie die Horrorstorys aus dem staatlichen Krankenhaus. Auch hier kann fast jeder mit haarsträubenden Geschichten aufwarten. Einer, der Hunderte solcher und ähnlicher Operationen aus nächster Nähe miterlebt haben will, ist der Filmemacher und Psychotherapeut Alejandro Jodorowsky. Seine Lehrmeisterin war Bárbara Guerrero, besser bekannt unter dem Namen La Pachita, eine Schamanin aus dem Norden Mexikos.

La Pachita kam im Jahr 1900 zur Welt, wurde von ihren Eltern verstoßen, wuchs bei einem Heiler auf, kämpfte angeblich im mexikanischen Bürgerkrieg an der Seite von Pancho Villa, verkaufte danach eine Weile lang Lotterielose und entdeckte nach einigen übersinnlichen Erlebnissen ihre Berufung als Heilerin. Sie behauptete, sie werde vom Geist des letzten Aztekenherrschers Cuauhtémoc besessen: Vor ihren Operationen fiel sie in eine Art Trance und Cuauhtémoc fuhr in ihren Körper. Dann sprach die Schamanin mit einer tiefen Männerstimme und gelegentlich in Nahuatl, das La Pachita nie gelernt hatte.

In seinem Buch *La danza de la realidad* beschreibt Jodorowsky mehrere Operationen der Schamanin und schildert unter anderem, wie sie ihm einen Lebertumor entfernte:

Plötzlich hielt sie eine Schere in der Hand, drückte meine Haut zu einem Wulst zusammen und schnitt hinein. Ich hörte, wie mir die Schere ins Fleisch schnitt. Dann begann der Schrecken. Das war kein Theater. Ich spürte einen Schmerz, wie man ihn eben spürt, wenn einem jemand den

Unterleib aufschneidet. Das Blut floss in Strömen und ich dachte, ich müsste sterben. Danach stach sie mir mit dem Messer in den Leib, und ich spürte, wie sie ihn mir aufhebelte und mein Darm heraushing. Es war schrecklich, ich habe noch nie so gelitten ... Dann hielt sie meine blutende Leber hoch (vielleicht war es auch eine Kalbsleber, wer weiß) und begann, einen Auswuchs wegzuschneiden. ›Wir reißen das Übel mit der Wurzel aus‹, versicherte sie mir. Der Gestank nach Blut und der Anblick des Organs waren unerträglich, und ich hatte Schmerzen wie noch nie in meinem Leben. Ich heulte ohne jede Scham. Ein letztes Mal riss sie etwas heraus. Dann zeigte sie mir ein Stück Fleisch, das zuckte wie eine Kröte, ließ es in schwarzes Papier einwickeln, setzte die Leber wieder ein, fuhr mir mit den Händen über den Unterleib und verschloss die Wunde. Der Schmerz hörte augenblicklich auf.

Jodorowsky beschreibt diese Heilungen als »Psychomagie«. Für den Psychotherapeuten sind sie ein anschaulicher Beleg dafür, dass Mexiko ein »Traumland« ist. Damit meint er eine Landschaft des Unbewussten, das überall zutage tritt: »Wer auch nur ein bisschen sensibel ist, der sieht diese Dimension und spürt das Element des Traums, das mit der Textur der mexikanischen Realität verwoben ist.«

La Pachita ist nur eine von zahllosen Heilerinnen und Schamanen in Mexiko. Die bekannteste war vermutlich María Sabinas aus Huautla de Jiménez in den Bergen von Oaxaca, zu der angeblich sogar die Beatles pilgerten, um ihre halluzinogenen Pilze einzuwerfen. Ein anderer ist Don Juan, der zwar der Fantasie des amerikanischen Autors Carlos Castaneda entsprang, der als Figur aber auf zahlreichen namenlosen Heilern aus ganz Mexiko basiert. Daneben gibt es jedoch bis heute in jeder Stadt, in jedem Dorf und auf jedem Markt wahre Heerscharen von Kräuterweibchen, Heilerinnen und Hexen.

Der Mercado de Sonora ist einer der Orte, an denen diese Magie mit Händen zu greifen ist. In der knapp einen Hektar großen Markthalle im berüchtigten Stadtteil La Merced von Mexiko-Stadt wird ausschließlich Hexen- und Heilerbedarf verkauft. Ein Besuch ist nichts für schwache Nerven: Das Gedränge ist groß, der Gestank raubt einem den Atem, die Atmosphäre ist elektrisch aufgeladen. Am harmlosesten sind noch die Stände, an denen riesige Zuckersäcke mit Mischungen aus getrockneten Kräutern, Blüten und Rindenstücken stehen: Tees gegen Husten und Asthma, Magendrücken, Nierenleiden und Leberschäden, Diabetes und Übergewicht. An anderen Ständen stapeln sich meterhoch gebündelte Kräuter: Rosmarin, mexikanisches Basilikum und Majoran, die in Reinigungszeremonien böse Geister aus dem Körper vertreiben; das »Liebeskraut« Toloache, ein Stechapfelgewächs, das dem Bezirzten buchstäblich den Verstand raubt; und in Europa unbekannte Kräuter wie roter Epazote, schwarzer Rettich, Pirúl, die Totenblume Cempasúchitl, die Wunderwurzel Noni oder verkrüppelte Zitronen für alle möglichen anderen Zeremonien und Heilungen.

An besonders bunten Ständen werden Schachteln mit magischen Schampoos, Seifen, Kerzen, Parfüms, Pasten und Pülverchen verkauft, die Geld, Liebe, Freundschaft, Einfluss, Potenz, Arbeit, Kundschaft, Glück, Vergessen und Schutz vor Zauber verheißen, aber auch solche, die Feinde ins Unglück stürzen oder deren Beziehungen zerstören sollen. In Vitrinen und Regalen türmen sich kitschige Plastikfiguren der Jungfrau von Guadalupe, dem Jesuskind, dem Heiligen Josef, dem Heiligen Antonius, Judas, dem libanesischen Heiligen San Charbel und anderen Heiligen in allen Größen, nicht zu vergessen der »Heilige« Malverde, der Schutzpatron der Drogenhändler, und »La Santísima Muerte«, der Heilige Tod, ein Neuling im mexikanischen Pantheon. Beliebt sind auch importierte Glücksbringer wie Füllhörner mit Samen und Münzen, goldene Buddhas, Löwen, Winkekatzen und achteckige Spiegel aus China, oder die vielarmige Kali und der Elefantengott Ganesha aus Indien. Am unheimlichsten sind die Stände der Santeros aus Kuba und der Brujos aus dem Süden von Veracruz, mit ihren Schlangenhäuten, getrockneten Fledermäusen, schwarzen Weihrauchkesseln in Schädelform, Ketten aus giftigen roten Beeren zur Abwehr von bösem Zauber, in Plastiktütchen abgepackte Voodoo-Püppchen komplett mit Nadeln und schwarzen Holzfiguren mit groteskem Penis. Mindestens genauso gruselig, wenn auch aus anderen Gründen, sind die Gänge, in denen Tiere verkauft werden: Hundewelpen, Hähne, Hühner, Ziegen, Schafe, Pfaue, Fasane, Truthähne, Katzen, Hasen, Tauben, die meisten schwarz, alle in winzige Käfige gepfercht; wofür die Kunden sie kaufen, möchte man sich nicht einmal ausmalen. An vielen Ständen hängen Schilder, die verschiedene Dienstleistungen anbieten, von Heilungen über Horoskope bis zu schwarzer Magie. Hexen und Heiler stehen vor ihren Ständen und raunen den Vorübergehenden zu: *Un trabajito?* Ein Zauber?

Für die meisten Mexikaner ist es vollkommen normal, eine Heilerin oder Hexe aufzusuchen. Wenn Gesundheit von unsichtbarer Hand gegeben und genommen wird, ist es nur konsequent, zu übernatürlichen Heilmitteln zu greifen. Die meisten Menschen begreifen Krankheiten nicht als Organversagen, wie sie die Schulmedizin beschreibt, sondern als unspezifische seelisch-körperliche Zustände. Eine Freundin aus Mexiko-Stadt erzählte mir zum Beispiel, sie habe als Kind oft einen *espanto* oder *susto*, also einen Schrecken gehabt; dann sei eine Heilerin aus der Straße gekommen, habe eine Reinigungszeremonie durchgeführt, ihr heißen Tee oder Alkohol ins Gesicht und über den Körper gespuckt und sie anschließend in Tücher gepackt, dass sie sich nicht rühren konnte. Und der *compadre* von Tío Toño starb mit knapp fünfzig an einem *couraje* – dem Ärger darüber, dass seine Tochter mit einem unerwünschten Schwiegersohn durchgebrannt war. Beides sind typisch mexikanische Krankheiten, die am besten von Schamanen behandelt werden.

Aber es sind keineswegs nur die Angehörigen der bildungsfernen Schichten, die Heiler besuchen: Ob Professorin oder Straßenkehrer, Lehrer oder Landwirt, Polizeichef oder Tortillabäckerin, alle stehen sie in den Fluren der Schamanen und Santeros Schlange. Manche der akademischen Berufe sind sogar ausgesprochen stark vertreten: Anwälte und Politiker gelten traditionell als besonders gute Kundschaft. Sie interessieren sich jedoch vor allem für die schwarze Magie, um ihre Feinde auszuschalten und sich umgekehrt vor dem Zauber ihrer Widersacher zu schützen.

Meine Frau meint, in Mexiko gebe es vermutlich kaum eine Frau, die nicht mindestens einmal im Leben bei einer Hexe war, auch wenn sie das nicht zugibt. Das wichtigste Motiv für die Frauen sei die Anbahnung der Liebe, gleich gefolgt von der Beseitigung ihrer unerwünschten Konsequenzen. Die Hexe »bereitet den Weg« ins Herz des Angebeteten, und zur Not räumt sie auch mit Zauber Rivalinnen aus selbigem. Sie hilft aber auch bei der Arbeitssuche und der Beseitigung unliebsamer Kollegen oder Konkurrenten.

Wie Don Manuel wenden sich viele Mexikaner an Heiler, wenn sie keinen anderen Ausweg mehr wissen. In den Fluren der Hermanitos und ihrer Kollegen sitzen Menschen mit Herzklappenfehlern und Krebs im Endstadium und hoffen auf Heilung.

*

Nach nur fünf Tagen wurde Don José von der Intensiv- auf die Herzstation verlegt. Er kam in ein winziges Zweibettzimmer, das in der Mitte durch einen Plastikvorhang abgeteilt war. Das Zimmer hatte ein rollstuhlgerechtes Bad mit Dusche und WC. Toilettenpapier, Seife und Handtücher musste Doña María mitbringen.

In der ersten Nacht blieb Doña María bei ihm und zwängte sich in ein schiefes Metallrohrstühlchen neben dem Bett. Nervös behielt sie bis zum Morgengrauen ihren Mann im Auge, der immer wieder aus dem Schlaf schreckte und schwer atmete.

Am Morgen ging sie nach unten an den Haupteingang, um einen neuen Passierschein abzuholen und übergab ihn ihrer Tochter Adriana, die auf dem Gehsteig vor dem Drehkreuz auf sie wartete. Inzwischen waren auch Lourdes und ich eingetroffen und nahmen sie zuhause in Empfang. Doña María war von der Aufregung und der durchwachten Nacht im Krankenhaus erschöpft. Doch sie sollte noch fast eine Woche durchhalten müssen.

Jeden Morgen um 6 Uhr wurden die Patienten geweckt. Gegen halb 7 Uhr kam ein Arzt vorbei, um Don José den Blutdruck und den Puls zu messen und dann wortlos zu verschwinden. Um 7 Uhr gab es Frühstück, um 11 Uhr Mittagessen und um 16 Uhr Abendessen. Don José langweilte sich zu Tode. Am vorletzten Tag wurde er noch einmal zu einer gründlichen Untersuchung auf die Intensivstation gebracht.

Am Morgen der Entlassung kam der Arzt wie immer um halb 7 zur Visite.

»Ich will offen mit Ihnen reden. Sie haben unglaubliches

Glück gehabt, das wissen Sie. Sie hatten zwei Infarkte, aber in der kleinsten Kammer. Wenn Sie noch eine einzige Zigarette rauchen, dann war das die letzte. Sie müssen abnehmen. Aber das wird Ihnen alles die Ernährungsberaterin erklären. Wegen der Nachsorge wenden Sie sich bitte zuerst an Ihre Klinik, damit die Ihnen die Überweisung ausstellt.«

Don José schien gar nicht zuzuhören. Während der Arzt die Entlassungspapiere unterschrieb, blickte er zu Boden. Kaum war der Arzt zur Tür hinaus, zog er sich eilig an.

»Willst du nicht noch auf das Frühstück warten?«, fragte Lourdes, die die letzte Nacht am Krankenbett verbracht hatte.

»Dieser Fraß ...« Don José verzog das Gesicht. Dann schimpfte er plötzlich. »Verdammt! Kein Tequila, keine Zigaretten, keine Tacos – nichts darf ich mehr! Das Leben ist vorbei!«

Mexiko-Lexikon
Helden und Schurken

Helden ...

Ausländischen Besuchern fallen sofort die vielen Statuen auf, die überall in Mexiko herumstehen. Meist grüßt vom Sockel ein bebrillter Bürokrat, der sich vor allem durch einen tiefen Griff in den Staatssäckel und den Bau von Denkmälern für seine Vorgänger und Komplizen ausgezeichnet hat. Aber das Land hat auch ein wahres Heer von überlebensgroßen Helden hervorgebracht, die mit Keulen, Schwertern und Gewehren auf Standbildern und Wandgemälden verewigt werden und deren Namen den Mexikanern vom Kindergarten an eingebläut werden.

Traumatische Ereignisse wie Invasionen und Bürgerkriege sind besonders geeignet, Helden zu gebären, und davon hatte Mexiko einige. Die moderne Geschichte beginnt gleich mit einem Trauma, der Eroberung durch die Spanier. Daher ist der erste in unserer Galerie der letzte Aztekenherrscher Cuauhtémoc, »der Adler im Sturzflug«, der sich den Eroberern entgegenwarf und schließlich besiegt und ermordet wurde.

Besonders viele Helden hat der Unabhängigkeitskrieg von 1810 bis 1821 hervorgebracht. Der größte von allen ist Miguel Hidalgo, der »Vater des Vaterlandes«, der den Kampf gegen die Kolonialherren ausrief, kurz vor der Eroberung der Hauptstadt Muffensausen bekam, und schließlich gefangen und hingerichtet wurde. Dicht auf dem Fuße folgt José María Morelos, der »Diener der Nation«, der die Fackel der Freiheit weiter trug, die erste Verfassung niederschrieb und gefangen und hingerichtet wurde.

Während der Invasionen durch Amerikaner und Franzosen, die sich das junge Land unter den Nagel reißen wollten, wuchs zwar auch der eine oder andere über sich hinaus. Es sollte jedoch noch bis zur Revolution dauern, die 1910 begann und sich anderthalb Jahrzehnte hinzog, bis die Helden wieder massiert auftraten. *Besonders tat sich Pancho Villa hervor, der »Centaur des Nordens«, der vom Viehdieb zum Feldherrn avancierte, zweieinhalb Diktatoren verjagte, sich auf sein Altenteil zurückzog und schließlich verraten und ermordet wurde. Und natürlich Emiliano Zapata, der »Caudillo des Südens«, der die Bauern zum Guerillakrieg gegen die Großgrundbesitzer führte, eine Landreform entwarf und schließlich – Sie ahnen es – verraten und ermordet wurde.*

Zum Helden taugt in Mexiko nämlich nur, wer verraten, ermordet oder hingerichtet wird. Und er muss dringend auf Seiten der Verlierer stehen. Sieger machen sich in Mexiko nämlich ausgesprochen unbeliebt.

... und Schurken

In den dreißiger Jahren wollte der amerikanische Bildhauer Ramsey MacDonald den Mexikanern ein Geschenk machen und schickte ein Denkmal des Eroberers Hernán Cortés nach Veracruz. Als die Statue im Hafen von Veracruz ankam, lehnte die mexikanische Regierung das Geschenk empört ab: Cortés galt als unerwünschte Person. Also wurde er wieder verpackt und zurück nach Virginia verschifft, wo er in einer Gartenlaube verstaubte. Nach dem Tod des Künstlers wusste die Witwe nicht, wohin mit dem Eroberer, und schenkte ihn der Regierung von Peru. Die freute sich und stellte ihn in der Hauptstadt Lima auf – mit der Plakette »Francisco Pizarro«.

Die mexikanischen Schulbücher kennen nicht nur jede Menge Helden, sondern mindestens genauso viele Bösewichte. Einer davon ist Hernán Cortés, der 1519 von Kuba aus zum Festland segelte, zwei Jahre später an der Spitze von 350 Spaniern und mehreren Hunderttausend einheimischen Kriegern die Aztekenhauptstadt Tenochtitlan in Schutt und Asche legte und danach ganz Mexiko unterjochte. In der Kolonie galt er als Held, aber seit dem Sieg der Revolution Anfang der zwanziger Jahre ist er ein Erzschurke: Auf seinen Wandgemälden stellt Diego Rivera den Eroberer gern als grausamen Sklaventreiber oder als syphiliskranken Judas dar.

Schlechter als Cortés kam eigentlich nur seine Geliebte Malinche weg. Cortés erhielt die Malinche als Geschenk, und da sie drei Sprachen beherrschte und schnell Spanisch lernte, diente sie ihm als Dolmetscherin. Unter anderem verriet sie ihm einen Hinterhalt, den die Bewohner von Cholula gelegt hatten, woraufhin Cortés in einem tagelangen Gemetzel die männliche Bevölkerung der Stadt ermorden ließ. Ihr Name ist in Mexiko ein Schimpfwort: Ein malinchista ist jemand, der sein Land verrät. Die Malinche wurde zwar von der Frauenbewegung entdeckt und von Laura Esquivel in einem unsagbar schlechten Roman gefeiert, aber Cortés bleibt weiter persona non grata.

Sonderbar nur, dass sich die Mexikaner als Nachfahren des verhassten Paares sehen: Die Mexikaner gingen aus der Union von Spaniern und Ureinwohnern hervor, und Martín Cortés, der Sohn von Hernán und Malinche, gilt als erster Vertreter der neuen Nation. Es gibt wohl kaum ein anderes Volk, das derart allergisch auf seine mythischen Eltern reagiert.

La Bamba
Die Wiedergeburt des Fandango

Es ist schon fast dunkel, als der Regen aufhört. Zwischen einigen Lücken in den schwarzen Wolken dringen ein paar dünne Sonnenstrahlen, während in der Ferne noch der Donner grummelt und ein paar letzte Tropfen vom Himmel fallen. Die dicht bewaldeten Hügel hinter dem Kulturzentrum von Santiago Tuxtla, einem Städtchen im Süden von Veracruz, schimmern im sumpfig-braunen Licht. Über den Hof ziehen feine Dunstschleier, und es ist drückend schwül. Frösche quaken, Grashüpfer zirpen, Grillen pfeifen, und in den Bäumen auf dem Platz flattern kreischend ein paar Dutzend langschwänzige Grackeln. Lautlos kommen die Mücken aus ihren Verstecken.

In diesem Moment tauchen zwei junge Männer mit Gitarren auf dem Rücken auf dem Platz auf. Sie verschwinden im Innern des kleinen Hauses und schleppen wenig später eine Tarima, eine etwa anderthalb auf drei Meter große und zwanzig Zentimeter hohe Bühne aus Holzbohlen heraus, die sie in die Mitte des Platzes legen. Sie packen ihre Instrumente aus, klimpern ein wenig auf ihnen herum und unterhalten sich. Einer der beiden, Felipe Hernández, ein dunkelhäutiger Schlaks mit schwarzen Locken, stimmt seine kleine, hell klingende Gitarre. Der andere, Juan Manuel Campechano, ein runder, blasser Kerl mit glatten, braunen Haaren und lebhaftem Blick, trommelt auf dem Klangkörper seiner dickleibigen Bassgitarre herum.

»Señores!«, ruft Felipe mit verhaltener Stimme und singt leise:

Señores, qué son es este,
Señores, el fandanguito

Die beiden lachen, unterhalten sich und klampfen ein wenig weiter.

Inzwischen sammelt sich um die Tarima eine kleine Menschenmenge. Männer begrüßen sich mit Händeschütteln und kräftigem Schulterklopfen, Frauen mit Umarmung und Küsschen, Kinder rennen schreiend zwischen den Bäumen herum. Ein alter Mann mit Strohhut schleppt Plastikstühle aus einem Verschlag hinter dem Häuschen und verteilt sie unter die Wartenden, die sie vor der Tarima aufstellen und sich setzen.

Auch hinter der Tarima füllt es sich allmählich. Fünf oder sechs Männer stimmen ihre kleinen Gitarren, einer schrammelt mit einem Feuerzeug auf dem Unterkiefer eines Esels herum, ein anderer rasselt mit einem achteckigen Tamburin. Immer öfter schauen die Musiker in die größer werdende Menge vor der Tarima, als würden sie auf etwas warten. Irgendwann tritt ein großer, kräftiger Mann mit dunklem Bart und grimmigem Blick bis an den Rand der Tarima heran. Gilberto Gutiérrez hält die Gitarre in der Hand wie ein Maschinengewehr und zupft eine Melodie. Plötzlich schrammeln alle Gitarren los, und er singt mit lauter Stimme:

Salgan a bailar muchachas
que la música las llama
que el músico que les toca
se les va por la mañana. *

Der Son Jarocho

Wenn Mexikaner die beiden Worte »Musik« und »Veracruz« hören, denken sie spontan an »La Bamba«, ein Lied, das man sogar in Deutschland kennt. Seine Bekanntheit hat »La Bamba« Miguel Alemán zu verdanken, der Ende der vierziger Jahre Präsident von Mexiko war. Alemán machte das Lied zu seiner Erkennungsmelodie und tingelte im Wahlkampf mit einer Gruppe von Musikern in weißen Leinenanzügen und roten

---

* Kommt zum Tanz, Mädchen! Die Musik ruft! Morgen früh sind die Musiker weg!

Halstüchern durchs Land, die es bei jedem seiner Auftritte zu spielen hatte.

So wurde »La Bamba« die inoffizielle Hymne von Veracruz. Noch Jahre später wurde es von mexikanischen Radiosendern rauf und runter gespielt. So kam es, dass es der siebzehnjährige Chicano-Rocker Richie Valens Ende der fünfziger Jahre bei einem Besuch bei seiner mexikanischen Großmutter hörte. Er kam auf die Idee, das Lied im 4/4-Takt aufzunehmen und machte es zu einem internationalen Hit. Als 1987 der Film *La Bamba* in die Kinos kam, stürmte das Lied in der Version von Los Lobos auch in Deutschland die Charts.

Gilberto Gutiérrez, Gründer der Gruppe Mono Blanco aus Veracruz, ist kein Freund des »La Bamba«-Phänomens. Wir treffen uns bei einem Fandango in Santiago Tuxtla, wo er lebt und seine Musikschule hat. Die Zeit der vierziger bis achtziger Jahre sind für ihn ein schlimmer Moment in der Geschichte der traditionellen Musik der Hafenstadt. »Im Kino und im Fernsehen wurde ein Klischee von Veracruz verbreitet, und danach hatten sich die Musiker gefälligst zu richten. Sie hatten weiße Leinenanzüge zu tragen und sich ein weißes Hütchen aufzusetzen, sonst waren sie nicht echt. Sie haben alles weiß angestrichen, sogar ihre Zähne«, meint Gilberto. Damals gerieten die meisten Lieder aus der Region in Vergessenheit, das Repertoire reduzierte sich auf »La Bamba« und ein halbes Dutzend anderer Sones, die bis heute am Malecón von Veracruz und den Ausflugsrestaurants von Boca del Río gespielt werden. »Durch die Folklorisierung hat der Son Jarocho sein ganzes poetisch-musikalisches Konzept verloren.«

Der Son Jarocho, die Musik der Region rund um den Hafen von Veracruz, geht noch auf das 17. und 18. Jahrhundert zurück. Die Bezeichnung »Jarocho« (gesprochen Charotscho) stammt aus dem Ladino, dem Dialekt der andalusischen Juden, und bezeichnete ursprünglich ein Wildschwein. In der Kastengesellschaft der Neuen Welt wurde das Wort für die Abkömmlinge eines afrikanischen Sklaven und einer Ureinwohnerin verwendet. Später verlor es seinen rassistischen Klang und heute bezeichnen sich die Bewohner der Region selbst als »Jarochos«.

Die Musik der Jarochos ist genauso multikulturell wie sie selbst und eine Mischung aus afrikanischen, europäischen, karibischen und mexikanischen Elementen. Der Son Jarocho ist ein typisches Produkt der Mestizaje, des kulturellen und ethnischen Mischmaschs der Kolonie: Die Spanier brachten die Instrumente mit, die Afrikaner steuerten ihre komplizierten Rhythmen bei und in den Texten klingt die Naturlyrik der Ureinwohner durch. Und wer ganz genau hinhört, entdeckt sogar arabische und jüdische Klänge aus Al-Andalus.

Im Hin und Her zwischen den alten und neuen Welten entstand ein Repertoire von Hunderten von Liedern, die aber nie aufgezeichnet, sondern von einer Generation zur nächsten weitergegeben wurden. Die Lieder handeln von Liebe und Krieg, von der Fiesta und der Natur, wobei letztere reichlich doppelbödig sein können. Überhaupt sind die Texte für ihre Wortspiele und Anzüglichkeiten bekannt, und wenn die Musiker im Wechselgesang ihre Verse improvisieren, überbieten sie sich gegenseitig in Anspielungen. Das alles ging in der Kommerzialisierung des Son Jarocho verloren, meint Gilberto. »Die Musik ist zum Klischee geworden, die Plattenindustrie wollte kurze Lieder, die improvisierten Texte und Melodien wurden standardisiert.«

Der weiße Affe

Gilberto Gutiérrez Silva ist heute einer der bekanntesten Musiker des Son Jarocho und gilt als einer seiner Wiederentdecker. Er kam Ende der fünfziger Jahre in einem Dorf namens Tres Zapotes rund drei Stunden südlich der Hafenstadt Veracruz zur Welt. Tres Zapotes liegt zwischen den urwaldbewachsenen Vulkanen der Tuxtlas und den Zuckerrohrfeldern der Küstenebene, in einer Region der Tümpel, Sümpfe und Mangroven. Die Olmeken, das älteste Kulturvolk Mexikos, gründeten hier vor mehr als dreitausend Jahren eine Siedlung, und in einem ihrer rituellen Hügel wurde der monumentale Steinkopf gefunden, der heute auf dem Platz von Santiago Tuxtla zu bewundern ist. Hier treiben die Chaneques ihr Unwesen, die unheimlichen Geisterwesen der olmekischen Vorfahren, die ahnungslose Wanderer in den Sumpf locken. In dieser abgelegenen Urwaldregion ist bis heute die Magie der Hexen und Heiler lebendig, in der sich Traditionen der Ureinwohner und der afrikanischen Sklaven vermischen. Hier lernte Gilberto als Kind den Son kennen.

»Meine Großmutter war eine Heilerin und hatte einen kleinen Laden. Sie hat die Jarana gespielt, deswegen waren die Lieder immer in meiner Familie präsent. Mein Vater war ein Lebemann. Er hat gern einen getrunken, und dann hat er die Gitarre rausgeholt. Er hat vor allem Rancheros und Boleros gespielt, aber auch ein bisschen Son. Bis ich sieben Jahre alt war, habe ich in Tres Zapotes gelebt, danach sind wir nach Tlacotalpan gezogen.«

Tlacotalpan liegt eine gute Stunde nördlich von Tres Zapotes und zehn Kilometer von der Golfküste entfernt auf einer Halbinsel im Rio Papaloapan. Bis ins 19. Jahrhundert war der Ort eine wichtige Hafenstadt, von der aus Zucker, Tabak und Kaffee in alle Welt exportiert wurden. Mitte des 20. Jahrhunderts lebte Tlacotalpan hauptsächlich von der Erinnerung an seine Blütezeit, sprich von den wenigen Touristen, die sich in diese entlegene Region verirrten. Neben der gut erhaltenen Kolonialarchitektur, für die Tlacotalpan im Jahr 1998 ins Weltkulturerbe der UNESCO aufgenommen wurde, hatte der Ort zwei Attraktionen: Agustín Lara, den bekanntesten Komponisten seiner Zeit und Schöpfer der Boleros, die Gilbertos Vater spielte, und eben den Son Jarocho.

»In Tlacotalpan gab es eine Menge Musik, aber das war vor allem Folklore. Die Musiker haben sich ihre weißen Anzüge angezogen und für ein paar Centavos in den Ausflugsrestaurants ›La Bamba‹ gespielt. Ich war damals oft bei meinen Großeltern in Tres Zapotes, und da wurde noch richtiger Son gespielt.« Diese Musik sollte ihn nicht mehr loslassen.

»Als ich sechzehn war, haben sich meine Eltern scheiden lassen und ich bin allein nach Mexiko-Stadt gezogen«, erzählt Gilberto weiter. »Ich habe mich mit ein paar Arbeitskollegen angefreundet und wir sind zusammen losgezogen. Damals habe ich zusammen mit meinem Bruder José Ángel angefangen, Son zu spielen. Ich habe ein bisschen Jarana gespielt und ein paar Sones gekannt. Wir hatten immer wieder Auftritte, und irgendwann haben wir beschlossen, professionell Musik zu machen.«

Im Jahr 1977 gründeten die beiden Brüder die Gruppe Mono Blanco. Den Namen – zu deutsch »weißer Affe« – liehen sie sich von einem Hügel in der Nähe des Hexendorfs Catemaco in den Tuxtlas, beziehungsweise von einem Dämonen, der in einer Höhle unter diesem Hügel lebt. Der weiße Affe streift nachts durch die Wälder, spielt Gitarre und singt. Er feiert gern, und es soll vorkommen, dass er sich kurz vor Sonnenaufgang unter die Musiker um die Tarima mischt.

Kurz nach der Gründung der Gruppe hatte Gilberto bei einem Besuch in Tres Zapotes eine entscheidende Begegnung. Er lernte den fünfundachtzigjährigen Arcadio Hidalgo kennen, einen Jaranero vom alten Schlag. Gilberto war elektrisiert und lud Don Arcadio ein, zusammen mit Mono Blanco aufzutreten. Von ihm hörten er und sein Bruder sich längst vergessene Sones ab.

»Von Don Arcadio haben wir gelernt, wie man den Son Jarocho wirklich spielt«, erinnert sich Gilberto. »Wir hatten eine ganz einmalige Dynamik. Don Arcadio ist mit nach Mexiko-Stadt gekommen und mit uns aufgetreten. Wir haben sechs Jahre lang zusammen gespielt und eine Menge von ihm gelernt. Er ist nochmal richtig aufgeblüht, die neue Aktivität hat ihn total stimuliert. Mit über 90 hat er dann aufgehört und wir haben allein weitergespielt.«

Die Gruppe spielte in Kneipen, Kulturzentren und auf Festivals in Mexiko, Veracruz und anderen Großstädten und nahm Platten auf. Mit dem wachsenden Interesse an der Weltmusik wurde die Gruppe auch immer öfter zu Musikfestivals in den Vereinigten Staaten und Kanada eingeladen. Und als mit dem Film *Buena Vista Social Club* von Wim Wenders und Ry Cooder aus dem Jahr 1999 das Interesse an kubanischer Musik schier explodierte, gerieten auch die Musiker auf der anderen Seite des Golfs von Mexiko in den Sog, und Mono Blanco wurde nach Asien, Europa und Nordamerika eingeladen.

»Mono Blanco ist heute eher ein Projekt als eine Gruppe«, erklärt Gilberto. »Wir treten zusammen auf der Bühne auf, wir veranstalten Fandangos und geben Musikunterricht. Wir haben Schüler, die an unseren Workshops teilnehmen. Wenn jemand besonders begabt ist und Interesse mitbringt, dann helfen wir ihm auch, ein professioneller Musiker zu werden. Nicht nur im Son Jarocho, sondern generell in der Musik. Die beiden

Jungs« – er zeigt auf Felipe Hernández und Juan Manuel Campechano, die hinter der Tarima schrammeln – »studieren Musik an der Universität. Um die kümmern wir uns natürlich besonders. Wir sorgen dafür, dass sie die Mittel haben, um Musik zu studieren, und dass sie von der Musik leben können.«

Lieder aus Holz

Einer, der bei Gilberto lernte und ihm seine Karriere als professioneller Musiker verdankt, ist sein Halbbruder Ramón Gutiérrez Hernández. »Ich hatte das Glück, dass meine zwei älteren Brüder ihre eigene Gruppe hatten. Deswegen konnte ich schon sehr früh professionell auftreten«, erzählt er. »Ich habe sieben oder acht Jahre lang bei Mono Blanco gespielt. Irgendwann habe ich beschlossen, meine eigene Gruppe zu gründen.« Das war Son de Madera, heute nach Mono Blanco eine der bekanntesten Formationen aus Veracruz.

Ramón steht seinem zehn Jahre älteren Bruder an Statur nichts nach, aber er hat ein weicheres Gesicht und ein warmes Lächeln. Auch musikalisch könnten die Unterschiede zwischen beiden kaum größer sein. Gilberto spielt die Jarana und hält sie in der Hand, als wolle er damit eine Bank überfallen. Ramón spielt dagegen meist die Son-Gitarre, den Requinto, und zupft ihn mit einer Virtuosität und Zärtlichkeit, die man ihm bei seinen großen Händen kaum zutrauen würde.

Ramón spielt nicht nur beide Instrumente, sondern er baut sie auch selbst. Vor seiner Werkstatt steht ein Sägetisch mit einer fest montierten Stichsäge und an der Wand lehnen einige gut zehn Zentimeter dicke, rötliche Bretter. Auf einem Haufen von Spänen liegen einige Holzstücke mit der charakteristisch geschwungenen Form der Gitarre.

»Das besondere an der Son-Gitarre und der Jarana ist, dass sie aus einem Stück hergestellt werden«, erklärt Ramón. Zuerst sägt er mit der Stichsäge den Klangkörper und Hals grob aus einem massiven Stück Zedernholz aus. Dann höhlt er mit einem Stemmeisen den Klangkörper aus, feilt die äußeren Kanten rund und schnitzt den Hals, den Kopf und die Wirbel. Zum

Schluss schneidet er das Griffbrett und einen dünnen Deckel und leimt sie auf.

Auf den ersten Blick unterscheiden sich die Jarana und die Son-Gitarre, die beiden typischen Instrumente des Son Jarocho, kaum voneinander. Beides sind kleine Gitarren. Sie können zwischen vierzig und siebzig Zentimeter lang sein und haben je nach Größe ihre eigenen Namen: Die kleinste Jarana heißt Chaquiste und die größte Tercera; die kleinste und am häufigsten verwendete Son-Gitarre heißt Requinto und die größte ist eine dickbauchige Bassgitarre namens Leona.* Die Jarana hat immer fünf Saiten, von denen die mittleren drei doppelt genommen werden (das heißt, sie hat eigentlich acht Saiten). Der Requinto hat ursprünglich nur vier Saiten, Ramón baut und spielt ihn allerdings auch mit fünf. Der größere Unterschied zwischen beiden liegt im Gebrauch: Die Jarana ist ein Rhythmus- und Harmonie-Instrument, auf ihr werden Akkorde geschlagen. Auf dem Requinto werden dagegen Melodien gezupft. Die Instrumente haben rund 12 verschiedene Stimmungen, die noch aus dem Barock und der arabischen Musik stammen. Sie kamen im 16. und 17. Jahrhundert mit den spanischen Musikern und Mönchen nach Mexiko – zusammen mit der Harfe, die im Son Jarocho um den Hafen von Veracruz Verwendung findet, und der Geige, die bis heute unter anderem von den Mariachis gespielt wird.

Ramóns Gitarren sind fein gearbeitete Kunstwerke und Sammlerstücke, die er auch mit Einlegearbeiten verziert, wenn seine Auftraggeber dies wünschen. Während unseres Gesprächs erhält er einen Anruf.

»Ja, Ivan, ich bin morgen da. Um zwei? Ja, kein Problem.« Er klappt sein Handy zu.

»Ein Americano«, sagt er zu mir. »Er kommt morgen aus Mexiko und holt den Requinto hier ab.«

Ramón zeigt auf ein Instrument, das auf einer winzigen

---

* In deutschen Texten kann man immer wieder lesen, in Mexiko werde die Ukulele gespielt. Das könnte daran liegen, dass in Deutschland spätestens seit Elvis Presleys *Blue Hawaii* grundsätzlich alle kleinen Gitarren Ukulelen genannt werden. Es ist aber auch kompliziert …

Bühne in seiner Werkstatt steht. Es ist eine etwa sechzig Zentimeter lange Son-Gitarre mit fünf Saiten und einer Aussparung im Körper, die es dem Musiker erleichtern soll, die höchsten Töne ganz unten am Hals zu greifen, ohne sich dabei die Finger zu verrenken. Daneben steht eine Laute mit einem barock verzierten »Labyrinth«, wie das Schallloch auch genannt wird.

Als ich Ramón treffe, kommt er gerade aus Mexiko-Stadt zurück. Er hatte dort ein Konzert zum zwanzigjährigen Bestehen von Son de Madera gegeben und die neue CD *Son de mi Tierra* präsentiert, die er mit seiner Gruppe in New York für die Reihe »Folkways« des Smithsonian-Institute eingespielt hatte.

»Das war vielleicht das Beste, was uns bisher passiert ist«, sagt er. »Das Smithsonian ist ein weltweit anerkanntes Institut mit einem riesigen Archiv für Weltmusik. Ich war erstaunt, dass sie mich angesprochen haben, denn wir spielen ja nicht nur traditionell. Ich habe mich natürlich gefreut. In der Sammlung gibt es nur noch zwei andere CDs aus Mexiko.«

Aber Ramón will nicht *der* Repräsentant für *den* authentischen Son Jarocho sein. Im Gegenteil, er experimentiert mit Instrumenten und Klängen und will eine neue und lebendige Tradition schaffen. Die Inspiration holt er sich auf den internationalen Festivals, wo er mit Lautisten aus Marokko genauso gejammt hat wie mit Punkrockern.

Etwas indiskret frage ich ihn, ob er denn von seiner Musik leben kann. »Wir haben zehn Jahre lang hier in Xalapa gespielt, in verschiedenen Kulturcafés. Das war eine gute Zeit, wir haben uns entwickelt, wir haben von der Musik gelebt. Auf einem Konzert haben wir einen Veranstalter aus San Francisco kennengelernt, und da hat etwas Neues angefangen. Wir sind ins Ausland und haben auf Festivals gespielt. In den letzten zwei Jahren ist es weniger geworden wegen der Krise. Aber davor sind wir viel gereist.«

Ich deute die ausweichende Antwort als ein Ja. Auch wenn sein verhauchner, fünfzehn Jahre alter Golf vor der Tür nicht unbedingt auf Star-Gagen schließen lässt. Die Einkünfte aus den CD-Verkäufen sind jedenfalls minimal, genau wie bei den meisten anderen Musikern des Landes. Was nicht daran liegt, dass niemand CDs kaufen würde. Mit einem anerkennenden Ton erzählt Ramón: »Als wir nach dem Konzert aus dem Thea-

ter gekommen sind, haben sie auf der Straße schon die Raubko-
pien von *Son de mi Tierra* verkauft. Da war die CD in Mexiko
gerade mal eine Woche auf dem Markt.«

Ob er auch noch auf Fandangos auftritt, frage ich ihn zum
Schluss. Ramón antwortet ohne zu zögern. »Deswegen machen
wir doch Musik! Ich veranstalte regelmäßig Fandangos hier im
Hof. Und wenn wir engagiert werden, spielen wir auch auf
Hochzeiten und Kirchweihfeiern. Das ist das Beste überhaupt.«

Fandango!

Kaum haben Musiker die ersten Akkorde gespielt, stehen zwei
Frauen von ihren Stühlen auf und steigen auf die Tarima. Die
beiden dürften so um die fünfzig Jahre alt sein. Sie haben langes
offenes Haar, das ihnen weit über den Rücken reicht und tragen
lange Röcke, weiße Blusen und über die Schultern ein farbiges
Tuch. Sie stellen sich einander gegenüber auf und beginnen zu
tanzen. Der Tanz ist ein komplexer Rhythmus, den die Frauen
mit den Füßen stampfen:

ta-taka-ták, ta-taka-ták, ta-taka-táka-taka-taka-ták
ta-taka-ták, ta-taka-ták, ta-taka-táka-taka-taka-ták

Der Oberkörper bleibt vollkommen unbewegt, während sie
mit ihren kräftigen Riemenschuhen mit drei Zentimeter hohem
Absatz auf die Tarima eintreten. Ohne einander anzusehen,
schwingen sie die Hüften, drehen sich auf der schmalen Tarima
aneinander vorbei und stehen einander wieder gegenüber.

Es dauert nicht lange, und eine junge Frau in engen Jeans und
mit riesigen Ohrringen steht auf und tippt einer der beiden Tänzerinnen auf die Schulter. Die steigt von der Tarima und die
Neue stampft fast nahtlos an ihrer Stelle weiter. Wenig später
steht eine Frau mit Minirock, Storchenbeinen und krausen Locken auf und löst die andere ältere Frau ab. Das Spiel wiederholt
sich noch ein paar Mal, und als nach einer Viertelstunde das
erste Lied zu Ende geht, hat fast ein Dutzend Frauen getanzt.

Einer der Musiker tritt vor und gibt mit einer Einleitung auf seinem Requinto das nächste Lied vor. Währenddessen stimmen die Jaraneros ihre Instrumente in der neuen Tonart und fallen irgendwann ein.

Cuando escucho la morena
me dan ganas de llorar
me recuerda de la sirena
que la canta por el mar *

Diesmal drängen sich vier Frauen auf dem schmalen Brett. Auch hinter der Tarima wird es allmählich eng, denn inzwischen haben sich dort mehr als ein Dutzend Jaraneros versammelt. Nicht alle spielen, einige sitzen ein wenig abseits auf dem Boden und unterhalten sich. Gerade sind zwei runzlige alte Männer mit weißen Guayaveras und spitzen Strohhüten dazugekommen, die von den Musikern freudig mit reichlich Schulterklopfen begrüßt werden. Sie legen ihre Jaranas um und schrammeln los. Einer tritt gleich nach vorn und bittet, den nächsten Vers singen zu dürfen:

Aaaaaaaaaaaaaaaai!
Permiso para cantar!
Divino cielo te ruego!
Permiso para cantar! **

Plötzlich will jeder eine Strophe beisteuern. Der Gesang geht hin und her, die Musiker schreien immer neue Reime über die Schönheit ihrer Frauen in die Nacht hinaus.

»Wollen die Männer nicht auch mal tanzen?«, fragt einer der alten Männer nach dem letzten Akkord. Aus der Menge ist ein verhaltenes Murren zu hören. Während er mit einem komplizierten Vorspiel beginnt, springt einer der Musiker, die Jarana

---

* »Höre ich *La Morena*, dann kommen mir die Tränen, und ich denke an die Sirene, die sie auf dem Meer singt.« Wobei mit »la Morena« sowohl eine dunkelhäutige Frau als auch das Lied selbst gemeint ist.

** Eine dringende Bitte ums gesungene Wort, bei der sogar der Himmel angefleht wird.

in der einen, eine Frau an der anderen, auf die Tarima. Sofort steigen drei weitere Frauen auf die Tarima und nehmen ihn in die Mitte. Der Rhythmus ist schnell, und die fünf treten auf die Tarima ein, als legten sie es darauf an, sie zu Kleinholz zu verarbeiten. Dabei dreht sich der Mann in der Mitte mal um die eine, mal um die andere der Frauen.

Colás, Colás
Colás y Nicolás
lo mucho que te quiero
*y el mal pago que me das.**

Ein tropischer Rave

Man muss den Son Jarocho nicht schön finden. Er ist kein eingängiger Ohrenschmeichler wie die kubanischen Danzones und Boleros, sondern hat immer etwas Ungeschliffenes, fast Brutales. Der Gesang ist nicht weich wie der eines Ibrahim Ferrer, sondern wird in die Nacht hinausgeschrien. Ich habe zuhause zwar auch die eine oder andere CD von Chuchumbé, Los Urrea, Los Vega und anderen Gruppen herumstehen, aber mir persönlich geht die Musik spätestens nach einer halben Stunde furchtbar auf die Nerven. Mit einigen wenigen Ausnahmen ist der Son Jarocho keine virtuose Musik. Doch der Son aus Veracruz ist nichts, was man im Sitzen anhören sollte: Er ist die Musik der Fiesta, des *fandango de tarima*, einem tropischen Rave.

Zum Fandango gehört es, dass plötzlich jemand auf die Tarima springt und eine Décima, einen zotigen Zehnzeiler zum Besten gibt. Zum Fandango gehört die Improvisation, und zwar nicht nur im Spiel des Requinto, sondern auch im Gesang. »Nach der Einleitung wissen wir nicht, was passiert. Es hängt alles von den Musikern ab«, erklärt Ramón Gutiérrez. Dabei

* »Colás, Colás, Colás und Nicolás, so sehr ich dich auch liebe, so schlecht lohnst du mir das.«

143

ist die Improvisation nicht nur ein freundlicher Wechselgesang. Sie ist immer auch eine Zurschaustellung des Machismo und eine Provokation der Musiker, die sich gegenseitig übertrumpfen wollen.

Außerdem dient die Improvisation der Werbung der Frauen auf und neben der Tarima. Denn die Musik ist nur die eine Hälfte des Fandango, die andere ist der Tanz und die Fiesta. »Auf dem Land beginnt der Fandango nach Sonnenuntergang, wenn die Hitze erträglicher wird«, schreibt der Musikhistoriker Antonio García de León. »Wenn die Leute die ersten Klänge der Gitarren und die ersten Rufe der Sänger hören, versammeln sie sich um die Tarima. Der Fandango beginnt, wenn eine oder mehrere Frauen auf die Tarima steigen und mit dem Zapateo anfangen. Schüchtern wiegen sie ihre Körper und bewegen sich über die Tarima, wobei sie gelegentlich verstohlene Blicke in Richtung der Musiker oder der Umstehenden werfen.«

Dabei ist der Tanz eine sonderbar rituelle und förmliche Angelegenheit. Jedes Lied hat seine feste Schrittfolge, die die Tänzerinnen auswendig kennen, und über der sie improvisieren. Mit dem leidenschaftlichen Ausdruck des Flamenco hat der Tanz nichts zu tun. Wenn die meisten Tänze nur von Frauen getanzt werden, dann liegt das übrigens daran, dass die Frauen aus Veracruz oft allein waren, weil ihre Männer als Händler im Land oder als Seeleute auf dem Meer unterwegs waren.

Die Tarima wird zu allen möglichen Anlässen aufgebaut, ob an religiösen Festtagen wie dem Tag des jeweiligen Dorfpatrons oder Mariä Verkündigung (zum Beispiel bei der legendären Fiesta de la Candelaria am 2. Februar in Tlacotalpan, die sich seit einigen Jahren zu einem Jaranero-Festival gemausert hat), bei zivilen Festen wie dem Karneval oder bei privaten Feiern wie Hochzeiten oder Geburtstagen. Für einen Fandango ist aber auch gar kein Anlass nötig – es reicht, wenn man sich amüsieren und tanzen will.

Die Renaissance des Son Jarocho ist daher auch eine Wiederbelebung des Fandango und der Dorfgemeinschaft. Deswegen wird im Kulturzentrum von Santiago Tuxtla nicht nur Musikunterricht gegeben, sondern Gilbertos Frau Gisela Farías, die bei Mono Blanco Jarana spielt, gibt auch Tanzkurse für Mädchen und Jungen. »Es geht uns nicht nur darum, eine historische Tradition wiederzubeleben«, erklärt Gilberto. »Es geht uns darum, lebendige Musik zu machen und das Gefühl der Identität zu stärken.«

Beruf: Mariachi

Für die meisten mexikanischen Musiker ist die Musik keine Frage der Identitätsfindung, sondern des Broterwerbs. Deshalb haben sie anders als die Brüder Gutiérrez auch keine Berührungsängste mit der Folklore. In den Straßencafés an der Plaza de Armas, dem zentralen Platz der Hafenstadt Veracruz, schleppen Jarochos in weißen Leinenanzügen, weißen Hütchen und roten Halstüchern ihre Harfen von einem Tisch zum nächsten und spielen für 50 Pesos ein Lied, und für 100 Pesos drei. Am liebsten hören die Besucher »La Bamba« und andere Klassiker, die sie aus Rundfunk und Fernsehen kennen. Für einen Aufpreis von 50 Pesos stellt sich eine junge Frau mit weißem Rüschenkleid und langen, goldenen Ohrgehängen auf ein Brettchen und stampft einen Tanz dazu, und wenn sich jemand »La Bruja« wünscht, nimmt sie ein volles Glas vom Tisch und balanciert es auf dem Kopf. Zum Abschied lassen die Musiker eine Visitenkarte am Tisch, für den Fall, dass ihre Zuhörer für eine Familienfeier noch ein paar Musiker engagieren wollen.

Am Samstagabend herrscht auf der Plaza de Armas Volksfeststimmung. Überall dröhnt Musik. Auf der einen Seite des Platzes spielt das Orchester der Universität Boleros und Dutzende Paare tanzen auf engstem Raum Danzón oder Rumba. Auf der anderen Seite unter den Arkaden spielen auf einer Strecke von hundert Metern drei oder vier verschiedene Gruppen, und mindestens genauso viele schieben sich durch die Tische auf der Suche nach Kundschaft. Nicht alle sind Jarochos: Mindestens genauso häufig hört man auf dem Platz den schnarrenden Gesang und das scheppernde Getrommel der beliebten Norteños, der Trios mit Akkordeon, Snare-Drum und Kontrabass mit den bunten Seidenhemden und Cowboyhüten aus Nordmexiko. Aber am auffälligsten sind die Mariachis in ihren schwarzen oder weinroten, mit silbernen Ketten und Knöpfen beschlagenen Anzügen und ihren schweren, breitkrempigen Sombreros – dem *traje de charro*, dem Anzug des mexikanischen *caballero*. Für viele Mexikaner sind die Mariachis bis heute ein Nationalheiligtum und dürfen auf keiner Plaza fehlen – natürlich auch nicht in der Hochburg der Jarochos.

Einer der Mariachis auf dem Platz von Veracruz ist Melquiades. Tagsüber arbeitet er als Gärtner in einem Strandhotel, abends und an den Wochenenden holt er die Geige heraus, stellt sich mit einigen Kollegen an eine Straßenecke oder auf den Platz und wartet auf Kundschaft. Einen Namen hat seine Gruppe nicht, und die Besetzung wechselt ständig. Sie spielen die Klassiker aus dem Repertoire der Mariachis – Boleros wie »Solamente una vez«, Rancheros wie »México lindo«, Jarabes wie »Jarabe tapatío«, Sones aus allen Regionen des Landes, aber auch Lieder aus dem Kino der vierziger und fünfziger Jahre und Hits von Luis Miguel. Und wenn jemand darauf besteht, spielen sie sogar »La Bamba«.

»Als Mariachis müssen wir alles spielen können«, erklärt Melquiades. »Wenn jemand ein Lied verlangt und wir es nicht kennen, dann kann es Ärger geben. Und natürlich gibt es immer irgendeinen Besoffenen, der was Ausgefallenes will, nur um seinen Kumpels zu zeigen, was er alles kennt.« Auf die Frage, wie viele Lieder er im Repertoire hat, zögert er. »Vielleicht zweihundert?«, schätzt er schließlich.

In letzter Zeit kommt Melquiades nur noch selten auf den Platz. Weil es in der Hafenstadt in den vergangenen Monaten häufig Schießereien zwischen Drogenbanden und Polizei gegeben hat, bleiben die Besucher aus, und wegen der Wirtschaftskrise sitzt den wenigen, die noch kommen, das Geld nicht mehr so locker in der Tasche. Dazu kommt ein besonderes Problem der Mariachis: »Wir sind manchmal zu fünft oder zu sechst« – an diesem Abend sind es nur zwei Gitarren, eine dickbauchige Bassgitarre, eine Geige und ein Sänger, einen Trompeter haben sie nicht auftreiben können – »und bekommen für ein Lied dasselbe wie die da.« Er zeigt verächtlich auf die drei Norteños, die zwei Tische weiter lärmen.

Deswegen spielt Melquiades lieber auf Hochzeiten, Beerdigungen und anderen Feiern, auf denen er mehr Geld verdient. »Viele Männer bringen ihren Frauen eine Serenata, da kommen

wir um Mitternacht oder morgens um 5. Viele Leute wollen auf
ihren Fiestas Mariachis hören.« Ob er auch auf den Feiern von
Drogenhändlern spielt, frage ich ihn. Er grinst nur.

Ich wünsche mir die Klassiker »Paloma negra«, »Cielito
lindo« und »El rei«, weil bei diesen Liedern alle am Tisch einigermaßen mitsingen können. Melquiades fiedelt zum Davon-
laufen, aber es hört sowieso niemand, und nach ein paar Tequilas ist es auch egal. Zum Schluss gibt er mir seine Visitenkarte,
dann ziehen die fünf weiter. Später sehe ich, wie er abseits steht
und telefoniert. Als er das Handy einsteckt, strahlt er und winkt
seinen vier Kollegen zu. Dann schieben sie sich zwischen den
Tischen hindurch in Richtung einer Seitengasse. Ich nehme an,
sie sind zu einer Serenade oder einer Fiesta bestellt worden.

Koda

Die Luft ist klamm und kühl. Im gelben Licht der wenigen Stra-
ßenlaternen um den Platz von Santiago Tuxtla hängen die ersten Dunstschleier des Morgens. Ein kleines Grüppchen von
Musikern steht hinter der Tarima und schrammelt unermüdlich
auf ihren Jaranas, andere sitzen und liegen daneben. Auf der
Tarima wechseln sich die Frauen und Männer ab, die Blusen
und Hemden kleben ihnen am Rücken.

tata-ták, tata-ták, tata-táta-tata-ták
tata-ták, tata-ták, tata-táta-tata-ták

Der Blick verengt sich, die Augen sehen nichts mehr, die Bewe-
gungen erfolgen wie im Halbschlaf, im Traum, es gibt nichts
mehr außer Musik, Rhythmus, schwirrende Saiten, stampfende
Füße. Niemand sieht die kleine, gebückte Gestalt, die sich mit
der Gitarre in der Hand zwischen die Musiker schleicht und
niemand hört, wie sie singt:

Permiso para cantar!

La Fiesta
Ein Leben für die Feier

Von einer lauten Explosion geweckt, schoss ich aus dem Bett und lief ans Fenster. Draußen war kein Mensch zu sehen. Die Nachbarhäuser lagen im Dunkeln, dahinter zeichnete sich die Silhouette der kleinen Kirche von Santa María im Mondlicht ab. Ich hörte ein Zischen, gefolgt von einem neuerlichen Krachen, irgendwo hoch über uns. Lourdes setzte sich im Bett auf.

»Wie spät ist es?«, fragte ich.

Sie schaltete ihr Handy ein.

»Halb fünf. Komm, leg dich wieder schlafen.«

Doch daran war nicht zu denken. Kaum lag ich wieder im Bett, folgte ein regelrechtes Trommelfeuer. Dann schepperten die Kirchenglocken los.

Es war unser erster Tag in Malinalco. Wir waren am Tag zuvor aus Mexiko-Stadt in das zwei Stunden südwestlich gelegene Dorf gezogen und hätten nach dem anstrengenden Umzug gern ausgeschlafen. Das hatte sich erledigt. Kaum hatten die Glocken aufgehört zu läuten, fing ein Getrommel, Getröte und Getute an, begleitet von Böllerschlägen im Minutentakt. Nach einer guten halben Stunde war es plötzlich still, und ich schlief wieder ein.

Wenig später wurde ich erneut von einem lauten Knall geweckt. Ich setzte mich auf.

»Ich glaube, wir kommen nicht mehr zum Schlafen.«

Lourdes seufzte.

»Warum schauen wir nicht mal, was da los ist?«

In den Gassen war kein Mensch zu sehen. Neben der Kirche stand einsam ein dicker Mann mit Schnauzbart, der aus einem Metallständer eine Rakete nach der anderen in den grauen Morgenhimmel feuerte. Gemächlich holte er sie aus einem großen Sack, stellte sie in seine handgeschweißte Böllerorgel und zündete sie mit seiner Zigarette an. Zisch – Bumm. Zisch – Bumm. Zisch – Bumm. Eine nach der anderen explodierte hoch über dem Kirchhof und hinterließ ein kleines, weißes Wölkchen. In einer Ecke des Kirchhofs lungerte ein halbes Dutzend Musiker mit Cowboyhüten und roten Nylonhemden herum.

»Das ist alles?«

Als Entschädigung für die nächtliche Ruhestörung hatte ich zumindest ein bisschen Folklore erwartet. Enttäuscht gingen wir hinaus auf die Straße. Draußen, neben dem schmiedeeisernen Tor zum Kirchhof, baute eine kleine, alte Frau mit geflochtenen, auf dem Rücken zusammengebundenen Zöpfen einen riesigen Aluminiumtopf auf.

»*Tamales?*«, fragte sie uns.

Wir kauften zwei süße und zwei scharfe der in Maisblätter gehüllten Maiskuchen, und dazu zwei Becher *atole*.

»Was ist denn hier los?«, fragte ich sie.

»Morgen ist Mariä Himmelfahrt«, antwortete sie.

»Irgendwas wird immer gefeiert«

In dem fruchtbaren Tal von Malinalco, das wie ein schiefes Brett zwischen roten Felsen klemmt, leben schon seit drei Jahrtausenden Menschen. Hoch über dem Dorf schichteten die Matlatzincas eine Pyramide auf und verehrten dort ihre Fruchtbarkeitsgöttin Malinalxóchitl. Als die Aztecas das Dorf übernahmen, erkannten sie in der Göttin die Schwester ihres Stammesgottes Huizilopochtli und hieben direkt unter ihrem Heiligtum einen Tempel aus dem Fels, in dem sie ihre Krieger weihten. Als hundert Jahre später die spanischen Eroberer kamen, erkannten sie in Huizilopochtli den Teufel, zerschlugen seine Statuen und errichteten am Fuß des Felsens einen Konvent. Einer der Schergen des Cortés erhielt das Tal zum Dank für seine blutigen Dienste, errichtete eine Encomienda und legte zwangsweise acht Dörfer der Matlatzincas zusammen, aus denen er Sklaven für die Feldarbeit rekrutierte. Deshalb hat Malinalco acht Kirchen mit acht Heiligen in acht Ortsteilen, die einander bis heute nicht grün sind.

Wie so viele Dörfer in den Tälern des Hochlands war Malinalco lange vom Rest der Welt abgeschnitten, nur wenige Menschen verirrten sich hierher. Die Bewohner sind Mestizen mit einer synkretistischen Kultur, doch das prähispanische Erbe ist nicht weit. Noch Mitte der siebziger Jahre sprach fast die Hälfte der Einwohner zuhause nicht Spanisch, sondern Nahuatl. Damals gab es im ganzen Ort nur ein Telefon, und die einzige Verbindung zur Außenwelt war ein steiler, steiniger Feldweg, der sich durch die Felsen schlängelte. Obwohl Mexiko-Stadt keine hundert Kilometer entfernt ist, brauchte man damals sechs Stunden für den Weg in die Hauptstadt. Dann kam ein argentinischer Archäologe, und einige Parteibonzen der PRI entdeckten den Ort, legten einen Golfplatz an und setzten ihre Villen in die Gärten der Dorfbewohner. Eine Straße wurde gebaut, Hotels und Restaurants folgten, und mit einem Mal gehörte Malinalco zum Naherholungsgebiet von Mexiko, Toluca und Cuernavaca.

An den Traditionen der Einwohner hat das wenig geändert. Wenn sie Streit mit ihren Nachbarn haben, klären sie das mit der Machete. Wenn sie etwas zwackt, gehen sie lieber zum Heiler und zur Kräuterfrau als zum Arzt in der neuen Klinik. In Notfällen pilgern sie in die Nachbargemeinde Chalma, um vor dem schwarzen Christus zu tanzen, den die Augustinermönche 1539 in einer heiligen Grotte erscheinen ließen. Und vor allem feiern sie ihre traditionellen Dorffeste.

In Dörfern wie Malinalco leben die Menschen für ihre Fiestas. Das Fest, das eigentlich eine Unterbrechung des normalen Lebens- und Arbeitsrhythmus sein sollte, ist schon fast der Normalzustand. Unser Empfang in Malinalco war typisch, denn im Dorf sind die Wochenenden ohne Fiesta eher die Ausnahme. Zu den Festen der acht Kirchenpatrone und den katholischen Hochfesten Weihnachten, Ostern und Pfingsten kommt ein ganzer Reigen weniger hoher Feste wie Dreikönig, Fronleichnam, Kreuzanbetung, Christi Himmelfahrt, Mariä Geburt, Verkündigung, Empfängnis und Himmelfahrt, Allerheiligen, nicht zu vergessen der Tag der Jungfrau von Guadalupe, und als einziges weltliches Fest der Nationalfeiertag am 15. September. Das heißt, im Durchschnitt findet jedes zweite Wochenende irgendwo im Ort eine Fiesta statt, mit Prozessionen, Böllern, Musik, Tanz, Mole, Mezcal, Besäufnissen, Schlägereien und Abschlussfeuerwerk.

Dazu kommen Familienfeste wie Taufen, Erstkommunion, Hochzeiten, Beerdigungen und ganz gewöhnliche Geburts- und Namenstage. »Irgendetwas wird immer gefeiert«, meint Félix Monroy, ein Maler und Bildhauer aus Malinalco.

Aber wichtiger als die privaten sind die kollektiven Fiestas. Sie halten die Gemeinschaft zusammen und sind der Mittelpunkt des Dorflebens. Die wichtigste ist die Kirchweihfeier zur Verklärung des Herrn am 6. August, gleich danach kommen die Patrone der acht Ortsteile.

Die Heiligenverehrung hat mehr als einen Touch prähispanischer Kulte. Wie in anderen katholischen Ländern werden die Heiligenfiguren unter Begleitung von Musik und Böllern durch den Ort getragen und besuchen einander zu ihren jeweiligen Jubeltagen. Doch in Mexiko wird ein einmaliger Kult um die Figuren selbst betrieben, fast wie einst um die Götterfiguren der Toltecas, Matlatzincas und Aztecas. Die Gebete und Bitten werden nicht an den Heiligen gerichtet, der irgendwo im Himmel thront, sondern an die Figur hier auf Erden. Deshalb werden die Figuren genauso reich beschenkt und verehrt wie früher die steinernen Götterbilder der prähispanischen Kulturen. Die Blumen und Kerzen, die die Gläubigen vor ihnen aufbauen, sind nichts anderes als die Blumenopfer der Vorfahren.

In der Hauptkirche von Malinalco gibt es beispielsweise einen »schwarzen Christus«, der am Karfreitag durch den Kirchhof getragen wird und angeblich Wunder wirkt. Es ist ein lebensgroßer Christus in einem gläsernen Sarkophag, frisch vom Kreuz abgenommen und mit grausigen Wunden – eine Figur, wie man sie in vielen Kirchen findet. Mit dem Unterschied, dass der schwarze Christus von Malinalco regelmäßig liebevoll mit Olivenöl einbalsamiert wird und im Laufe der Jahrhunderte eine dicke und vermutlich klebrige schwarze Kruste bekommen hat.

Mit Ausnahme dieses schwarzen Christus sind die Heiligen von Malinalco schlichte Holzfiguren. In reicheren Dörfern sind sie prunkvoller, sie tragen Echthaarperücken, Goldschmuck und reich bestickte Kleider aus Samt und Seide. Die Gläubigen kämmen ihre Heiligen, stecken ihnen Ringe an die Finger und parfümieren sie sogar. Und natürlich schenken sie ihnen an ihren

Festtagen neue Gewänder. Die Maria Magdalena von Xico in den Bergen von Veracruz hat zum Beispiel so viele Kleider, dass ihr die Gläubigen hinter der Kirche ein eigenes Haus als Garderobe eingerichtet haben. Auch der Niñopá, ein besonders wundertätiges Jesuskind aus Xochimilco im Süden von Mexiko-Stadt, hat sein Haus, in dem neben den Kleidern auch die vielen Spielsachen aufbewahrt werden, mit denen er zu Weihnachten überhäuft wird. Diese Geschenke bekommen die Heiligen allerdings nicht einfach so. Wie ihre prähispanischen Kollegen müssen sie sich im Gegenzug ordentlich anstrengen, die Gemeinde beschützen und für gute Ernte sorgen. Je mehr Geschenke sie bekommen, und je größer die Fiesta, die man ihnen zu Ehren abhält, umso größer sind natürlich auch die Erwartungen.

*

Nachdem wir unsere *tamales* gefrühstückt und unter Böllerbegleitung unsere Kartons ausgepackt hatten, machten wir am späteren Nachmittag einen Rundgang durchs Dorf. Der Dicke stand noch immer vor dem Gotteshaus und feuerte hin und wieder eine Rakete in den Himmel. Im Kirchhof herrschte inzwischen reger Betrieb. Am Rand bauten Männer unter einer riesigen roten Plastikplane eine Bühne auf. Kinder tollten über die Wiese, ihre Eltern suchten im Schatten der Mauer und unter den Bäumen Schutz vor der Sonne. Ein Mann mit offenem Hemd spulte rote und blaue Zuckerwatte auf Holzstäbchen, eine Frau in Kittelschürze briet auf einem runden Blech Quesadillas, und ein Junge verkaufte Süßkartoffeln aus einem riesigen Kessel auf Rädern, aus dem er hin und wieder unter lautem Pfeifen den Dampf abließ.

Wir betraten die Kirche und setzten uns auf eine der hintersten Bänke. Der hohe Innenraum war düster und muffig, die Farbe blätterte in großen Placken von den versporten Wänden. An den Seiten hingen meterhohe, wellige Gemälde, die vom Ruß der Kerzen so dunkel geworden waren, dass man beim besten Willen nicht sagen konnte, was sie darstellten. Der ganze Altarraum stand voll weißer Lilien, sodass man den Altar kaum sehen konnte, und der Mittelgang und die beiden Seitengänge waren von riesigen Liliensträußen gesäumt. Die Stimmung war wenig andächtig. Einige Frauen wischten die Bänke und stellten Kerzen auf, Kinder liefen im Gang auf und ab.

Beim Hinausgehen bemerkte ich am Portal große, farbige Plakate mit handgeschriebenen Listen. Auf einem Plakat stand: »Blumen: Pedro Monroy: 700, José Hernández: 700 …«. Auf einem anderen: »Musik: Rosa Monroy: 550, María Porcayo: 700 …«. Und auf einem dritten: »Nicht bezahlt haben: Juan López, Silvia Duarte …«

Ehe wir noch über die Bedeutung dieser Plakate spekulieren konnten, hörten wir Musik und sahen, wie zwei Dutzend kostümierte Gestalten in den Hof hereingetanzt kamen.

»Die Chinelos!«, rief ein Junge neben mir in die Kirche.

Die Tänzer trugen mit Pailletten bestickte Samtgewänder und Umhänge in kräftigen Farben, samtbezogene Topfhüte und spitzbärtige Holzmasken. Ihre Gewänder waren mit Marienfiguren, Adlern oder aztekischen Symbolen bestickt. Sie sahen aus wie eine Mischung aus den Heiligen Drei Königen und Faschingsprinzen. Unter dem schrägen Tuten und Trommeln einer Blaskapelle stellten sie sich in Zweierreihe vor dem offenen Portal auf und begannen einen eigentümlichen Hüpf- und Schreittanz. Auf die Chinelos folgten mehrere Gruppen von Männern, die wippende, mit Blumen geschmückte Gerüstteile zum Tor hereintrugen und im Rhythmus der Musik vorwärts, rückwärts und seitwärts torkelten. Sie setzten die Teile schließlich vor dem Eingang der Kirche ab und begannen, sich an ihnen zu schaffen zu machen.

Wir legten uns unter einem Baum auf die Wiese und dösten ein wenig in der warmen Nachmittagssonne. Mit einem Auge sah ich den Tänzern zu, die ihren Hüpftanz fortsetzten, während die Männer Teile ihres Blumengerüsts Stück für Stück zu einem etwa fünf Meter hohen Bogen zusammensetzten und um das Portal der Kirche montierten.

So plätscherte die Vor-Fiesta vor sich hin. Die Kinder tollten durch den Kirchhof, die Eltern saßen auf der Wiese und aßen, Frauen gingen in der Kirche ein und aus, und die Tänzer tanzten stundenlang, ohne dass sie jemand beachtet hätte. Wir aßen ein paar knusprige Flautas in grüner Chilisoße und gebratene Bananen mit süßer Dosenmilch und legten uns wieder auf die Wiese.

Der Zeremonienmeister

Natürlich will jeder Ortsteil die größte Fiesta mit der lautesten Musikanlage, der bekanntesten Kapelle und dem besten Essen. Die Verantwortung dafür übernimmt der Majordomo, eine Art Zeremonienmeister, der am Ende der Fiesta für das kommende Jahr ernannt wird und dessen erste Amtshandlung darin besteht, den Dreck wegzuräumen. Wie wir später mitbekamen, war der neue Majordomo in unserem Ortsteil Santa María zufällig unser Nachbar Juan Poblette. Seine Aufgabe bestand darin, die Feiern zu Mariä Himmelfahrt und Verkündigung auszurichten und zusammen mit den Majordomos der übrigen Barrios die Fiesta des Patrons der Hauptkirche sowie die Kirchenfeste des Jahreskreises zu veranstalten.

Juan Poblette war bestimmt kein armer Mann. Der kräftige Mittsechziger mit dem grauen Schnauzbart, der sein Zuhause nur zu Pferd verließ, hatte einen Bauernhof, Äcker, Grundstücke und Häuser. Sein ganzer Stolz war der einzige Zuchtbulle von Malinalco. Aber das Amt des Majordomo schulterte auch jemand wie er nicht so ohne weiteres, denn die Fiesta ist eine kostspielige Angelegenheit. Don Juan war dafür zuständig, dass die kleine Kirche des Ortsteils das ganze Jahr über üppig mit Blumen geschmückt war und die nötigen Reparaturen durchgeführt wurden. Er verköstigte die zahlreichen Beteiligten der verschiedenen Fiestas von Santa María und organisierte die Musik, einen kleinen Rummelplatz, die Böller und das Feuerwerk. Obendrein war er auch noch einer der wichtigsten »Juden« im Ort, das heißt, er gehörte der Bruderschaft an, die in der Karwoche die Prozessionen organisiert und die Teilnehmer verköstigt. Obwohl das Amt des Majordomo so manchen in den Ruin stürzt, gibt es lange Wartelisten, denn wer den Posten einmal bekleidet hat, ist ein angesehener Mann. Jeder Familienvater, der auch nur ein Gramm Ehre im Leib hat, muss mindestens einmal im Leben Majordomo gewesen sein.

Obwohl unser Nachbar einen beträchtlichen Teil der exorbitanten Kosten übernahm, ist die Fiesta eine kollektive Angelegenheit, an der sich die gesamte Gemeinde aktiv beteiligt. Manche Gemeindemitglieder legen Gelübde ab und bezahlen zu Himmelfahrt oder Lichtmess die Musik, die Böller, oder für die Fiestas in der Regenzeit ein großes Zeltdach. Die Mahlzeiten werden von den Frauen des Ortsteils zubereitet und deren Familien steuern oft einen Zentner Reis, Mais, Tomaten oder Bohnen, einen Kessel Mole oder ein paar Dutzend Hähnchen bei. Vor den großen Festen gehen Gemeindemitglieder von Haus zu Haus und sammeln einen festen Betrag von bis zu tausend Pesos (65 Euro) pro Familie. Für die Dorfbewohner, die oft mit weniger als zweitausend Pesos im Monat über die Runden kommen und auf dem Wochenmarkt Tauschhandel treiben müssen, ist das eine Menge Geld.

Félix Monroy schätzt, dass viele Malinalca die Hälfte ihres Einkommens für ihre Fiestas ausgeben. Aber so mancher isst lieber selbst nicht und lässt seine Kinder barfuß gehen, ehe er den Heiligen enttäuscht. Die Fiesta des Kirchenpatrons ist so wichtig, dass viele Auswanderer für ein paar Tage aus den Vereinigten Staaten nach Malinalco zurückkommen oder zumindest Geld schicken. Die Geldanweisungen aus dem Norden haben zwar die Lebensbedingungen der Daheimgebliebenen nicht unbedingt verbessert, aber sie haben immerhin dafür gesorgt, dass die Fiestas immer üppiger werden. Deswegen treten heute selbst in Malinalco nationale Stars wie die Tigres del Norte auf, und zwar ausgerechnet auf der Fiesta des ärmsten Ortsteils San Martín, aus dem die meisten Männer ausgewandert sind.

Natürlich machen nicht alle mit, und natürlich zahlen nicht alle freiwillig. Selbst in einem mexikanischen Dorf gibt es den einen oder anderen Protestanten und Agnostiker. An diesem Punkt kommt der soziale Druck ins Spiel, der auch recht handfeste Formen annehmen kann. Einige Monate vor der nächsten Fiesta klopfte es an unser Hoftor. Es waren zwei der zahlreichen Söhne von Don Juan, einer mit einem Klemmbrett in der Hand. Als ich aufmachte, kamen sie ohne Umschweife zur Sache.

»Wir kommen, um den Beitrag für die Fiesta zu kassieren«, informierten sie mich. Man beachte den Wortlaut: Das waren keine Spendensammler, sondern Steuereintreiber.

»Aber wir sind doch gar nicht von hier«, antwortete ich. Die jungen Männer gaben sich unbeeindruckt.

»Das macht nichts, das gilt für alle.«

»Wie hoch ist denn der Beitrag?«, fragte ich neugierig.

»700 Pesos.«

»So viel habe ich gerade nicht da.« Diese Antwort hatten die beiden offenbar schon öfter gehört und waren vorbereitet.

»Das macht nichts«, erklärten sie mir. »Sie können gern in Raten zahlen. Alle vierzehn Tage 100 Pesos.«

Ich wimmelte sie erst einmal ab und beriet mich mit Pati, einer Teppichweberin aus Mexiko-Stadt. Pati lebte seit zwanzig Jahren in Malinalco und stellte Wandteppiche aus Wolle oder Gräsern her, die vor allem in den Villen der Zugezogenen hingen. Für Pati war die Sache klar: »Natürlich zahlst du deinen Beitrag. Das geht gar nicht, dass du nicht zahlst. Du wohnst schließlich in dem Viertel.« Als sie meinen skeptischen Blick sah, erzählte sie mir von einer alleinstehenden älteren Dame aus Mexiko-Stadt, die ihren Lebensabend in Malinalco verbrachte. Die habe sich anfangs auch geweigert, ihren Beitrag zu bezahlen, und deshalb in einem offenen Krieg mit ihren Nachbarn gelebt.

»Einer hat sie beschuldigt, sie würde Salz vor seine Tür streuen, um ihm Unglück an den Hals zu hexen. Er hat einen Schamanen auf sie angesetzt. Ein anderer hat behauptet, sie hätte mit ihrem Auto seine Mauer umgefahren und sie auf der Straße bedroht. Als ihr Gärtner dazwischen gehen wollte, ist er mit der Machete auf ihn los und hat ihm fast den Arm abgehackt. Sie ist zur Polizei gegangen, aber die Beamten haben ihr gar nicht zugehört und behauptet, sie hätte das alles erfunden. Als sie mal nicht da war, ist jemand übers Dach bei ihr eingestiegen und hat ihren Fernseher geklaut. Einer der Nachbarn hat ihren Hund vergiftet …«

Pati hatte mich überzeugt. Als die Söhne von Don Juan eine Woche später zurückkamen, drückte ich ihnen als Anzahlung einen Hunderter in die Hand. Danach schaute ich immer erst, wessen Füße ich unter dem Hoftor sah, ehe ich aufmachte.

*

Unser zweiter Tag in Malinalco begann wie der erste um halb fünf mit lauten Böllerschlägen. Diesmal ließen wir uns Zeit. Auf dem großen Festkalender, der am Eingang zum Kirchhof hing, hatte ich gelesen, dass die Prozession um 9 Uhr beginnen sollte, danach war der Gottesdienst und noch eine Prozession, und um 12 Uhr ein Umzug.

Es war ein schwülheißer Augusttag mitten in der Regenzeit. Schon am Morgen war es drückend warm, und am Himmel türmten sich spektakuläre Wolkengebilde. Als wir kamen, ging gerade der Gottesdienst zu Ende und die Gläubigen, die bis in den Hof standen, sprachen das letzte Gebet. Unter einer großen Plane wartete eine Abordnung von Heiligenfiguren, dahinter eine Blaskapelle und die Chinelos. Hinter dem Eingang zum Hof lauerte bereits der Dicke mit der Zigarette. Er hatte Verstärkung bekommen, neben ihm stand ein schlaksiger Junge mit einem großen Sack und einer zweiten Böllerorgel.

Kaum drängten die Gläubigen aus dem Tempel, brach ein Heidenlärm los. Dutzende Knaller zischten in die Luft und explodierten in ohrenbetäubendem Krachen hoch über der Kongregation. Ein Junge auf dem Glockenturm läutete Sturm, die Musiker nahmen ihre Instrumente auf und trommelten und tuteten los. Eine Gruppe von gut gebauten Männern schulterte die Heiligen und marschierte zum Hof hinaus, die Musiker und die Chinelos reihten sich ein. Der Dicke bedeutete dem Schlacks, den Sack mit den Böllern zu nehmen, trottete los und setzte sich an die Spitze des Zugs. Eine Rakete nach der anderen zog er aus dem Sack und schoss sie aus der Hand in den Himmel.

Wir konnten uns nicht durchringen, der Prozession nachzugehen und pflanzten uns auf den Rasen. Es dauerte nicht lange, und ein paar Männer trugen neue Gerüstteile durch das Tor, die sie in der Mitte des Hofs abstellten. Dann bauten sie die Teile zu einem etwa zehn Meter hohen, wackeligen Turm zusammen und brachten schließlich an der Vorderseite vier große Räder an. Besonders wunderte ich mich über zwei vierbeinige Figuren mit einem viereckigen Ständer, die unter dem Turm standen und mich entfernt an Schafe erinnerten.

»Das sind keine Schafe, sondern Stiere«, klärte mich Lourdes auf. »Und das Gerüst ist kein Turm, sondern ein Castillo.« Jetzt wusste ich Bescheid.

Danach passierte lange nichts mehr. Wir gingen nach Hause, aßen zu Mittag, kamen ein paar Stunden später wieder, und es tat sich immer noch nichts. Ein paar Kinder rannten auf der Wiese herum und wir fragten uns, ob es das jetzt schon gewesen war. Aber plötzlich hörten wir wieder Böller, dann die Tubas, und wenig später schob sich die Marienfigur um die Ecke.

Das Festmahl

Während wir gelangweilt auf der Wiese lagen, ging die Fiesta natürlich weiter, und zwar mit dem gemeinsamen Mittagessen. Denn ohne Essen wäre auch eine religiöse Fiesta keine Fiesta.

Schon frühmorgens versammeln sich die Teilnehmer der Prozession im Haus des Majordomo und frühstücken *tamales* und *atole*. Nach dem Gottesdienst und der Prozession treffen sich Musiker und Teilnehmer wieder beim Mayordomo zum Mittagessen. Viele essen auch zuhause, vor allem wenn die Kinder aus der Stadt oder den Vereinigten Staaten zu Besuch kommen. Denn auch die wollen »ihren« Heiligen feiern oder an Ostern, wenn sich das ganze Dorf in ein Passionsspiel verwandelt, in der Uniform eines römischen Soldaten an der Karfreitagsprozession teilnehmen. Sogar illegal in die Vereinigten Staaten eingewanderte Malinalcas bezahlen Schleuser und nehmen den gefährlichen Rückweg durch die Wüste auf sich, nur um dabei sein zu können.

Aber ob beim Majordomo oder bei Muttern gegessen wird, auf den Tisch kommt natürlich das traditionelle mexikanische National- und Festtagsgericht: die Mole. Die Mole gibt es bei jeder Feier, egal ob Geburtstag, Hochzeit, Allerheiligen oder der Kirmes. Ohne Mole keine Fiesta. In der Stadt lassen viele Familien die Festtags-Mole von einer Frau aus der Nachbarschaft zubereiten, die einen Mittagstisch hat oder wegen ihrer Mole bekannt ist. Auf dem Dorf versammeln sich die Frauen in einer Küche und kochen die legendäre Schokoladen-Chili-Soße selbst. Mindestens drei verschiedene Sorten getrocknete Chilis werden eingeweicht und im Steinmörser zerrieben, Mandeln geschält und gemahlen, Kakaobohnen, Tomaten und Tortillas gerieben. Allein die Vorbereitung kann zwei bis drei Tage in Anspruch nehmen. Das Ganze wird schließlich zusammengerührt und stundenlang in einem riesigen Tontopf geköchelt, denn der Ton, das sagen alle, gibt der Mole eine ganz besondere Note.

Wenn Sie am Wochenende noch nichts vorhaben oder eine richtige Fiesta Mexicana für die Großfamilie planen, habe ich ein relativ einfaches Rezept gefunden. Und denken Sie daran: Die Fiesta fängt schon bei der Zubereitung an.

Zutaten:

1 kleine Pute
1 Bund Suppengemüse
1 kg Chile mulato (jeweils getrocknete Schoten)
125 g Chile pasilla
10 Schoten Chile ancho
5 Schoten Chile chipotle
3 reife Tomaten
1 ganze Knoblauchzwiebel
500 g fein gemahlene Mandeln
500 g Rosinen
500 g Kuvertüre (zartbitter)
4 EL gerösteter Sesam
1 EL gemahlener Anis
1 EL gemahlene Koriandersamen
1 EL gemahlener schwarzer Pfeffer
1 Prise gemahlene Nelken
1 Prise gemahlener Zimt
3 Scheiben fritiertes Weißbrot
Salz und Zucker nach Geschmack

Zubereitung:

1. Pute zerlegen und mit einem Bund Suppengemüse kochen.
   Die Brühe einkochen, erkalten lassen und Fett abschöp-
   fen.
2. Die Chilischoten ungewaschen in einer Pfanne anwärmen
   (Vorsicht, nicht schwarz werden lassen!). Wenn sie weich
   sind und duften, aus der Pfanne nehmen, aufschneiden,
   Häute und Kerne entfernen und die Schoten fünfzehn Minuten in warmem Wasser einweichen. Wasser nicht weg-
   schütten!
3. Knoblauchzwiebel dünsten und mit den Chilischoten, den
   übrigen Gewürzen, den Rosinen, Tomaten, Tortillas (beziehungsweise dem Brot) und einem Teil des Chili-Was-
   sers im Mixglas fein mahlen. (Wer mag, darf gern auch
   einen groben Steinmörser nehmen.)
4. Die Mischung durch ein Sieb passieren und die gemahle-
   nen Mandeln zugeben. Die Soße in einer tiefen Pfanne
   oder einem beschichteten Topf mit ein wenig Speiseöl

anbraten, Brühe zugeben und eine Stunde unter gelegent-
lichem Rühren köcheln lassen. Gegebenenfalls Chili-Was-
ser nachgießen. Schokolade zugeben, schmelzen, aufko-
chen und köcheln lassen, bis die Soße dick und sämig ist.
Mit Salz und Zucker abschmecken.
5. *Putenstücke mit Mole anrichten und mit geröstetem Se-*
sam bestreuen. Mit Reis servieren.

Viel Spaß und ¡*Buen provecho!*

Karneval

Hinter der trötenden Blaskapelle und den tanzenden Chinelos
drängte eine Gruppe von Frauen in den Kirchhof, die ihre Re-
genschirme schwenkten. Als sie näher kamen, sah ich, dass das
keine Frauen sein konnten. Sie trugen Plastikmasken, groteske
Perücken und Kleider, die vom Flohmarkt stammen mussten,
und stöckelten unbeholfen auf ihren Pumps über die Wiese.
Hinter ihnen hopste eine Horde von Orks, Teufeln und Gerip-
pen in den Hof. In einer Meute von Trollen sah ich einen paus-
bäckigen Gasverkäufer mit Blaumann, der eine Gasflasche aus
Pappe schulterte. Zwei Guerrilleros mit olivgrünem Kampfan-
zug und Fidel Castro-Masken schwangen ihre Gewehre. Ein
Fußballer im mexikanischen Nationaltrikot kabbelte sich mit
einem zombiehaften Uncle Sam. Eine »Mutter« mit hohen
Pumps stakste hinter zwei glatzköpfigen Kleinkindern mit
übervollen Windeln her, die auf der Wiese Purzelbäume schlu-
gen. Mary Poppins ritt auf einer Schaumgummischildkröte in
den Hof, im Gefolge ein Werwolf und Emiliano Zapata.
    Während die Marienfigur in die Kirche getragen wurde,
scharte sich der anarchische Mob vor der Bühne, wo sich gerade die Blaskapelle aufbaute. Ein Krachen und Knistern don-
nerte aus den Lautsprechertürmen, die Blaskapelle blies und
trommelte los, und die Trolle, Teufel, Zombies und Soldaten
begannen einen wilden Tanz.
    Die Blaskapelle spielte den ganzen Nachmittag, und die
Menge schien nicht müde zu werden. Immer neue Vermummte

strömten zum Tor herein. Nur die Chinelos schienen nicht mehr tanzen zu wollen, sie nahmen ihre Bärte und Hüte ab und legten sich auf den Rasen.

Irgendwann wurde es schließlich dunkel. Wir beobachteten, wie sich die Menge um das Castillo herum zu verdichten schien, als würde sie von einem unsichtbaren Magneten angezogen. Wir rappelten uns hoch und setzten uns ganz allmählich in Richtung des Gerüsts in Bewegung. Immer mehr Kinder, Jugendliche, Mütter und Väter mit Kindern auf dem Arm strömten in den Kirchhof und schlenderten gemächlich auf den Turm zu. Auch der Schwarm der vermummten Tänzer schien seinen Schwerpunkt ganz allmählich weg von der Musik und hin zum Castillo zu verlagern.

»Sollten wir nicht lieber ein bisschen weiter nach hinten …?«, fragte ich, als wir uns dem Turm näherten. Aber Lourdes nahm mich an der Hand und zog mich stattdessen weiter nach vorn. Von hinten drängten immer mehr Menschen heran. Schließlich standen wir eingekeilt in einer Gruppe von Jugendlichen wenige Meter vor dem Castillo.

Die Blaskapelle stimmte einen hektischen Rhythmus an. Plötzlich entzündete sich unter Pfeifen, Knallen und Funkensprühen eines der Räder und drehte sich. Erst langsam, dann immer schneller wirbelte es herum, während sich die Funken über uns ergossen. Dann zischte und krachte es erneut, und das zweite Rad begann zu rotieren. Nachdem die beiden Räder verglüht waren, begannen darüber zwei weitere. Schließlich setzte sich ein Rad in Bewegung, das waagerecht an der Spitze des Castillos befestigt war. Während es in Fahrt kam, schwankte und wackelte das Gerüst, dass ich Angst bekam, es könnte jeden Moment auf uns herunterkrachen. Zuletzt erschien in brennenden Buchstaben über uns der Schriftzug »Santa María«.

Der Qualm war so dicht und beißend, dass mir die Augen tränten und ich kaum noch Luft bekam. Aber das war noch meine geringste Sorge. In immer dichteren Schwaden regneten die Funken auf uns herunter, und von der Schrift tropften die Flammen herab. Ich befürchtete abwechselnd, angesengt oder von einer panischen Menge zu Tode getrampelt zu werden. Letztere Befürchtung war zumindest unbegründet, denn offenbar war ich der Einzige, der sich Sorgen um Leib und Leben machte. Einem Jungen direkt neben mir flog der brennende Rest eines Böllers auf den Arm; er streifte ihn seelenruhig ab und schlug mit der Hand auf das glimmende Loch in seinem Ärmel. Einem Gorilla fiel ein großer, brennender Papierfetzen in die Haare seiner Maske; der Teufel neben ihm schüttete ihm einen Becher Cola über den Kopf, und die Umstehenden lachten sich halbtot.

Als der Funkenregen nachließ und die Buchstaben schon fast verglüht waren, lief einer der Jungen unter das Castillo, schnappte sich einen Pappmaché-Stier, stellte ihn sich auf die Schultern, sodass sein Kopf in dessen Körper verschwand, und griff mit beiden Händen die Vorderbeine des Tiers. Plötzlich explodierte das Gestell an allen vier Ecken und versprühte Flammen in alle Richtungen. Mit dem Stier auf den Schultern rannte der Junge im Kreis herum und auf die Zuschauer los, die begeistert johlten: »Olé! Aja, aja torito!«

Ein zweiter Junge schnappte sich den anderen Stier. Die Menge war wie elektrisiert. Mit leuchtenden Augen drängte Lourdes weiter nach vorn. Ich wollte lieber den Rückzug antreten, aber sie zog mich hinter sich her, bis wir in der ersten Reihe standen.

In diesem Moment rennt einer der beiden Stiere auf mich zu. Instinktiv suche ich die grotesken, aufgemalten Augen des Stiers und bemerke, dass der Junge unter dem Gestell vermutlich nur meine Füße sehen kann. Schon steht er unmittelbar vor mir und senkt seine Papphörner, aus denen die Funken in meine Richtung sprühen. Ich will einen Schritt zurück machen, doch die Menge hinter mir schiebt mich und ich stolpere vorwärts. Direkt vor mir explodiert mit lautem Knall ein Böller. Ich sehe mich schon auf den Hörnern des Stiers. Da dreht dieser ab und rennt ein Stück weiter erneut auf das Publikum los. Lourdes macht einen Luftsprung und stößt einen Freudenschrei aus. In diesem Moment kracht ein lauter Donnerschlag durch das Tal, und die ersten Regentropfen fallen vom Himmel.

Mexiko-Lexikon
El relajo

Auf seiner Chinareise im Jahr 2001 statteten Präsident Vicente Fox und sein Tross auch der Terrakotta-Armee einen Besuch ab. Als sich die Delegation vor den lebensgroßen Soldaten zum Gruppenbild aufstellte, fasste Fox eine der jahrtausendealten Figuren bei der Hand und seine Kulturstaatssekretärin Sari Bermúdez lief zwischen den Reihen herum und spielte Verstecken. In der mexikanischen Presse sorgten diese Kindereien für lautstarke Entrüstung, aber viele Mexikaner fanden sie zum Schießen komisch.

Vermutlich erkannten sie sich in ihrem Präsidenten wieder, denn Mexikaner haben gern ihren Spaß. Das wäre auch eine vorläufige Übersetzung des Wortes relajo *(gesprochen: relácho), eines typisch mexikanischen Phänomens. Es gibt nichts, was nicht Anlass für Albernheiten, Witze, Possen, Hanswurstiaden und Gelächter sein kann. Am Montagmorgen kommt eine Angestellte ins Büro und erzählt strahlend, wie viel sie am Wochenende wieder gegessen hat, und dass sie mit ihren Rettungsringen bald aussieht wie ein Nilpferd. Ihre Kollegin kreischt vor Lachen und gesteht, dass sie am Morgen kaum ihre Hose zubekommen hat. Eine dritte kommt dazu, und das Gelächter wird immer lauter, bis das halbe Büro am Boden liegt.*

Aber auch ernste Anlässe sind Gegenstand des relajo. *Am 19. September 1985 wurde Mexiko-Stadt von einem Erdbeben der Stärke 8,1 heimgesucht, bei dem Hunderte Gebäude einstürzten und schätzungsweise 10 000 Menschen unter sich begruben. Nur wenige Stunden später lachten die Radiomoderatoren schon über die Toten, die aus den Trümmern hervorgezogen wurden. Wie im Großen so im Kleinen: Ich habe es erlebt, dass Trauernde am offenen Sarg plötzlich Witze machen* und *herzlich lachen, oder die Trauergäste in der Küche um den Herd stehen und* relajo *veranstalten.*

Als Ausländer kann man den relajo *leicht missverstehen und sich auf den Schlips getreten fühlen beziehungsweise umgekehrt in ein Fettnäpfchen treten.* Relajo *hat nämlich nicht direkt mit schwarzem Humor, Sarkasmus, Ironie oder Spott zu tun. Die Späße enden zwar nach ein paar Tequilas schon mal in einer Keilerei. Aber grundsätzlich geht es nicht darum, sich über den anderen lustig zu machen, sondern darum, gemeinsam zu lachen: vor allem über sich selbst, über die Situation oder über ein gemeinsames Problem.* Relajo *stiftet Gemeinschaft, er schließt ein, nicht aus. Man nährt das Gelächter, indem man sich ihm preisgibt. Das Lachen ist so normal, dass die Ernsthaftigkeit komisch wirkt – wer nicht mitlacht und sich zu ernst nimmt, gilt deshalb als* payazo, *als Clown. Der* relajo *stellt eben alles auf den Kopf.*

Viele Mexikaner sind stolz darauf, dass sie über alles lachen können und nichts ernst nehmen. Arbeit, Karriere, Gesundheit, Leben: todo me vale – *mir ist alles wurst, sagen sie mit geschwellter Brust. (Beim Essen machen sie vermutlich eine Ausnahme.) Aber nicht alle finden den* relajo *komisch.*

Für den mexikanischen Philosophen Jorge Portilla ist der relajo *der Grund, weshalb Mexikaner immer und überall hinter ihren Möglichkeiten zurückbleiben. In seinem berühmten Aufsatz »La fenomenología del relajo«, schreibt er über die Intellektuellen seiner Zeit: »Selbst talentierte, moralisch denkende und großzügige Menschen reißen beim geringsten Anlass einen Witz nach dem anderen und verhindern so, dass ihre besten Qualitäten zum Vorschein kommen ... Ich habe es selten erlebt, dass sie etwas ernst nehmen, am wenigsten ihre eigenen Fähigkeiten oder ihr eigenes Leben.« Für Portilla handelt es sich um eine Form der Selbstsabotage, die er sich so erklärt: »Es ist, als hätten sie Angst vor ihren eigenen Qualitäten und müssten diese unterdrücken.«*

Nach Ansicht von Portilla ist der relajo *nihilistisch, weil er jede Ordnung und jeden Wert zerstört. Der Trauernde leugnet seinen Schmerz, indem er sich in den* relajo *flüchtet und die anderen einlädt, ihm zu folgen. Jeglicher Ernst löst sich in Luft auf, und mit ihm die Beziehung des Mexikaners zu sich selbst,* zu seiner Angst und seinem Übergewicht. Oder wie Portilla schreibt: »Im relajo verliert sich das Sein.« Mit anderen Worten ist das Lachen für Jorge Portilla Ausdruck eines nationalen Minderwertigkeitskomplexes und zersetzt die Moral und die Entwicklungschancen des Landes. Aber vielleicht war der Philosoph ja auch einfach nur ein payazo.

Ricos y Pobres
Ihr Reichen, wir Armen

Wenn man durch Malinalco fährt und am unteren Ortsausgang eine schmale Landstraße Richtung Süden nimmt, treten die roten Felsen plötzlich zurück und es öffnet sich eine Ebene mit sattgrünen Zuckerrohrfeldern, üppigen Obstgärten und großen Gewächshäusern, in denen Tomaten reifen. Nach etwa zehn Kilometern endet die Straße an der ehemaligen Hacienda von Jalmolonga. Ein großes Gitter versperrt die Zufahrt, und von der Hacienda sieht man nichts als ein Wachhäuschen und dahinter eine barocke Kirche. Hier treffen seit Jahrhunderten die Ärmsten und Reichsten des Landes zusammen.

Die Hacienda von Jalmolonga geht auf ein Lehen zurück, das einer der Mitstreiter von Hernán Cortés im Jahr 1545 erhielt. Der neue Großgrundbesitzer sollte die Matlatzincas missionieren und hatte das Recht, sie zur Zwangsarbeit heranzuziehen. Von Letzterem machte er ausgiebig Gebrauch. Mit der Arbeit der Menschen im Tal von Malinalco baute er eine Zuckerrohrplantage auf und errichtete ein *ingenio*, in dem Zucker raffiniert und Rohrschnaps gebrannt wurde.

Anfang des 17. Jahrhunderts kam die Hacienda in den Besitz der Jesuiten, die das bis heute erhaltene Gebäude errichteten. Sie legten die Hacienda als klassischen Konvent an, mit zwei Etagen und breiten Arkaden um einen stillen Innenhof. An der Nordseite bauten sie eine Kirche mit einer schmucken, churrigueresken Fassade und einem überbordenden Goldaltar. Die Kirche war nicht nur für die Mönche gedacht: Durch einen Seiteneingang hatten auch die *peones* Zutritt, die Arbeiter, die in Hütten auf dem Gelände der Hacienda lebten. So gern sich die Kirche für die armen Indios Amerikas stark machte, ihre Vertreter behandelten die Menschen wie unmündige Kinder, verboten ihnen die Ausübung ihrer Bräuche und hielten sie wie Sklaven.

Im Jahr 1767 verbannte König Carlos III. die Gesellschaft Jesu aus Spanien und den Kolonien, und das Gut wurde an spanische Adelige verkauft. Die neuen Herren lebten meist in ihren Palästen in Mexiko-Stadt und ließen Jalmolonga von Verwaltern führen und von Sklaven bewirtschaften. Einer der Besitzer war Gabriel Joaquín de Yermo, Führer der Royalisten im mexikanischen Unabhängigkeitskrieg.

Mit der Unabhängigkeit Mexikos im Jahr 1821 wurde die Sklaverei zwar offiziell abgeschafft, aber die Wirklichkeit war eine andere. Die Großgrundbesitzer waren das Gesetz und konnten tun und lassen, was sie wollten, während die Bauern keinerlei Rechte hatten. Unter dem Diktator Porfirio Díaz waren die Hacendados von Jalmolonga die unumschränkten Herrscher von Malinalco. Sie besaßen rund 200 Quadratkilometer Land, davon rund die Hälfte fruchtbares Ackerland, und beschäftigten mehr als 200 *peones*. Wenn sie während der *zafra* zusätzliche Arbeitskräfte brauchten, schickten sie ihre Häscher ins Dorf, um Bauern zusammenzutreiben. Wenn sie ihre Felder ausweiten wollten, nahmen sie sich die Allmende der Bauern von Malinalco, die natürlich keine Besitzurkunden hatten. Wenn sich die Bauern dagegen zur Wehr setzten, schickten sie die *rurales*, eine informelle Truppe, die ihnen direkt unterstand, oder sie forderten die Armee an, die Aufständische wahllos zusammenschoss. Vielen Bauern blieb nichts anderes übrig, als sich als Landarbeiter auf der Hacienda zu verdingen. Was auch seine angenehmen Seiten haben konnte, denn einige Hacendados bauten Schulen und gaben ihren Peones kleine Kredite, wenn sie heirateten oder Kinder bekamen. Die meisten Haciendas funktionieren jedoch nach dem System der Schuldknechtschaft: Die Landarbeiter erhielten Hungerlöhne und mussten in den Läden der Hacienda überteuerte Lebensmittel kaufen; bald mussten sie anschreiben, konnten ihre Schulden nicht zurückzahlen und gerieten mitsamt ihrer Familie in die Sklaverei.

Das waren genau die Missstände, die Emiliano Zapata veranlassten, sich im Jahr 1910 im benachbarten Bundesstaat Morelos der Revolution von Francisco I. Madero anzuschließen und zu den Waffen zu greifen. Viele Bauern von Malinalco sympatisierten mit Zapata und unterstützten die Revolutionäre mit Geld und Lebensmitteln. In der Umgebung des Dorfs fanden immer wieder Scharmützel statt und die Armee zündete Hütten von vermeintlichen Unterstützern der Guerilla an. Umgekehrt überfielen die Zapatisten mehrmals die Hacienda von Jalmolonga und raubten Lebensmittel, Geld und Pferde; eine Zeitlang zahlte der Hacendado eine wöchentliche Abgabe an die Revolutionäre.

Nach der Revolution begannen zögerliche Landreformen, doch in Malinalco blieb zunächst fast alles beim Alten. Die Hacienda musste zwar die Hälfte ihres Landes abtreten, doch dabei handelte es sich vor allem um felsige Hänge. Die alten Seilschaften funktionierten noch, die Hacendados der Region wehrten sich vor Gericht und kauften Politiker. Trotz aller revolutionärer Rhetorik machten die Gouverneure des Bundesstaats Mexiko gemeinsame Sache mit den Großgrundbesitzern und schmetterten die Gesuche der Bauern nach einer Rückgabe von Gemeindeland und einer Agrarreform nach dem Plan der Zapatisten ab.

Erst Lázaro Cárdenas, der 1934 zum Präsidenten gewählt wurde, machte ernst mit der Landreform. Unter ihm wurde die Hacienda schließlich zerschlagen und das Land auf sogenannte Ejidos verteilt, wie die Allmende der Indigena in Mexiko traditionell genannt wurde. Der Besitzer verkaufte die Zuckermühle, die Hacienda stand leer und verfiel. Bis zum Jahr 2001, als Ricardo Salinas Pliego die Hacienda kaufte.

Die Märchenprinzessin

Ricardo Benjamin Salinas Pliego ist der viertreichste Mann Mexikos und stand im März 2011 mit einem geschätzten Vermögen von rund 5 Milliarden Euro auf Platz 112 der *Forbes*-Rangliste der reichsten Menschen der Welt. In Mexiko rangiert er damit nur hinter den Bergbaumogulen Alberto Baillères González (Rang 66 und 8 Milliarden) und German Larrea Mota-Velasco (Rang 39 und 11 Milliarden) und natürlich Carlos Slim Helú, dem mit Abstand reichsten Mann der Welt (50 Milliarden). Er gehört zu den zehn Männern, die zusammen 10 Prozent des Bruttoinlandsprodukts von Mexiko kontrollieren.

Der 1955 geborene Salinas Pliego stammt aus einer d er vielen mexikanischen Familiendynastien. Der gelernte Buchhalter übernahm im Alter von 32 Jahren das Familienunternehmen Elektra, eine Einzelhandelskette, die Haushaltsgeräte verkauft und Konsumkredite vergibt. Ricardo ging auf Expansionskurs: Als er die Kette übernahm, hatte sie 60 Filialen in Mexiko, heute hat sie 1800 Filialen in ganz Lateinamerika. Im Jahr 2002 gründete er mit Banco Azteca seine eigene Bank, die vor allem Kredite an Elektrakunden vergibt; außerdem arbeitet Banco Azteca mit Western Union zusammen, über die viele Auswanderer ihren Familien in der Heimat Bargeld anweisen. Und im Jahr 2010 stieg er schließlich in die Mobiltelefonie ein, als er die beiden Anbieter Iusacell und Unefon übernahm.

Sein größtes Geschäft war jedoch ein Schnäppchen, das er Anfang der neunziger Jahre machte. Im Zuge des Beitritts zur NAFTA privatisierte die mexikanische Regierung unter seinem Cousin Carlos Salinas de Gortari zahlreiche staatliche Unternehmen, darunter auch den Fernsehsender Imevisión. Salinas Pliego erhielt den Zuschlag und gründete TV Azteca. Der Sender ist heute nach Televisa der zweitgrößte in Mexiko und auf dem gesamten spanischsprachigen Markt und verdient kräftig am Export von Telenovelas in alle Welt.

Bei TV Azteca lernte Salinas Pliego auch seine zweite Frau María Laura Medina Espinosa kennen. Die blasse und nervöse junge Frau mit den grünen Augen und den schwarzen Haaren arbeitete in der Vertriebsabteilung des Senders, wo sie dem Fernsehmogul auffiel. Ende 2001 heiratete er die 15 Jahre jüngere María Laura heimlich in ihrer Geburtsstadt Guadalajara. Die Hacienda Jalmolonga war seine Morgengabe.

Anders als sein Milliardärskollege Slim liebt Salinas Pliego den glamourösen Lebensstil und hat kein Problem damit, seinen Reichtum zur Schau zu stellen. Vor fünf Jahren tauschte er beispielsweise seine 50 Meter lange Luxusjacht Azteca gegen eine 72 Meter lange Superluxusjacht mit Helikopterlandeplatz, die er ebenfalls Azteca taufte. Die Hacienda war als bescheidenes Wochenendhäuschen im Grünen gedacht.

So schnell ging das allerdings nicht. Die Hacienda war zum Teil unbewohnbar, und der bewohnbare Teil entsprach nicht María Lauras Vorstellungen. Aber die Renovierung musste warten, bis María Laura ihren ersten Sohn Ricardo zur Welt gebracht hatte. Inzwischen hatte sie sich darauf verlegt, die Reichen und Schönen des Landes bei der Einrichtung ihrer Villen zu beraten und im vornehmen Stadtteil Polanco von Mexiko-Stadt ihre Möbelboutique »Esencial« eröffnet. Die Hacienda sollte ihr Vorzeigeobjekt werden. Mit Designern und Landschaftsarchitekten flog sie im Helikopter nach Malinalco, um den Umbau zu planen.

Es sollte eine Luxusrenovierung werden, denn für das Wochenendhäuschen von Salinas Pliego war das Beste gerade gut genug. Für den Fußboden des Obergeschosses ließ María Laura beispielsweise 2000 Jahre alte Marmorfliesen aus Jerusalem einfliegen. Der Billardsalon wurde mit 200 Jahre alten Mahagonitafeln verkleidet, die sie bei einer Auktion in New York ersteigert hatte. Die Kinderzimmer ließ sie mit Möbeln und Spielsachen aus dem 19. Jahrhundert ausstatten und von Malern aus Mexiko-Stadt mit Märchenmotiven in Sepia ausmalen (ob die grinsenden Hasen dem kleinen Ricardo gefielen, ist nicht überliefert). Ein Heer von Malern kopierte das fast 500 Jahre alte, in schwarz-weiß gehaltene Wandgemälde aus der Augustinerabtei von Malinalco in die Arkaden der Hacienda, ebenfalls in Sepia. Außerdem ließ sie die acht Hektar Land, die der Hacienda nach der Landreform geblieben waren, als Landschaftspark mit drei Teichen und einem Streichelzoo für den Erben anlegen.

Die Renovierung dauerte einige Jahre. Zwischendurch wurde María Laura ein zweites Mal schwanger, verlor das Kind jedoch im dritten Monat. »Es war das Schlimmste, was ich je erlebt habe«, gestand sie der Klatschzeitschrift *Quien.* »Aber es war mein Schicksal. Es passiert nichts ohne Grund.« Ende 2008 wurde sie schließlich erneut schwanger, diesmal mit Zwillingen. Das war ein Ansporn, die Renovierung der Hacienda abzuschließen, denn die Taufe der Kinder sollte in Jalmolonga stattfinden. Die Arbeiten liefen nun mit Hochdruck. Zeitweise waren 400 Arbeiter, Gärtner und Maler beschäftigt. Die Hausherrin schwebte nun fast jeden Freitagnachmittag mit dem Hubschrauber aus Mexiko-Stadt ein, um das Wochenende in Jalmolonga zu verbringen und nach dem Rechten zu sehen.

Die Vorbereitungen für die Taufe nahmen mehr Kraft in Anspruch, als die blasse Frau vor und nach der Geburt der Zwillinge hatte. Zum Glück konnte sie sich auf die Hauswirtschafterin der Hacienda verlassen, die die Organisation übernahm, die Renovierung koordinierte und dafür sorgte, dass sie zur Taufe fertig war, den Garten dekorierte, ein Team von italienischen Starköchen engagierte, in Malinalco Kellner und Küchenhilfen anheuerte, die Sicherheitsexperten unterstützte, die Musiker verpflichtete, die Musikanlage aufbaute. Und als María Laura zwei Tage vor der Feier plötzlich fürchtete, dass es vielleicht regnen könnte und die Gäste auf dem Rasen nasse Füße bekommen könnten, schickte die Haushälterin ihre Leute in die umliegenden Dörfer, um 500 Strohmatten zu organisieren. María Laura musste nur in die Hände klatschen, und jeder ihrer Wünsche wurde wahr.

Das Aschenputtel

Eine der Küchenhilfen war unsere Nachbarin Doña Alma. Die zierliche Frau mit Kurzhaarschnitt und Brille war etwa fünfzig Jahre alt, sah aber eher aus wie sechzig, was vielleicht auch daran lag, dass sie an einer Krücke ging. Als wir nach Malinalco gezogen waren, hatte sie unsere Vermieterin wärmstens empfohlen, weil sie Mittagessen für die Nachbarn zubereitete. »Wenn ihr mal keine Lust zum Kochen habt, dann sagt ihr einfach morgens Bescheid, und sie bringt euch ein Mittagessen.«

Nachdem wir uns anfangs etwas geziert hatten, klopften wir bald regelmäßig bei ihr ans Fenster. Doña Alma war eine geniale Köchin. Sie kochte keine Fleischklöpse in Chipotle und keine Maiseintöpfe, wie sie zu den Klassikern der mexikanischen Mittagstische und Familienrestaurants (Fondas) gehören, sondern Salate, viel Gemüse, chinesische Gerichte und eigene Kreationen. Für 40 Pesos pro Person zauberte sie eine Suppe, ein Hauptgericht mit Salatbeilage und einen Nachtisch. Wie sie das Essen kalkulierte, war mir ein Rätsel. Nachdem wir uns ein paar Mal begeistert für das leckere Essen bedankt hatten, bot Doña Alma meiner Frau an, ihr ein paar Rezepte zu zeigen. So kam es, dass sie einmal pro Woche bei uns in der Küche kochte, Lourdes in die Geheimnisse der gehobenen mexikanischen Küche einweihte und ihr zwischen Gemüseputzen und Soßenabschmecken ihre Geschichte erzählte.

Doña Alma war in Malinalco zur Welt gekommen. Ihre Mutter starb, als sie acht Jahre alt war, und nun musste sie den Haushalt führen und ihren Vater und ihre jüngere Schwester versorgen. Ihr Vater war ein strenger Patriarch, er wollte um zwei Uhr sein Essen auf dem Tisch haben und hatte klare Vorstellungen, wie was zu schmecken hatte. Eine Nachbarin brachte Alma das Kochen bei, und das Mädchen fand großen Spaß daran.

Als sie 18 Jahre alt war, starb ihr Vater und die junge Frau zog allein nach Puebla. Dort arbeitete sie als Küchenhilfe in Restaurants und lernte das Kochen von der Pike auf. Unter anderem lernte sie, wie man das Nationalgericht Chiles en Nogada zubereitet, gefüllte Chiles Poblanos mit einer Ziegenkäse-Nusssoße, die bis heute ihre ganz besondere Spezialität sind. Außerdem lernte sie dort ihren späteren Mann Antonio kennen. Nach einer kurzen Verlobungszeit heirateten die beiden und bekamen eine Tochter, die sie Estrella nannten.

Antonio stammte aus einer Bauernfamilie aus der Sierra von Puebla, aber da Alma nicht in dem winzigen Dorf leben wollte und Antonio mit dem Anbau von Mais und Bohnen keine Familie ernähren konnte, blieb die Familie in der Stadt. Dort begann Antonio, der handwerkliches Geschick mitbrachte, seinen Nachbarn Parabolantennen aufs Dach zu montieren. Als die Nachfrage wuchs, tat er sich mit einem neuen Bekannten zusammen, um ein kleines Unternehmen zu gründen. Das erwies sich jedoch als fatale Entscheidung. Der Partner bestahl ihn und betrog die Kunden: Er kaufte minderwertiges Material, ließ sich von den Händlern teure Markenware auf die Belege setzen und behielt die Differenz für sich. Als die Kunden reklamierten, verschwand der Partner und Antonio musste für den Schaden geradestehen. Er war bankrott.

Also suchte sich Antonio eine Anstellung. Als er in Puebla keine Arbeit fand, erinnerte er sich an einen Cousin, der im kalifornischen San Diego arbeitete. Doña Alma war zwar nicht besonders glücklich, dass ihr Mann »nach drüben« gehen wollte, aber sie hoffte, mit dem Geld eine Fonda zu eröffnen, ein bescheidenes Restaurant mit zwei oder drei Tischen und einem festen Mittagsmenü. Also fuhr Antonio mit dem Bus nach Tijuana, ließ sich dort illegal über die Grenze schmuggeln und klopfte bei seinem Cousin an. Der ließ ihn in seinem Zimmer wohnen und verschaffte ihm Arbeit auf der Baustelle, auf der er selbst arbeitete. Eines Morgens, etwa einen Monat später, fand er Antonio tot auf seiner Matratze. Antonio hatte Herzprobleme, die er nie behandeln ließ, weil er nicht das Geld hatte und weil er nicht versichert war. Vermutlich war er an einem Herzinfarkt gestorben, aber so genau wusste das auch Doña Alma nicht, denn amerikanische Gerichtsmediziner halten sich nicht allzu lange mit illegalen Mexikanern auf. Antonio wurde in sein Heimatdorf überführt und dort beerdigt.

Nun war Doña Alma mit ihrer fünfjährigen Tochter Estrella allein. Also ging sie zurück nach Malinalco. Dort zog sie zu ihrer Schwester in das Haus der Familie, ein einstöckiges Betonhäuschen mit Wellblechdach und einem überbordenden Bougainvillea-Strauch an der Fassade, der das ganze Jahr über leuchtend violett blüht. Während der nächsten fünf Jahre arbeitete sie als Köchin in verschiedenen Restaurants des Ortes, die sich meist nicht lange hielten. Dann bekam sie eine Anstellung im Los Encantos, dem besten Restaurant am Marktplatz von Malinalco. Los Encantos richtet sich an die betuchteren Wochenendausflügler aus Mexiko-Stadt und kann mit den besten Restaurants der Ausgehviertel dort mithalten. Die Besitzer Miri und Carlos spezialisierten sich auf »Neue Mexikanische Küche« und es war gar nicht einfach, in Malinalco geeignete Köche dafür zu finden. Miri hörte von Doña Alma und drängte sie, bei ihr zu arbeiten. Also fing sie im Los Encantos an und arbeitete dort zehn Jahre lang.

Es war Knochenarbeit. Das Restaurant öffnete am Freitag von 12 bis 23 Uhr, am Samstag von 9 bis 23 Uhr und am Sonntag von 9 bis 19 Uhr, doch Doña Alma begann schon am Donnerstagmorgen mit den Vorbereitungen. Zwölf Stunden lang stand sie in der Küche, putzte Gemüse, richtete Fleisch vor und bereitete Soßen zu. Am Freitag und Samstag stand sie ununterbrochen von 8 Uhr morgens bis weit nach Mitternacht in der Küche. Am Sonntag kam sie gegen 21 Uhr nach Hause. An den vier Tagen stand sie insgesamt fast 60 Stunden lang am Herd. Pro Wochenende bekam sie zuletzt 1000 Pesos oder umgerechnet rund 65 Euro, plus Trinkgeld, je nach Betrieb zwischen 300 und 500 Pesos. Zehn Jahre lang arbeitete sie jedes Wochenende. Sie hatte keinen Urlaub und kein Urlaubsgeld, kein Ostern und kein Weihnachten, keine Krankenversicherung und keinen Rentenanspruch.

Dann, eines Sonntagabends gegen Ende der Regenzeit, rutschte sie auf dem Nachhauseweg auf dem glitschigen Kopfsteinpflaster aus und brach sich den Knöchel. Am nächsten Morgen ließ sie sich von einem Nachbarn in die örtliche Klinik fahren, bekam einen Gipsverband und am Donnerstagmorgen stand sie wieder in der Küche vom Los Encantos. Als der Gips drei Wochen später abgenommen wurde, konnte sie vor Schmerzen kaum auftreten. Der Arzt schickte sie ins Krankenhaus im Nachbarort Tenancingo, um dort eine Röntgenaufnahme machen zu lassen. Dabei stellte sich heraus, dass der Knochen falsch zusammengewachsen war. Er musste wieder gebrochen werden, sie bekam einen neuen Verband. Als der Gips nach vier Wochen wieder abgenommen wurde, hatte sie keine Kraft mehr im Bein, und die Schmerzen waren kaum besser geworden. Sie ließ sich nicht mehr röntgen.

Seither geht Doña Alma mit einer Krücke. Ihre Stelle im Los Encantos musste sie aufgeben, weil sie nicht mehr in der Lage war, 60 Stunden lang zu stehen. Als sie kündigte, zahlte Carlos ihr eine Abfindung von umgerechnet etwas mehr als 300 Euro.

Das war vor fünf Jahren. Seitdem verkauft Doña Alma Mittagessen in der Nachbarschaft. Sie kocht zuhause unter dem Wellblechdach, das Geschirr spült sie in einem Spülstein im Hof zwischen den Hühnern. Hin und wieder springt sie stundenweise im Los Encantos ein, oder sie arbeitet bei Banketten als Küchenhilfe, wie bei der Taufe in Jalmolonga. Die Besitzerin eines anderen Restaurants aus Malinalco bot ihr eine Stelle an – vor allem um an die Rezepte vom Los Encantos zu kommen, wie Doña Alma meint. Doch sie fühlt sich Miri und Carlos verpflichtet. Außerdem musste sie doch jetzt an den Wochenenden, wenn Estrella arbeitete, auf die Enkelkinder aufpassen.

Doch die Sache mit der Rente nagte an Doña Alma. Deshalb fragte sie meine Frau, die als Juristin fünf Jahre lang Pflichtanwältin am Arbeitsgericht von Mexiko-Stadt gewesen war, ob man ihr diese Zeit nicht irgendwie gutschreiben könnte. Lourdes erklärte ihr, wenn sie klagen würde, hätte sie den Prozess so gut wie gewonnen. Sie hätte ein Anrecht auf eine Abfindung von 50 000 Pesos, vielleicht auch mehr, plus Urlaubsgeld für zehn Jahre. Außerdem müsste Carlos die Beiträge für die Rentenversicherung nachzahlen, die anderen Köchinnen und Kellnerinnen rückwirkend anmelden und mit einer ordentlichen Strafe rechnen. Lourdes bot Doña Alma an, kostenlos eine Klage vorzubereiten. Doch als Doña Alma hörte, dass Miri und Carlos Probleme mit der Sozialversicherung bekommen würden, zuckte sie zurück. Sie wollte keinen Ärger machen. Denn inzwischen arbeitete ihre Tochter Estrella als Köchin im Los Encantos – zu denselben Bedingungen, versteht sich. Estrella hatte einen sechsjährigen Sohn und zwei vierjährige Töchter, ihr Mann Roberto war Alkoholiker und hatte sich nach der Geburt der Zwillinge aus dem Staub gemacht. Wenn sie ihre Arbeit verlöre, stünde die Familie vor dem Nichts.

Doña Alma und Estrella gehören zu den knapp 50 Prozent der mexikanischen Bevölkerung, die nach der Definition der OECD in Armut leben. Allerdings in »relativer Armut«, wie es so schön heißt, das bedeutet, sie haben zwar genug zum Essen, aber für mehr reicht es nicht. Trotzdem würden sie sich nicht als arm bezeichnen. Sie haben ein Häuschen und einen kleinen Garten mit Obstbäumen, und mit einem Familieneinkommen von umgerechnet 400 Euro im Monat haben sie mehr als die meisten anderen Familien in Malinalco. Doch sie leben von der Hand in den Mund, sie haben keinen Centavo auf der hohen Kante und keinerlei soziale Absicherung. Wenn eines der Kinder ernsthaft krank werden sollte oder Estrella nicht mehr arbeiten kann, dann gibt es eben nichts mehr zu essen.

Die beiden Frauen träumen davon, ein eigenes Restaurant zu eröffnen, doch dazu fehlt ihnen das Kapital. Eines Tages erzählte Doña Alma, sie überlegten, nach Puebla zu ziehen, um dort den kleinen Laden ihrer Schwägerin zu übernehmen und zu einem Feinkostladen auszubauen. Oder vielleicht sogar zu einem kleinen Restaurant umzubauen. Doch am Ende entschieden sie sich dagegen.

»Wenn du deinen eigenen Laden hast, dann hast du kein sicheres Einkommen, mal verdienst du was, mal legst du drauf. Wenn du eine feste Arbeit hast, dann hast du was Sicheres«, meinte Doña Alma.

Das Fest

Am Tag der Taufe wäre Doña Alma fast zuhause geblieben. Sie hatte niemanden gefunden, der auf ihre Enkel aufpasste, während sie in Jalmolonga war und Estrella im Los Encantos. Schließlich boten wir ihr an, die Kinder könnten zu uns kommen. Um sieben Uhr morgens fuhr ich sie nach Jalmolonga. Ich kam allerdings nicht bis zur Einfahrt der Hacienda, der Parkplatz der Mitarbeiter war durch Uniformierte versperrt. Als ich wegfuhr, sah ich nur noch, wie Doña Alma abgetastet und mit einem Metalldetektor untersucht wurde.

Während Doña Alma in der modernen Designerküche der Hacienda stand und unter den strengen Augen des italienischen Starkochs Salat putzte, lag María Laura am Swimmingpool der Hacienda und ließ sich massieren*. Aber in ihren Schläfen pochte die Migräne, sie fühlte sich angespannt und nervös. In der Ankleide warteten bereits ihre Maniküristin und ihre Visagistin auf sie. Punkt zwölf Uhr sollte der Fotograf für den Fototermin eintreffen, und um ein Uhr sollte sie ihren Mann und den Bischof treffen.

Ihre Stilberaterin hatte ihr für diesen Tag ein schlichtes dunkelgrünes Sommerkleid ausgewählt. An einer langen goldenen Halskette, die ihr bis über den Nabel hinunterreichte, trug sie ein 18 Zentimeter großes, mit Smaragden besetztes und mit einer Krone geziertes Kreuz aus Gold und Silber. Dazu trug sie einen großen, rechteckig geschliffenen und in Diamanten gefassten blauen Topas am Ringfinger und lange, mit Smaragden besetzte Ohrgehänge. Auf den Fotos sah sie zauberhaft aus. Ein bisschen müde vielleicht, aber zauberhaft.

---

* Was während des Festes passierte, berichtete mir eine Freundin, die lieber nicht genannt werden möchte.

Die Krone war ein Leitmotiv der Taufe, ein Mobile aus vergoldeten Kronen hing auch über dem Taufstein in der frisch renovierten Kirche. Während die Eltern ihre Zwillinge Mariano Mateo und Cristóbal Patricio über das blumengeschmückte Becken hielten, sang die italienische Opernsängerin Filippa Giordano zur Begleitung eines Streichquartetts. Das erlebten jedoch nur die Angehörigen, die anderen Gäste trafen erst zum Essen ein.

Es war eine intime Feier, lediglich 300 Personen waren eingeladen. Trotzdem war die Gästeliste ein Who Is Who der Reichen und Mächtigen des Landes: Carlos Slim Helú und sein ältester Sohn Carlos Slim Domit; Enrique Peña Nieto, der Gouverneur des Bundesstaates Mexiko und Präsidentschaftskandidat für die Wahlen im Jahr 2012; Marcelo Ebrard, der Bürgermeister von Mexiko-Stadt; nicht zu vergessen einige Dutzend Multimillionäre, Vorstandsvorsitzende von Fortune 500-Konzernen, Abgeordnete, Senatoren und Stars aus Rundfunk und Fernsehen.

Die traute Runde wurde von rund 250 bis an die Zähne bewaffneten Leibwächtern beschützt, die sich rund um die Hacienda postierten, jede Zufahrt besetzten, jeden Kofferraum öffneten, mit Spiegeln unter jedes Auto schauten, in jede Handtasche blickten und jeden Gast abtasteten. Carlos Slim und sein Sohn, die im Helikopter angereist waren, hatten allein einen Konvoy von 80 Leibwächtern in zehn gepanzerten Fahrzeugen vorausgeschickt. Slim und Salinas verlassen sich nicht auf die mexikanische Polizei, sondern bestenfalls auf die Armee oder die Marinesoldaten. Sie unterhalten ihre eigenen Sicherheitsmannschaften, die eher Armeen gleichen, und lassen sich in Fragen des Personenschutzes vom FBI beraten.

Davon war im Garten der Hacienda nichts zu spüren, die Gäste aßen die ausgesuchtesten Leckereien und spülten sie mit Champagner hinunter. Ricardo Salinas Pliego unterhielt sich angeregt mit Carlos Slim, vermutlich über das Mobilfunkgeschäft, um das die beiden inzwischen konkurrieren. Zum Nachtisch betrat Filippa Giordano die Bühne und sang *O mio babbino caro* und Arien von Puccini und Bizet.

María Laura war begeistert vom Gesang. Zum ersten Mal an diesem Tag spürte sie, wie die Anspannung von ihr abfiel. Enthusiastisch klatschte sie Beifall, dann rief sie die beiden Kindermädchen zu sich und bat sie, die Zwillinge zu bringen. Mit einem Knaben auf jedem Arm trat sie an die Bühne, um sich mit einem Küsschen bei der Sängerin zu bedanken. Dann passierte das Unglück. Vielleicht war die Bühne einfach ein bisschen zu hoch, vielleicht rutschte sie auch auf der Strohmatte weg, vielleicht war es auch einfach die Migräne. Was auch immer der Grund war, als sie sich nach oben reckte, rutschte ihr der kleine Mariano vom Arm und klatschte auf die Bühne.

Kindermädchen rannten herbei, Tränen flossen, Mutter und Sängerin erstarrten vor Schreck. Die Kindermädchen sammelten die Zwillinge auf und brachten sie eilig in das Kinderzimmer mit den grinsenden Hasen, in dem zwei Wiegen warteten. Die Gäste waren kurz verwirrt und tuschelten. Wenig später kam der Vater mit breitem Lächeln aus dem Kinderzimmer zurück: »Es ist nichts passiert. Den Kindern geht es gut.« Die Mutter ließ sich für den Rest der Feier nicht mehr blicken. Sie sei erschöpft und müsse sich ausruhen, hieß es.

In der Küche waren die Aufräumarbeiten inzwischen in vollem Gange. Von den Kellnern erfuhren die Küchenhilfen, was im Garten passiert war. Sie flüsterten und lachten ein wenig. Doña Alma hätte María Laura zu gern gesehen, und sei es nur aus der Ferne. Aber sie durfte die Küche natürlich nicht verlassen. Sie hatte Mitleid mit ihr. »Die arme Señora«, meinte sie später. »Ihr Mann war wahrscheinlich furchtbar wütend und hat sie angeschrien. Vielleicht hat er sie sogar geschlagen. Stellen Sie sich vor, die Kinder von diesem Mann zu haben – was für eine Verantwortung! Ich möchte nicht mit ihr tauschen.«

Mexiko-Lexikon
Si no transas no avanzas

Im Mai 2011, kurz vor Beginn der Regenzeit, machte die veracruzanische Ausgabe der Tageszeitung La Jornada mit der Mel-
dung auf, der ehemalige Bildungsminister und Rektor der Universität von Veracruz Víctor Arredondo habe den Río Pixquiac
ausgebaggert, um im Flussbett ein Schwimmbecken anzulegen
und mit den Flusskieseln Hütten für ein Zentrum für Ökotou-
rismus zu bauen. Damit habe er das Flussbett zerstört, der Bach
versickere nun.

   Der Río Pixquiac ist einer der letzten mehr oder weniger sau-
beren Flüsse im ganzen Bundesstaat Veracruz; die meisten
Flüsse in und um Xalapa erinnern in Farbe und Geruch eher an
schmutzige Seifenlauge. Er entspringt am Fuß des 4300 Meter
hohen Cofre de Perote und verläuft durch den geschützten Nebelwald zwischen Xalapa und Coatepec. Unter anderem fließt
er auch durch die Pitaya, einen Ortsteil von Coatepec, in dem
vor allem Künstler, Schauspieler, Biologen und andere umwelt-
bewusste Menschen leben. Diese liefen sofort auf der Stadtverwaltung von Coatepec Sturm und erfuhren, dass Señor Arredondo einen Bauantrag gestellt hatte, der aber abgewiesen
worden sei.

   Da die Behörden nicht daran interessiert schienen, etwas gegen Señor Arredondo zu unternehmen, gingen die Bürger vor
Gericht. Der Prozess steht noch aus, aber es wird enden wie
immer. Señor Arredondo wird dem Bürgermeister von Coatepec einen Besuch abstatten, ihn an sein Parteibuch erinnern und
daran, dass er nach Ablauf seiner Amtszeit in zwei Jahren als
Kandidat für die Wahl zum Parlament des Bundesstaates Veracruz aufgestellt werden will. Der Bürgermeister wird sich diesem Argument nicht verschließen können und die erwünschte
Genehmigung erteilen. Der zuständige Richter, zufällig ein alter

Freund des ehemaligen Ministers, wird die Klage mit Hinweis auf die Genehmigung ablehnen oder sich für nicht zuständig erklären. Auf unerklärliche Weise werden Beweisstücke verschwinden. Und Señor Arredondo wird seinen ökologischen Freizeitpark eröffnen.

Si no transas no avanzas: Wer nicht bescheißt, kommt nicht voran.

El Narco
Postkarten aus dem Drogenkrieg

Das Telefon klingelt und ich schieße aus dem Bett. Am Apparat ist mein Schwiegervater aus Mexiko-Stadt. Was denn in Xalapa los ist, will er wissen.

»Wieso?«, frage ich.

»Was, wieso? Sag mir nicht, dass du es nicht weißt?« Er ist außer sich. »In Xalapa hat es eine Schießerei zwischen dem Militär und den Zetas* gegeben! Bekommt ihr denn gar nichts mit?«

Ich lege mich wieder ins Bett. »Dein Vater macht sich Sorgen«, sage ich zu Lourdes. »In Xalapa hätte es eine Schießerei gegeben und er meint, wir sollten auf keinen Fall vor die Tür gehen. Als ob wir in Ciudad Juárez leben.«

Nach dem Frühstück schaue ich auf die Internetseite des *Diario de Xalapa*, der Tageszeitung von Xalapa:

Xalapa wurde gestern Schauplatz mehrerer Schießereien an verschiedenen Orten der Stadt. Sie begannen am Nachmittag im Stadtteil Ánimas. Angeblich wurde dort ein Haus unter Beschuss genommen.

Daraufhin nahm die Polizei die Verfolgung auf und es kam zu weiteren Schusswechseln. Die Bewaffneten wurden schließlich in einem Haus in der Straße Cañon del Colorado umstellt. Kurz nach 19 Uhr begann dort ein Feuergefecht, das erst nach Mitternacht endete. Das Militär sperrte die Gegend weiträumig ab und ließ niemanden passieren.

Heute morgen gab der befehlshabende General bekannt, bei den Schießereien seien zwei Soldaten und zwölf Angreifer

---

* Los Zetas sind die mächtigste Drogenbande der Golfregion. Drogenhändler heißen in Mexiko *narcotraficantes* oder kurz *narcos*.

ums Leben gekommen. Zivilisten seien nicht zu Schaden gekommen. Es seien keine Verhaftungen vorgenommen worden, da alle Angreifer getötet worden seien.

Ánimas kenne ich, das ist ein recht wohlhabender Stadtteil, der von uns aus gesehen auf der anderen Seite des Zentrums liegt. Weit weg jedenfalls, und in einem Stadtteil, der wegen seiner vielen Luxuskarossen unter generellem Narco-Verdacht steht.

Gegen Mittag ruft mein Freund Moises an, der im Zentrum von Xalapa einen kleinen Buchladen hat.

»Bei euch alles in Ordnung?«, fragt er.

»Ja, wieso?«

»Was, wieso? Gerade war Tonatiuh hier und hat erzählt, euer ganzer Stadtteil ist abgesperrt und es gibt Schießereien. Bei euch in der Nähe haben sie vorhin die Schule geräumt. Tona sagt, die ganze Ecke ist von Polizei und Militär abgeriegelt.«

»Hier ist alles ruhig. Ich habe nichts mitgekriegt.«

»Doch, in der ganzen Stadt gibt es Schießereien. Du müsstest das hier mal sehen. Es ist kein Mensch auf der Straße. Total unheimlich. Ich glaube, ich mache den Laden zu und gehe nach Hause. Passt auf euch auf.«

Auf der Seite von *Diario der Xalapa* nichts Neues. Auf den Xalapa-Seiten in Facebook dagegen helle Aufregung.

»Was ist los in Xalapa?«

»Stimmt es, dass sie eine Ausgangssperre verhängt haben?«

»Ich habe gehört, dass es im Zentrum Schießereien gegeben hat! Ist das wahr?«

Dazwischen immer wieder Aufforderungen, keine Panik und keine Gerüchte zu verbreiten. Wirkliche Informationen Fehlanzeige.

Allmählich mache ich mir trotzdem Sorgen, weil meine Frau am Nachmittag im Stadtzentrum ein Seminar besuchen will.

»Ruf doch mal die Kursleiterin an«, sage ich zu ihr. »Vielleicht weiß die ja was.«

Die Kursleiterin ist eine Bekannte von uns und lebt in der Stadtmitte mit Blick auf die Hauptstraße. Sie sagt, sie hätte nichts von Schießereien mitbekommen, aber die Stadt sei völlig tot. Sie wolle mal in der Schule anrufen. Wenig später ruft sie zurück und meint, die Schule habe das Seminar verschoben und alle Kurse ausfallen lassen. Die Anweisung sei von der Schulbehörde gekommen.

Im Radio keine neuen Nachrichten. Gegen Abend dann eine Notiz im *Diario de Xalapa*.

Die Regierung des Bundesstaats Veracruz teilt mit, die Gerüchte über Schießereien, die in den sozialen Netzwerken des Internet und in der Bevölkerung verbreitet wurden, seien falsch. Es bestehe keinerlei Gefahr für die Bevölkerung, die Gerüchte gingen von Personen aus, die in unverantwortlicher Weise Panik schüren wollten. Die Regierung ruft die Bevölkerung auf, Ruhe zu bewahren und sich nicht von Interessen manipulieren zu lassen, die den sozialen Frieden von Veracruz stören wollen.

Am nächsten Morgen treffe ich mich wie jeden Samstag mit Tonatiuh und Moises im Café neben seinem Buchladen zum Frühstück. Tonatiuh räumt ein wenig kleinlaut ein, dass die Sache mit den neuen Schießereien wohl falscher Alarm gewesen war. Aber er hat auch schon eine Erklärung. »Die Zetas haben die Panik verbreitet. Die haben in den Schulen angerufen, sich als Vertreter der Schulbehörde ausgegeben und gesagt, sie sollen die Kinder nach Hause schicken.« Moises glaubt, dass der alte Gouverneur des Bundesstaates Veracruz, der erst einen Monat zuvor sein Amt geräumt hat, mit den Drogenbanden unter einer Decke gesteckt habe. Die Narcos müssten jetzt neu verhandeln und sich eine möglichst starke Position verschaffen. Deswegen die Aktion. Und der neue Gouverneur wolle sich alle Optionen offenhalten und seinen Preis in die Höhe treiben. Deswegen der harte Militäreinsatz.

Tonatiuh widerspricht vehement: Der neue Gouverneur sei vom Präsidenten Felipe Calderón unter Druck gesetzt worden. »Entweder du machst beim Drogenkrieg mit, oder wir sägen dich ab.«

»Aber woher wollt ihr das alles wissen?«, frage ich. »Hört doch endlich auf mit dieser Panikmache! Ihr habt doch keinerlei Beweise!«

Sie sehen mich nur mitleidig an und Moises meint: »Du wirst schon sehen, das war erst der Anfang.«

Leben mit der Gewalt

Dass in Mexiko nicht alles im Lot ist, weiß man auch in Deutschland. Wenn man in den deutschen Medien überhaupt etwas über Mexiko zu hören bekommt, dann nur, dass der Drogenkrieg seit seinem Beginn im Dezember 2006 mehr als 50 000 Opfer gefordert hat, dass wieder ein Massengrab mit ermordeten Migranten aus Mittelamerika entdeckt wurde, dass sich die Drogenbanden einen blutigen Krieg um Ciudad Juárez liefern, dass die Polizei gemeinsame Sache mit den Banden macht, dass Hunderttausende für ein Ende der Gewalt auf die Straßen gehen und dass die mexikanischen Drogenhändler ihre Waffen aus den Vereinigten Staaten erhalten. Zwischendurch erfährt man bestenfalls, wenn im Urwald von Yucatán ein neues Maya-Grab gefunden wurde. Mord oder Mayas – mehr liest man selten zu Mexiko. Das Schlagwort der amerikanischen Geheimdienste vom *failed state* macht die Runde. Über den Alltag der Menschen sagen solche Begriffe allerdings wenig aus.

Der hat sich in den letzten Jahren unter dem Einfluss der zunehmenden Gewalt sehr verändert. Aber wer nicht gerade in Ciudad Juárez, Tijuana oder in einem der Bundesstaaten entlang der Grenze zu den Vereinigten Staaten wohnt, für den sind die Schießereien gar nicht das eigentliche Problem. Die meisten Menschen sind eher besorgt wegen der Welle der Diebstähle, Überfälle, Entführungen und Erpressungen, die das Land überflutet. Die gestiegene Zahl der Verbrechen hängt zum einen damit zusammen, dass sich die Drogenbanden auch auf diesen Gebieten betätigen. Zum anderen hat die Finanz- und Wirtschaftskrise Mexiko hart getroffen, es gibt kaum sinnvolle Beschäftigungsmöglichkeiten, weshalb das Verbrechen für viele Jugendliche zu einer attraktiven Option wird. Angesichts der miesen wirtschaftlichen Lage fragt sich die Journalistin Lydia Cacho in ihrem Buch *Sklaverei,* »mit welchen Argumenten man junge Menschen aus der Mittelschicht überzeugen soll, zu studieren und eine Arbeit mit einem Lohn von umgerechnet 3 bis 11 Dollar pro Tag anzunehmen, wenn sie mit dem Verkauf von Crack oder Heroin in der Schule oder in ihrem Stadtteil zwischen 100 und 2000 Dollar pro Woche verdienen können. Die Antwort ist einfach: Es gibt keine Argumente.«

Die Menschen sind zu Recht verunsichert. Es kommt jedoch noch ein weiteres Phänomen hinzu: die gefühlte Unsicherheit. In Mexiko-Stadt ist die Verbrechens- und Mordrate auf dem Niveau von New York City, aber drei Viertel der Bevölkerung fühlen sich bedroht; in Mérida ist die Verbrechensrate auf niedrigem europäischen Niveau, aber selbst hier fühlen sich drei Viertel der Bevölkerung unsicher. Kettenmails machen die Runde, die vor immer neuen Methoden von Entführern und Trickbetrügern warnen. In vielen Fällen handelt es sich um Gerüchte, mit denen das Gefühl der Unsicherheit geschürt wird. Aber woher soll man angesichts der ungenügenden Berichterstattung denn auch wissen, was stimmt und was nicht? Die in Mexiko beliebte *nota roja*, die (blut)rote Nachricht, verstärkt dieses Gefühl der Unsicherheit noch: Fernsehnachrichten und Zeitungen kennen keine »freiwillige Selbstbeschränkung« und zeigen jede Leiche und jeden Tropfen Blut in möglichst gruseligem Detail. Wie der Schriftsteller Guillermo Arriaga in einem Interview der *Zeit* erklärt, nutzen die Narcos die Medien geschickt, indem sie den Ermordeten Botschaften umhängen, die am Abend in alle Wohnzimmer flimmern. Andererseits ist die Ansicht verbreitet, dass die Presse nicht berichtet, was wirklich im Land vorgeht, weil sie von der Regierung geknebelt und von den Drogenbanden bedroht wird.

Viele Menschen reagieren zunehmend mit Misstrauen und Angst. Sie ändern ihre Lebensgewohnheiten, tragen in der Öffentlichkeit keinen Schmuck mehr, kleiden sich möglichst unauffällig und beobachten jedes große Auto mit Sorge, weil sie meinen, es könnte ein Drogenhändler am Steuer sitzen. Sie bleiben in ihrer Freizeit lieber zuhause und ziehen sich in den Schoß der Familie zurück. Mails mit langen Listen von Verhaltenshinweisen machen die Runde, etwa die Folgende, wie sie die Sicherheitsfirma Vance International für Manager und Unternehmer im Norden des Landes zusammengestellt hat:

1. Tragen Sie nie mehr als eine Kredit- oder Bankkarte bei sich, und führen Sie mindestens 1000 Pesos in bar mit, die Sie im Fall eines Überfalls aushändigen können.
2. Tragen Sie weder Visitenkarten noch Fotos von Angehörigen im Geldbeutel.

3. Lassen Sie Ihren Ausweis zuhause.
4. Telefonieren Sie auf der Straße nicht mit Ihrem Mobiltelefon. Sollte Ihr Telefon klingeln, wenn Sie auf der Straße sind, stellen Sie sich an eine Wand, sehen Sie in beide Richtungen, antworten Sie und bitten Sie den Anrufer, später noch einmal anzurufen.
5. Behalten Sie die Hände und Augen von Passanten im Blick, die Ihnen auf der Straße entgegenkommen; Hände in der Tasche können auf eine Waffe hinweisen.
6. Wenn Sie Ihr Auto auf der Straße oder einem öffentlichen Parkplatz abstellen, nähern Sie sich bis auf einen halben Meter, ehe Sie die Fernbedienung betätigen, da Sie beobachtet werden könnten.
7. Wenn Sie überfallen werden, während Sie das Auto öffnen, heben Sie die Hände, sehen Sie zu Boden (blicken Sie dem Angreifer nie ins Gesicht) und hören Sie, was er von Ihnen will.

   a. Lassen Sie sich auf keinen Fall dazu bringen, in das Auto zu steigen, sondern verhandeln Sie: Nehmen Sie mein Auto, mein Geld, meinen Geldbeutel, und so weiter.

   b. Wiederholen Sie: »Ruhig. Ich tue alles, was Sie verlangen.« Zum Beispiel: »Ich habe meinen Geldbeutel in der rechten Hosentasche und ziehe ihn jetzt heraus.«

   c. Will der Angreifer Sie zwingen, das Auto zu besteigen, täuschen Sie eine Ohnmacht oder einen Asthmaanfall vor. Der Angreifer wird Sie möglicherweise treten, aber er wird nicht versuchen, Sie aufzuheben, sondern mit großer Wahrscheinlichkeit ins Auto steigen und wegfahren.

8. Hüten Sie sich vor den Jugendlichen, die an der Ampel Scheiben wischen und lassen Sie nicht zu, dass sie auf Ihren Kofferraum oder Ihre Motorhaube klettern. Sie nutzen die Gelegenheit um zu sehen, was Sie mit sich führen.

So geht es seitenweise weiter. Es folgen Hinweise zum Verhalten bei Lösegeldentführungen; virtuellen Entführungen, bei denen die Angerufenen unter einem Vorwand an einen Ort gelockt werden sollen; falschen Entführungen, bei denen Anrufer (meist Gefängnisinsassen) behaupten, ein Familienmitglied entführt zu haben und Lösegeld in Form von Überweisungen aufs Handy verlangen; Expressentführungen und Raub am Geldautomaten, sowie eine schier endlose Liste von Hinweisen zum Verhalten in der Öffentlichkeit. Zum Schluss folgen ein paar allgemeine Verhaltenstipps:

1. Seien Sie tolerant. Wenn Sie im Auto unterwegs sind und jemand Sie anhupt oder überholen will, lassen Sie ihn vorbei. Sie wissen nicht, wer er ist oder warum er es eilig hat. Streiten Sie sich nicht mit jemandem, der den Verkehr behindert oder Sie schneidet. Atmen Sie lieber tief durch, zählen Sie bis zehn, und freuen Sie sich des Lebens.
2. Seien Sie vorsichtig. Besuche in Nachtclubs, Diskotheken oder Striptease-Bars sind heute nicht mehr sicher. Diese Lokalitäten befinden sich längst in der Hand von Drogenbanden, diese können jeden Moment in das Lokal kommen und es schließen. Laden Sie Ihre Freunde lieber zu sich nach Hause ein oder treffen Sie sich bei Bekannten.
3. Seien Sie bescheiden. Wenn Sie Geld haben, dann ist das sehr schön für Sie, aber lassen Sie es nicht die ganze Welt wissen, indem Sie einen dicken Mercedes fahren oder in Restaurants mit Geld um sich werfen. Die Zetas halten nach Menschen Ausschau, die ein ordentliches Lösegeld bezahlen können.
4. Seien Sie klug. Mut hat seinen Preis. Wenn Sie sehen, wie jemand ein Verbrechen begeht oder wissen, wo eine entführte Person festgehalten wird, informieren Sie die Polizei. ABER: Rufen Sie nicht von Ihrem Mobiltelefon oder von zuhause aus an. Machen Sie einen anonymen Anruf von einem öffentlichen Fernsprecher aus.
5. Seien Sie schnell. Wenn Sie mit dem Auto in eine Schießerei geraten, werfen Sie sich zu Boden und schützen Sie Ihren Kopf mit den Händen. Wenn Sie Kinder im Auto haben, ziehen Sie diese fest mit sich zu Boden. Wenn Sie zu Fuß in eine Schießerei kommen, laufen Sie nicht weg, da dies zu Verwechslungen führen kann; werfen Sie sich vielmehr zu Boden und halten Sie sich die Hände über den Kopf.
6. Seien Sie intelligent. Private Fotos auf Facebook oder MySpace einzustellen, ist witzig, aber veröffentlichen Sie keine Fotos von Ihrer Europareise, von Ihrem Besuch bei den

Olympischen Spielen oder von Ihrem neuen Cabrio. Entführer suchen auch im Internet nach ihren Opfern, und dort sehen sie, wie es Ihnen und Ihrer Familie geht.

Man mag diese Hinweise für überzogen halten, doch die Liste ist ein guter Indikator dafür, wie weit sich das Leben und die Wahrnehmung der Menschen durch die Kriminalität verändert haben.

Wenn die Kriminalität in den letzten Jahren in alarmierendem Maße zugenommen hat, dann liegt das aber nur zum Teil an den Drogenbanden und der wirtschaftlichen Situation. Eine andere, mindestens ebenso wichtige Ursache ist ein politisches System, das die Drogenbanden geradezu einlädt. Polizei, Justiz und Politik sind bis ins Mark korrupt und machen oft genug direkt oder indirekt mit den Kriminellen gemeinsame Sache. Man könnte das lange theoretisch erörtern, aber da es in diesem Buch um den Alltag der Menschen in Mexiko geht, greife ich willkürlich zwei Geschichten heraus, die nicht direkt mit dem Drogenhandel zusammenhängen, aber das systematische Versagen der staatlichen Institutionen beispielhaft demonstrieren.

Schuldig bis zum Beweis der Unschuld

Die Korruption der mexikanischen Polizei ist Legende. Jeder Autofahrer hat vermutlich schon einmal eine *mordida* – ein »Häppchen« – hingeblättert, um zu verhindern, dass sein Auto wegen einer fehlenden Abgasplakette aus dem Verkehr gezogen oder aus dem Halteverbot abgeschleppt wird. Es ist nicht so, als wäre der eine oder andere Polizist korrupt und würde hin und wieder eine Bestechung annehmen – der gesamte Polizeiapparat ist von innen heraus verfault. Die meisten Streifenpolizisten sehen ihre Aufgabe eigentlich nur darin, Bestechungsgelder zu kassieren und halten allein deshalb ihre Augen nach Verkehrssündern offen. Sie müssen pro Woche eine bestimmte Summe einnehmen, denn ihre Vorgesetzten kommen regelmäßig vorbei, um einen festen Betrag zu kassieren. Diese wiederum zahlen pro Woche eine bestimmte Summe an ihre Vorgesetzten, und so weiter.

Das System ist derart gut etabliert, dass die Bestechung schon fest ins Gehalt einkalkuliert ist. Unsere Nachbarin Rocío aus Coyoacán erzählte mir eine typische Anekdote. Sie hatte eine Stelle bei der Kriminalpolizei bekommen. Ein Vorgesetzter wies sie ein und händigte ihr den Dienstausweis aus. Als sie ihren Arbeitsvertrag unterschreiben sollte, stutzte sie. »Hier steht, ich verdiene 4850 Pesos im Monat. Haben Sie mir nicht was von 20 000 gesagt?« Der Vorgesetzte sah sie schräg an und fragte: »Also, was genau haben Sie jetzt nicht verstanden? Ich gebe Ihnen Ihren Ausweis, und um den Rest kümmern Sie sich.«

Wie sie überhaupt an den Posten gekommen war, wollte mir Rocío nicht verraten. Vermutlich hatte sie einem Gewerkschafter oder einem Vorgesetzten zwei oder drei Monatsgehälter hingeblättert. Weitere Einstellungsvoraussetzungen gibt es nicht, ebensowenig wie eine Ausbildung.

Entsprechend hochkarätig ist die Ermittlungsarbeit der Kriminalpolizei. Geschätzte 2 Prozent aller zur Anzeige gebrachten Verbrechen führen schließlich zu einer Anklage durch die Staatsanwaltschaft. Häufig präsentiert die Polizei die Falschen, was das Gericht nicht daran hindert, sie trotzdem zu verurteilen. Aber 85 Prozent der Verbrechensopfer gehen gar nicht erst zur Polizei, weil sie mehr Angst vor den Beamten haben als vor den Kriminellen, oder weil sie befürchten, dass die vermeintlichen Ordnungshüter mit den Verbrechern unter einer Decke stecken. Verbrechen lohnt sich also, denn die Wahrscheinlichkeit, verhaftet und verurteilt zu werden, ist relativ gering.

Wie marode das Justizsystem ist, demonstrierten Roberto Hernández und Layda Negrete in ihrem Dokumentarfilm *Presunto Culpable* im Frühjahr 2011. Filmheld wider Willen ist José Antonio Zúñiga, ein junger Informatiker und Hobbyrapper, der auf einem Markt in Mexiko-Stadt unter einer Plastikplane sitzt und Computer repariert. An einem Montagmorgen im Dezember 2005 wird »Toño« auf dem Weg zu seinem Stand von drei Unbekannten in ein Auto gezerrt. Zunächst glaubt er an eine Entführung, doch die Männer bringen ihn auf eine Polizeiwache. Personalien, Fotos, Fingerabdrücke – der übliche Polizeikram, wie ihn Toño aus dem Kino kennt. Er bleibt ruhig, denn er meint, dass sich das Missverständnis gleich aufklären wird. Doch dann wird er in eine Zelle gesperrt und einer der drei Polizisten, ein schnauzbärtiger Mittfünfziger, schlägt ihn und schreit ihn immer wieder an: »Du warst's, gib's zu!« Aber Toño hat nicht die geringste Ahnung, was er getan haben soll.

Noch am selben Tag wird er in die Strafanstalt überführt und in eine winzige Zelle gesperrt, die er sich mit mehr als zwanzig Häftlingen teilt. Als Neuankömmling schläft er auf dem Boden unter einem der Stockbetten. Ein paar Tage später erhält er Besuch von einem Mann, der sich als sein Pflichtanwalt vorstellt und ihm eröffnet, dass er des Mordes angeklagt wird. Toño ist fassungslos, er hat den Namen des Opfers noch nie gehört. Im Laufe der nächsten Wochen wird er einige Male von Justizbeamten vernommen, aber einen Richter bekommt er nie zu Gesicht. Seine Entlastungszeugen werden vom Gericht abgelehnt, niemand interessiert sich dafür, dass es keine Tatwaffe gibt und an Toños Händen keine Schmauchspuren nachgewiesen werden können. Fünf Monate später wird ihm im Gefängnis das Urteil zugestellt: »Schuldig. Zwanzig Jahre Haft.«

Das ist kein kafkaesker Alptraum, sondern Alltag im mexikanischen Justizsystem. Rund 80 Prozent der Angeklagten werden nie einem Richter vorgeführt, 95 Prozent werden schuldig gesprochen. Und wie viele davon sind es wirklich? »Gehen Sie mal durch und fragen Sie«, sagt Toño. »In jeder Zelle sitzen vier oder fünf Unschuldige.«

In einem Punkt unterscheidet sich Toños Geschichte jedoch von den anderen. Seine Verlobte sieht auf Canal 22 den Dokumentarfilm *El túnel* über das Justizsystem in Mexiko und setzt sich mit den beiden Produzenten, Roberto Hernández und Layda Negrete, zwei Juristen aus Mexiko-Stadt, in Verbindung. Die beiden treffen sich mit ihr und erklären sich bereit, sich für eine Wiederaufnahme des Verfahrens einzusetzen. Außerdem holen sie eine Drehgenehmigung von der Regierung von Mexiko-Stadt ein, um Toño im Gefängnis und während einer Revision mit der Kamera begleiten zu dürfen.

Hernández und Negrete entdecken einen grotesken Verfahrensfehler und erreichen eine Revision – leider vor demselben Richter. Von Anfang an ist klar, dass sie keinen leichten Stand haben werden. Wieder lehnt der Richter Toños Entlastungszeugen ab. Die drei Polizisten wollen sich an nichts erinnern. Und der einzige Tatzeuge, ein Cousin des Opfers, behauptet unerschütterlich, er habe Toños Finger am Abzug gesehen. Toños Anwälte demonstrieren zwar, dass der Zeuge Toño nie gesehen und ihn erst nach einem Gespräch mit den Polizisten beschuldigt hatte. Aber den Richter und die Staatsanwältin beeindruckt das nicht.

Der Höhepunkt des Films ist eine Gegenüberstellung – der für die mexikanische Justiz einmalige *careo* –, in der Toño hinter einem vergitterten Fensterchen hervorlugend die drei Polizisten und den Zeugen befragen darf. Es ist ein emotionaler Showdown. Als Toño hinter seinem Gitterchen hochkonzentriert und nervös blinzelnd den Polizeibeamten darauf hinweist, dass dieser keinerlei Beweise für seine Schuld präsentiert hat, schnaubt der nur verächtlich und droht ihm unverhohlen. Während Toño den Zeugen in Widersprüche verwickelt, schneidet der Richter Grimassen. Und während der Zeuge stammelt, schweigt und seine Aussage schließlich zurücknimmt, amüsiert sich die Staatsanwältin. Natürlich hält sie an ihrer Anklage fest, und als Toño sie am Ende des *careo* nach dem Grund fragt, antwortet sie nur: »Weil es mein Job ist.« Und natürlich spricht der Richter Toño ein weiteres Mal schuldig und verhängt dasselbe Strafmaß. Als hätte die Verhandlung nie stattgefunden.

Das Unglaubliche ist, dass das alles gefilmt und im Kino gezeigt wurde. Nicht, weil noch nie jemand von der Inkompetenz und Korruptheit der mexikanischen Justiz und Polizei gehört hätte. Sondern weil noch nie jemand den Mut hatte, diese Inkompetenz und Korruptheit schonungslos vorzuführen, Namen zu nennen und Gesichter zu zeigen. Und weil sich die Vertreter des Apparats selbst vor laufender Kamera nicht den leisesten Anschein geben, als seien sie an der Wahrheitsfindung interessiert.

Entsprechend waren die Reaktionen: Schon vor dem Filmstart überschlugen sich die Medien vor Begeisterung und forderten ihre Leser und Zuschauer auf, in die Kinos zu gehen. In den ersten drei Wochen wollten mehr als eine Million Menschen den Film sehen und machten *Presunto Culpable* zum erfolgreichsten mexikanischen Dokumentarfilm aller Zeiten.

Natürlich ist es leicht, den sympathischen Toño mit seinem

ernsten Lächeln zu mögen und die Polizisten mit ihren Verbrechervisagen als Erzbösewichte zu beschimpfen. Aber genau darum geht es Hernández und Negrete nicht. Sie machen aus ihrem Film keine Justizschmonzette, sondern berichten nüchtern und lassen die Tatsachen für sich sprechen. »Es geht nicht darum, einen einzelnen Richter zu feuern«, betont Negrete. »Es geht darum, das System zu verändern.«

Ein System, in dem Menschen angeklagt werden, weil sie nicht das Geld haben, um sich noch im Streifenwagen freizukaufen. In dem Polizisten Fangprämien erhalten und beliebige Passanten verhaften, um auf ihre Quote zu kommen. In dem die Ermittlungsarbeit gegen Null geht und die Polizei nur in 7 Prozent aller Anklagen überhaupt Beweismaterial vorlegt. In dem Menschen ohne Haftbefehl festgenommen und beliebig lange festgehalten werden können. In dem ein Drittel aller Festgenommenen von Polizeibeamten misshandelt wird und drei Viertel nicht einmal einen Pflichtanwalt bekommen. In dem Richter im Akkord Urteile fällen, ohne die Angeklagten je gesehen zu haben, und in dem Akten und Termine wichtiger sind als Menschen. Und ein System, in dem der Angeklagte so lange schuldig ist, bis er seine Unschuld beweisen kann.

Hernández und Negrete fordern eine Justizreform und die Einführung von mündlichen Gerichtsverfahren nach dem Vorbild Chiles. Außerdem raten sie allen Angeklagten, bis dahin sämtliche Verhöre und Verhandlungen zu filmen, im Falle einer Verurteilung in die Berufung zu gehen und die Aufzeichnungen als Beweismaterial zu verwenden. Es ist nichts anderes als eine Aufforderung zum zivilen Widerstand.

Doch das System setzte sich zur Wehr. Der Zeuge klagte wegen Verletzung seiner Persönlichkeitsrechte und eine Richterin erließ eine einstweilige Verfügung, um den Film zu stoppen. Daraufhin brach im Internet und in den Medien ein Proteststurm los. Stunden später wurde der vollständige Film mit englischen Untertiteln bei Youtube eingestellt und innerhalb von drei Tagen über eine Viertelmillion Mal abgerufen. Die Kommentatoren waren sich einig, dass der Zeuge lediglich ein Strohmann war und sprachen von Zensur. Keine 48 Stunden später hob ein anderes Gericht die einstweilige Verfügung auf. Der Innenminister von Mexiko-Stadt wehrte sich gegen den Zensurvorwurf und sprach sich gegen ein Verbot des Films aus. Und prompt stand auch die Richterin, die den Film eben noch aus den Kinos nehmen wollte, auf Seiten der Pressefreiheit und wies die Klage zurück. Als meine Frau das hörte, musste sie lachen. Sie war zehn Jahre lang Assistenzrichterin am Obersten Gerichtshof des Distrito Federal und weiß aus eigener Erfahrung, wie solche Entscheidungen zustande kommen: »Das nennt man *linea*. Die Vorgabe kam beide Male von ganz oben.«

Am Ende des Films und nach zweieinhalb Jahren Knast kommt Toño doch noch frei. Seine Anwälte gehen in Berufung und legen als Beweis das Video der Verhandlung vor. Hinter verschlossenen Türen treten die drei Berufungsrichter zusammen und erkennen nach einer stundenlangen Diskussion »hinreichende Zweifel« an der Schuld des Angeklagten. Dieselben Zweifel darf man allerdings haben, ob dem mexikanischen Justizsystem dasselbe Happy End beschieden ist. Der Richter ist weiter im Amt, die Polizisten wurden befördert, und eine für das Jahr 2016 geplante Reform sieht vor, dass »verdächtige Personen« ohne Begründung bis zu 80 Tage lang festgehalten werden dürfen.

Der Fall Lydia Cacho

Nach der Verfassung sollten Gerichte und Polizei eigentlich unabhängig sein, aber mit der Gewaltenteilung nimmt man es in Mexiko nicht so genau. Nach Gutsherrenart besetzen Gouverneure zum Beispiel freiwerdende Stellen von Richtern und Oberrichtern per Fingerzeig mit *compadres* und verdienten Weggefährten. Die sind oft nicht einmal Juristen und ihrem *patrón*, ihrem Herrn, gegenüber effektiv weisungsgebunden. In bester paternalistischer Tradition hat der Gouverneur wiederum stets ein offenes Ohr für die Anliegen seiner Freunde und sorgt dafür, dass ihnen »Recht« widerfährt.

Ein Beispiel ist Mario Marín, der bis Ende 2010 Gouverneur von Puebla war. Einer seiner vielen Freunde war ein libanesisch-stämmiger Unternehmer mit dem Spitznamen »Jeanskönig«, der in Puebla zahlreiche Sweatshops unterhielt. Besagter

Unternehmer hatte häufig Ärger mit Gewerkschaftern und Sprechern von indigenen Gruppen, die sich für die mit Füßen getretenen Rechte der Arbeitnehmer einsetzten und die Missstände in seinen Werken anprangerten. Einer davon war Martín Barrios Hernández, der mehrfach verprügelt und im Dezember 2005 verhaftet und misshandelt wurde.

Und schließlich war da noch die Journalistin Lydia Cacho, die den Jeanskönig in ihrem Buch *Los Demonios del Edén* beschuldigte, Verbindungen zu einem Pädophilen-Ring in Cancún zu unterhalten. Nach Erscheinen ihres Buchs erhob der Unternehmer vor einem Gericht in Puebla Anklage wegen Behauptung falscher Tatsachen und wegen Rufmords. Eigentlich wäre das Gericht von Puebla gar nicht zuständig gewesen und die Richterin hätte die Klage abweisen müssen, da die Autorin in Cancún lebte und der Verlag seinen Sitz in Mexiko-Stadt hatte. Aber wo ein Wille ist und man politische Freunde hat, da ist auch ein Weg.

Lydia Cacho, Enkelin portugiesischer Einwanderer, war mit Anfang zwanzig von Mexiko-Stadt in das frisch aus dem Boden gestampfte Touristenparadies Cancún auf der Halbinsel Yucatán gezogen. Dort hatte sie für eine Tageszeitung gearbeitet und war mit dem Thema Gewalt gegen Frauen konfrontiert worden, die in Cancún noch ausgeprägter ist als im Rest des Landes. Sie schrieb Artikel, bekam eine eigene Radiosendung bei einem Regionalsender, gründete eine Zeitung und eröffnete schließlich Anfang 2000 ein Asyl für misshandelte Frauen. Doch zu ihrer Überraschung kamen in das Haus nicht nur Opfer häuslicher Gewalt, sondern auch immer mehr Mädchen, die sexuell missbraucht und zur Prostitution gezwungen wurden. So stieß sie auf die Spur des Sextourismus, der Kinderpornographie und der Prostitution von Minderjährigen in Cancún.

Die Mädchen berichteten ihr von einem libanesischen Hotelier, der in seinem Hotel »VIP-Prostitution« anbot. Zu den Klienten gehörten bekannte Geschäftsleute und Politiker aus Mexiko, den Vereinigten Staaten und Kanada. Lydia Cacho begann mit ihren Recherchen und betreute die Kinder und ihre Eltern während des Vorverfahrens.

Die Prozessvorbereitungen kamen nur schleppend voran,

denn Polizei und Gerichte in Cancún hatten wenig Interesse an einem Prozess gegen einen einflussreichen Hotelbesitzer. Sie unterzogen die Mädchen endlosen Verhören und quälenden psychologischen Tests. Offenbar wurden die Ermittler bestochen, denn plötzlich war das Beweismaterial nicht mehr auffindbar. (Polizeibeamte boten die Videos später auf dem Schwarzmarkt für Kinderpornografie an.) Außerdem widerrief im Laufe des zermürbenden Vorverfahrens eine Zeugin nach der anderen – vermutlich durch Geld oder Drohungen zum Schweigen gebracht. Schließlich nahm die Bundesstaatsanwaltschaft die Ermittlungen auf, und der Hotelbesitzer setzte sich nach Las Vegas ab, wo er prompt wegen Geldwäsche verhaftet wurde.

Mitte 2005 veröffentlichte Cacho die Ergebnisse ihrer Recherchen in ihrem Buch *Los Demonios del Edén*, mit dem sie berühmt werden sollte. Leider weniger wegen des Inhalts als wegen der Konsequenzen, die seine Veröffentlichung für sie haben sollte. Von Anfang an versuchten Politiker, die im Buch erwähnt werden, die Veröffentlichung zu torpedieren. Außerdem bekam sie wiederholt Morddrohungen und erhielt einen Begleitschutz von der Bundesstaatsanwaltschaft. Doch es sollte noch schlimmer kommen.

Als Cacho am Morgen des 16. Dezember 2005 vor ihrem Büro in Cancún eintraf, wurde sie von einem Dutzend bewaffneter Männer erwartet. Einer informierte sie, sie sei verhaftet und präsentierte ihr einen Haftbefehl: ein leeres Blatt. Dann wurde sie gezwungen, in ein Auto zu steigen. Damit begann eine mehr als 24-stündige Horrorfahrt durch halb Mexiko, die sie in ihrem Buch *Memorias de una infamia* beschreibt. Ihre Entführer gaben sich als Polizeibeamte aus und sagten ihr, sie werde ins 1500 Kilometer entfernte Puebla gebracht. Cacho fürchtete um ihr Leben: Die Entführer misshandelten sie, folterten sie psychisch und drohten damit, sie zu ermorden. Aus den Gesprächen hörte sie heraus, dass hinter der Entführung kein anderer als der Jeanskönig stecken konnte.

Was sie nicht wusste: Auch Gouverneur Mario Marín hatte seine Hand im Spiel. Für seinen Kumpel hatte er Cachos Verhaftung arrangiert und den Termin so gelegt, dass die Journalistin mindestens ein Wochenende, möglicherweise sogar während der zweiwöchigen Gerichtsferien, im Gefängnis blieb. Außerdem hatte er ihre Misshandlung und Vergewaltigung durch Mithäftlinge organisiert. Das blieb Cacho glücklicherweise erspart. Aus dem Auto konnte sie heimlich eine SMS an ihren Lebensgefährten schicken, der sofort befreundete Journalisten und Menschenrechtsorganisationen mobilisierte. Als sie im Gefängnis von Puebla eintraf, war ihr Name im ganzen Land bekannt. Sie wurde von Journalisten und Mitarbeitern von Amnesty und Human Rights Watch erwartet, die sie gegen eine Kaution frei bekamen.

Damit war ihr Martyrium aber noch längst nicht zu Ende. Jetzt erfuhr Lydia Cacho den Grund ihrer Verhaftung. Das Gericht von Puebla hatte ihr angeblich eine Vorladung zu einer Anhörung geschickt, die sie aber seltsamerweise nie erhalten hatte. Im Januar erhob die Staatsanwaltschaft von Puebla Anklage.

Die Journalistin wurde von der Justiz schikaniert. Das Gericht behauptete, es bestehe Fluchtgefahr und zwang sie, einmal pro Woche von Cancún nach Puebla zu fliegen, um sich im Gefängnis zu melden. Das Gericht lehnte ihre Beweise ab und unterzog sie einer erniedrigenden Befragung nach der anderen. Der Jeanskönig drohte öffentlich, er wolle sie »fertigmachen, dass sie verrückt wird, dass sie um Gnade winselt« und heuerte ein Heer von Anwälten an, die ständig neue psychologische Gutachten forderten, zu denen sie natürlich nach Puebla fliegen musste. Außerdem erhielt Cachos Anwalt Geld, um die Beweise unvollständig und zu spät zu präsentieren. Immerhin gelang es ihr, eine Verlegung der Verhandlung nach Cancún zu erwirken. Dort wurde sie nach einem zermürbenden Jahr schließlich freigesprochen.

Doch Cacho ließ sich diese Behandlung nicht gefallen und verklagte den Gouverneur von Puebla vor dem Obersten Gerichtshof von Mexiko. Inzwischen war der Presse nämlich der Mitschnitt eines Telefongesprächs zwischen Marín und dem Unternehmer zugespielt worden. Am Telefon versicherte der Gouverneur dem Jeanskönig, er solle unbesorgt sein, das Gericht werde Cacho wegen Rufmords verklagen: »Wir werden der Alten eine Lektion erteilen, die sie nicht vergisst. Hier in Puebla achten wir das Gesetz, hier kommt keiner straflos davon. Wer ein Verbrechen begeht, den nennen wir Verbrecher.«

Sein Kumpel ist dankbar. »*Mi gober precioso* – mein süßer Gouverneur«, säuselt er und verspricht ihm zum Dank zwei Flaschen edelsten Cognac.

In Puebla gingen Tausende empörter Bürger gegen den *gober precioso* auf die Straße. Doch als sich abzeichnete, dass der Oberste Gerichtshof den Gouverneur schuldig sprechen könnte, wurde der Prozess auf Weisung des Gerichtspräsidenten eingestellt, weil es »keinen Präzedenzfall« gebe. Marín blieb im Amt.

Der Fall Lydia Cacho bringt die Situation von Journalisten in Mexiko auf den Punkt. Artikel 6 und 7 der Verfassung schützen zwar die Informationsfreiheit, aber nicht die Journalisten, und die korrupte Justiz verfolgt sie sogar noch im Auftrag zynischer Politiker. Noch größer ist die Bedrohung durch das organisierte Verbrechen: Seit 2000 wurden mindestens sechzig Journalisten von den Drogenkartellen ermordet und eine unbekannte Zahl entführt und gefoltert. Es ist überflüssig zu erwähnen, dass diese Verbrechen nie aufgeklärt wurden.

Aber mehr noch als die Situation der Journalisten verdeutlicht der Fall Lydia Cacho die Ohnmacht der Menschen vor der Justiz und die Unfähigkeit der staatlichen Institutionen, das organisierte Verbrechen zu bekämpfen, weil die Amtsinhaber auf allen Ebenen gemeinsame Sache mit ihm machen. Cacho selbst betont immer wieder, dass sie nicht das Opfer einer einmaligen Intrige wurde. Politische Einflussnahme auf Gerichte, die Bestechung von Polizisten und Justizbeamten, das Verschwinden von Beweismaterial und so weiter gehören zum Normalbetrieb der Justiz, und die Selbstherrlichkeit, Bestechlichkeit und Straflosigkeit zum Alltag der Politik – ein Erbe von sieben Jahrzehnten PRI-Diktatur. Cachos Fall wurde nur deshalb bekannt, weil sie über hervorragende Kontakte zur Presse verfügt, und weil sie den Mut hatte, sich zur Wehr zu setzen.

Cacho selbst erhält bis heute Morddrohungen. Nur knapp entkam sie einem Anschlag auf ihr Auto. Das Gefühl der ständigen Bedrohung schlägt inzwischen auf ihre Gesundheit. Trotzdem schreibt sie weiter, bestärkt auch durch die Anerkennung aus dem In- und Ausland. In ihrem neuen Buch *Esclavas del Poder*, das in Deutschland unter dem Titel *Sklaverei* erschienen ist, schildert sie unter anderem ein Netzwerk von Menschenhändlern und Zuhältern, das sich von Mexiko aus über Lateinamerika erstreckt und an dem auch hochrangige Politiker beteiligt sind.

»Ich bin kein ängstlicher Mensch«, schreibt sie in *Memorias de una infamia*. Das darf sie auch nicht sein.

Drogenkrieg

In der Presse wurde es schnell ruhig um die Schießerei zwischen dem Militär und den Narcos in Xalapa. Die Angreifer waren erschossen, damit war der Fall erledigt. Aber zwei Wochen später wurde das Rätsel um eine Facette bereichert.

Wie jeden Samstag saß ich mit Moises und Tonatiuh beim Frühstück zusammen, und das Thema war die Drogenbande der Zetas, die in Veracruz die komplette kriminelle Szene bis hinunter zum Verkauf von raubkopierten CDs beherrscht. Plötzlich fragte Moises:

»Erinnerst du dich an Ronaldo?«

Natürlich erinnerte ich mich an Ronaldo. Ein großer, knapp fünfundzwanzigjähriger Bursche mit kurzgeschorenen Haaren, traurigem Blick und kräftigem Händedruck, der in der Kaserne von Xalapa seinen Dienst tat.

»Der hat mich gestern im Laden besucht.«

»Und was hat er erzählt? War der bei der Schießerei dabei?«

»Nein, der ist doch nur im Schreibdienst. Aber er hat erzählt, dass er die ganze Zeit total Schiss hatte, die Narcos könnten die Kaserne angreifen, weil der General fast die ganze Truppe rausgeschickt hat. Es waren gerade noch sieben Leute in der Kaserne, und Ronaldo hatte eine Riesenangst, dass das Ganze nur ein Ablenkungsmanöver war und die Narcos ein paar Granaten auf die Kaserne feuern, während die anderen weg sind.«

»Und? Weiß er, was passiert ist und wer die Narcos waren?«

»Natürlich die Zetas, die haben doch hier alles im Griff. Aber genau weiß es Ronaldo auch nicht, die Soldaten bekommen ja keine Information zu gar nichts. Aber Ronaldo hat natürlich mitbekommen, was an dem Abend passiert ist. Die Nachbarn der Narcos haben gesehen, dass die Typen in dem Haus eine Waffenlieferung bekommen, und haben die Polizei angerufen.

Die ist natürlich nicht gekommen. Also haben die Nachbarn direkt bei der Armee angerufen. Die Zetas haben irgendwie spitzgekriegt, dass die Armee anrückt – Ronaldo nimmt an, dass die Polizei die Typen angerufen hat. Also haben die Zetas ein paar Leute losgeschickt, um die Soldaten hinzuhalten, bis sie ihre Sachen wieder weggebracht haben. Dabei haben sie zwei Soldaten erschossen. Als der General gehört hat, dass einer davon ein Offizier war, hat er alle Leute rausgeschickt. Und weißt du, mit welcher Order? Keine Gefangenen. Die haben das Haus gestürmt und alle hingerichtet. Per Kopfschuss. Und weißt du, was die drin gefunden haben?« Er macht eine dramatische Pause. »Granatwerfer. Granaten. Maschinengewehre. Sturmgewehre. Eine frische Lieferung.«

»Davon habe ich aber nichts in der Zeitung gelesen«, erwiderte ich. Moises sah mich nur mitleidig an.

Mexiko-Lexikon
¿Cómo lo arreglamos?

Eines Abends kurz nach unserem Umzug von Malinalco nach Xalapa sind wir auf dem Nachhauseweg. Es ist gegen neun und längst dunkel. An einer Ampel biege ich links ab und sehe, wie plötzlich jemand zwischen den parkenden Autos hervorspringt und winkt.

Lourdes zischt: »Scheiße, Polizei! Sag einfach Ja zu allem und leg dich nicht mit ihm an!«

Ich fahre rechts ran, kurbele die Scheibe runter und sehe in ein schnauzbärtiges Gesicht.

»Guten Abend, oficial«, *sage ich höflich.*

»Sie sind hier links abgebogen?«, *fragt er mich, als wäre das nicht offensichtlich.*

»Ja«, *antworte ich wahrheitsgemäß.*

»Hier ist Abbiegen verboten!«, *antwortet er streng.*

Ich spüre einen leisen Stich im Magen.

»Aber da ist doch gar kein Schild!«

Lourdes knufft mich.

»Doch, da ist ein Schild. Da hinten! Sehen Sie's?« *Der Polizist zeigt vage die schlecht beleuchtete Straße entlang. Ich verdrehe ein wenig den Kopf und sehe natürlich nichts.*

»Darf ich mal Ihre Papiere sehen?« *Lourdes zieht die Papiere aus dem Handschuhfach und ich reiche sie zum Fenster hinaus.*

»Abgasuntersuchung?«

Die Plakette klebt zwar an der Scheibe direkt neben ihm, aber ich gebe ihm die Papiere trotzdem. Unter dem Licht der Taschenlampe besieht er sie sich genauestens und reicht sie mir dann wieder zurück.

»Und Ihren Führerschein bitte.«

Ich gebe ihm auch noch meinen mexikanischen Führerschein, ein Plastikkärtchen, das ich in Mexiko-Stadt im Supermarkt ge-

kauft habe. Er sieht ihn sich gar nicht an, sondern steckt ihn ein. Dann zieht er ein Heftchen heraus.

»Missachtung eines Verkehrszeichens, das ist teuer …« Er öffnet das Heft und hält es mir hin. »Sehen Sie, das sind 1000 Pesos.«

Ich kann die Zahlen im Dunkeln kaum erkennen, aber eine vierstellige sehe ich nirgends. Schnell klappt er das Büchlein zu.

»Das ist ja bitter«, sage ich zerknirscht. »Aber ich habe wirklich kein Schild gesehen.«

»Doch, da hängt es, wenn Sie wollen, zeige ich es Ihnen.«

Ich glaube es ihm auch so, denn ich habe keine Lust, aus dem Auto auszusteigen. Mir ist mulmig und ich hoffe, dass wir das Ganze möglichst schnell über die Bühne bringen.

»Naja, da kann man eben nichts machen. Und wie bezahle ich das jetzt?«

»Da müssen Sie auf die Wache der Straßenpolizei. Sie haben vierzehn Tage Zeit. Da können Sie dann auch Ihren Führerschein wieder abholen.«

Ich bin erschrocken, dass er gleich meinen Führerschein kassieren will. Es klingt plötzlich alles furchtbar kompliziert und langwierig.

»Und wo ist die?«

Er nennt mir eine Adresse. Nervös überlege ich mir, ob ich ihm nicht irgendwie einen Deal anbieten kann. In Mexiko-Stadt lautet das Zauberwort »Cómo lo arreglamos – wie regeln wir das?« Aber ich habe Schiss, die Frage zu stellen. Was, wenn er sauer wird?

»Wo ist denn das? Wir sind nicht von hier«, frage ich resignierend.

»Ach, du bist nicht von hier? Woher kommst du denn?« Wie das in Mexiko so oft passiert, wird er plötzlich vertraulich. Ich habe keine Ahnung, ob das ein gutes Zeichen ist oder nicht.

»Wir sind grade aus Mexiko-Stadt hierher gezogen.«

»Aha, aus Mexiko-Stadt. Ja, da wohnt ein Cousin von mir«. Er holt meinen Führerschein wieder aus der Tasche und sieht ihn sich an. »Wo wohnt ihr denn da?«

»In Coyoacán.« Das Gespräch nimmt eine sonderbare Wendung. Wieso interessiert er sich plötzlich für meine Biografie?

»Wir sind erst seit zwei Wochen in Xalapa. Deswegen kenne ich die Schilder noch nicht.« Ich zucke die Schulter. »Aber so lerne ich sie dann eben kennen.«

»Soso, aus Mexiko-Stadt. Und du kennst Xalapa nicht? Pass auf, ich rufe mal meinen Vorgesetzten. Vielleicht können wir da ja was machen.«

Ich schöpfe neuen Mut. »Was machen« klingt gut. Vielleicht ist das der erhoffte Deal. Er ruft ins Dunkel.

»Schau mal, Chef, die beiden sind erst seit zwei Wochen in Xalapa. Was meinst du, können wir da was machen?«

Der andere tritt ans Fenster und nimmt meinen Führerschein. Er beugt sich herunter und setzt einen strengen Blick auf.

»Hier ist Abbiegen verboten!«

Das weiß ich inzwischen. Ich sage mein Sprüchlein auf: » Wir sind erst seit zwei Wochen hier. Deswegen kenne ich die Schilder noch nicht.«

»Also, wenn ich in eine neue Stadt komme, dann sehe ich mir zuerst alle Schilder und Straßenführungen an«, klärt er mich auf. Er wird uns also nicht mit einer Ermahnung davonkommen lassen. Ich frage mich nur, was jetzt noch kommt. Irgendwie dauert dieses Spiel schon ziemlich lange, und irgendwie ist ziemlich wenig passiert.

»Ja, das werde ich jetzt auch tun. Und das Schild hier vergesse ich jetzt auch ganz bestimmt nicht«, beteuere ich demütig.

Er sieht mich an und dreht meinen Führerschein zwischen den Fingern. Ich schaue dumm zurück und warte. Dann frage ich: »Können Sie mir bitte sagen, wo und wie ich bezahlen muss?«

Plötzlich geht alles ganz schnell. Der erste Polizist nimmt seinem Kollegen meinen Führerschein aus der Hand, wirft ihn mir durchs Autofenster auf den Schoß und ruft:

»Komm, wir nehmen den nächsten!«

Winkend und ohne ein weiteres Wort springt er hinaus auf die Straße, der andere hinterher.

La Calaca
Die letzte Station

Bevor Doña Marta zum zweiten Mal starb, verabschiedete sie
sich von ihrem jüngsten Sohn. Es war ein Sonntagabend, sie
war zum Abendessen zu Félix und seiner Frau Vanessa hinüber-
gegangen, die nebenan wohnten. Die beiden bemerkten nichts,
Doña Marta trank wie immer ihren Kakao, aß zwei Stückchen
pan dulce, trug den Kleinen im Zimmer herum und bat Félix,
den verstopften Zufluss der Zisterne zu reinigen. Vanessa fiel
nur später auf, dass ihre Umarmung zum Abschied ein bisschen
länger und herzlicher gewesen war als sonst.

Als Doña Marta am nächsten Morgen nicht wie gewohnt
den Herd im Hof anzündete, um ihre Tortillas zu backen, sah
Félix nach ihr. Sie lag im Bett, mit gefalteten Händen, geschlos-
senen Augen und ausdruckslosem Gesicht. Félix rief den Arzt
an.

Zwei Jahre zuvor hatte er sie schon einmal so gefunden. Damals hatte sie mit offenen Augen an die Decke gestarrt und sich
nicht gerührt. Der Arzt hatte keinen Atem und keinen Puls feststellen können, aber ihre Augen waren noch lebendig. Der Arzt
hatte den Totenschein schon in der Hand, hatte dann aber empfohlen, sie vorsichtshalber in ein Krankenhaus zu bringen. Félix
hatte zu allem Ja und Amen gesagt, den Arzt zur Tür hinaus
komplimentiert und dann Doña Ofelia, die Heilerin aus der
Nachbarschaft, geholt. Er war sich sicher, dass seine Mutter
verhext worden war, aber Doña Ofelia hatte ihn beruhigt:
»Nomás le vino un susto« – »sie hat nur einen Schrecken.«
Während einige Schwestern von Félix aufbrachen, um im Wall-
fahrtsort Chalma vor dem schwarzen Christus zu tanzen, hatte
sie Doña Marta mit Kräutern und Mezcal abgerieben, in heiße
Tücher gewickelt, das Zimmer mit Copal eingeräuchert, die
Osterkerze angezündet und die ganze Nacht an ihrem Bett ge-

betet und Zaubersprüche in Nahuatl gemurmelt. Am nächsten Morgen hatte Doña Marta geblinzelt.

Félix ist das jüngste der neun Kinder von Doña Marta und Felipe Monroy. Sie war die zweite Frau des Dorfmetzgers, mit der ersten hatte er ebenfalls neun Kinder gezeugt, ehe sie mit dem Zehnten im Kindbett gestorben war. Nachdem Don Felipe im Alter von 102 Jahren gestorben war, hatten sich die Geschwister ohne lange Diskussion geeinigt, dass sich Félix um sie kümmern würde. Félix ist Maler und Bildhauer und gilt bei seinen Geschwistern als verträumter Spinner. Trotz seiner damals 40 Jahre war er noch nicht verheiratet und wohnte abwechselnd bei den Eltern und einigen Geschwistern im Dorf. Félix war das nur recht. Er blieb bei seiner Mutter und ließ sich weiter von ihr bekochen und die Wäsche waschen. Aber nach der mysteriösen Starre wusste er, dass ihm nicht mehr viel Zeit blieb, ihr einen Enkel zu schenken. Er heiratete seine Freundin, zog mit ihr in den Anbau und ein Jahr später präsentierte er seiner Mutter ihren jüngsten Enkel.

Aber an diesem Morgen gab es keinen Zweifel. Doña Marta war für immer eingeschlafen. Nachdem der Arzt weg war, rief Félix seine Geschwister an. Ein paar lebten noch im Dorf, andere waren nach Cuernavaca oder Mexiko-Stadt gezogen. Dann rief er den Pfarrer an, einen entfernten Neffen der Verblichenen.

Der Pfarrer ließ nicht lange auf sich warten. Noch in der Tür erzählte er Félix, dass Doña Marta am Samstag gebeichtet und am Sonntagmorgen in der Messe die Kommunion erhalten hatte. Dann trat er an das Bett, sprach ein kurzes Gebet und zog ein Silberdöschen hervor. Er strich der Toten das Krankenöl auf die Stirn und betete: »Por esta santa unción y por su bondadosa misericordia ...«

Kaum war der Pfarrer gegangen, wuschen Félix' Schwestern die Mutter und legten ihr ein weißes Nachthemd an. Dann kam der Bestatter, einer ihrer vielen Enkel, mit dem Sarg. Mit Hilfe von Félix legte er Doña Marta hinein, trug ihn ins Wohnzimmer und stellte ihn dort offen auf ein Gestell. Seine Helfer stellten Kerzenständer rund um den Sarg auf und brachten an die fünfzig Klappstühle, die sie im Wohnzimmer und im Hof aufstellten. Im Laufe des Vormittags kamen die Geschwister,

Onkel, Tanten und entferntere Verwandte von Félix und die Nachbarn und brachten weiße Lilien und Rosen. Die Neuankömmlinge blickten in den Sarg, streichelten die Verstorbene, küssten sie, weinten. Wieder und wieder musste Félix erzählen, wie er sie gefunden hatte. Die Frauen setzten sich ins Wohnzimmer um den Sarg, einige weinten und hielten sich umarmt, andere tauschten den letzten Klatsch aus dem Dorf aus. Die Männer standen draußen im Hof herum, wo ein paar Brüder und Neffen von Félix eine riesige rot-weiße Plastikplane aufhängten. Auf der Plane war das Konterfei des letzten Bürgermeisterkandidaten der PRI zu sehen, und daneben stand »Das Beste kommt noch«.

Im Laufe des Nachmittags füllte sich der Hof, die Geschwister aus der Stadt trafen ein, Kinder in weinroten Schuluniformen spielten im Garten Fußball. Tanten und Nachbarinnen brachten große Körbe mit Tacos, Töpfe mit Bohnen und Reis, Tupperschüsseln mit Salsas und große Töpfe mit *agua de frutas* und stellten sie im Hof auf einem Tisch neben der Tür ab. Nun verlagerte sich die Menge – inzwischen mindestens eine Hundertschaft – um den Tisch, um sich zu stärken. Die Gespräche wurden lauter, hin und wieder war verhaltenes Gelächter zu vernehmen. Eine Blaskapelle kam und spielte ein paar schräge Trauermärsche.

Gegen sieben Uhr kam der Pfarrer zum Totengebet. Die Trauernden standen auf und beteten den Totenpsalm, dann las der Pfarrer einen Bibelvers und sprach über Doña Marta, die immer ein gottgefälliges Leben geführt hatte. Die Anwesenden beteten das Vaterunser und schließlich den Rosenkranz. Während sich die Trauernden im Wohnzimmer und unter der Plane vor der Tür drängten, fielen die ersten dicken Tropfen vom schwarzen Himmel. Bald ging das Gebet im tosenden Wolkenbruch und den Donnerschlägen unter, die zwischen den Felswänden des Tals dröhnten.

Kaum war der Pfarrer weg, fuhr Félix' Bruder Juan, der neue Metzger von Malinalco, mit einem Kofferraum voll *pulque* vor und baute die 2-Liter-Colaflaschen mit dem milchigen Agavengebräu auf dem Tisch im Hof auf. Im Laden am Markt kaufte Félix ein paar Kartons Bier und einige Stangen Plastikbecher, und als er wiederkam, hatte irgendjemand ein paar Flaschen selbstgebrannten Mezcal auf den Tisch gestellt. Juan holte eine Gitarre aus dem Auto, und die Trauergäste sangen Lieder, die Doña Marta gern gehört hatte. In der Küche standen einige Schwestern um den Herd und erzählten sich lachend Anekdoten aus dem Leben der Mutter.

Die letzten Nachbarn schwankten weit nach Mitternacht nach Hause. Nun war die Familie unter sich. Die ganze Nacht hindurch saßen Doña Martas Geschwister, Kinder, Enkel und Urenkel im Wohnzimmer zusammen, beteten, aßen, tranken, sangen, weinten, erzählten und lachten. Irgendwann waren alle still und in sich gekehrt, oder lagen zwischen Stühlen und Blumenkübeln auf dem Boden und dösten benebelt vor sich hin.

Am nächsten Morgen gegen 11 Uhr kam der Pfarrer zurück und las im Wohnzimmer die Messe. Dann schulterten Félix und drei seiner Brüder den Sarg und trugen ihn nach draußen. Dort warteten schon die Nachbarn und Verwandten, und eine Gruppe Mariachis mit roten Anzügen und silberbeschlagenen Sombreros stimmte *Las golondrinas* an.

A dónde irá, veloz y fatigada,
la golondrina que de aquí se va?
Así en cielo te mira angustiada
Sin paz ni abrigo que la vio partir. *

Hinter dem Sarg reihte sich die Familie, der Zug setzte sich in Bewegung, die Mariachis tröteten. Durch das ganze Dorf trugen sie die Tote, die steile Pflasterstraße hinauf, über den Marktplatz, an der Kirche vorbei und aus dem Dorf hinaus zum Friedhof.

---

* Wohin fliegt, so eilig und müde, die Schwalbe, die von hier fortfliegt? So sieht dich am Himmel, besorgt und unruhig, der dich wegfliegen sah.

Allerheiligen

Der Platz von Malinalco leuchtete ihnen schon von weitem entgegen. Vor dem Haus der Kultur, die Kirchmauer entlang und
quer über den gesamten Markt türmten sich riesige Berge der
orangefarbenen Totenblume Cempasúchil. Durch die Straßen
waberten dichte Wolken von Copal, einem schweren Weihrauch, den schon die Azteken verbrannten. Unter den Arkaden
reihten sich die Stände, an denen das mit Knochen verzierte
»Brot der Toten« und Totenköpfe aus Schokolade verkauft
wurden. Es war der 1. November, drei Monate nach dem Tod
von Doña Marta.

Mit einigen Schwestern und Nichten ging Félix auf den
Markt und kaufte riesige Bündel von Cempasúchils und anderen Blumen, die er verschnürte und mit einer Sackkarre in das
Haus von Doña Marta transportierte. Es waren so viele, dass
er drei Mal fahren musste. Im Wohnzimmer schoben unterdes-
sen die Frauen den großen Esstisch an die Wand und bedeck-
ten ihn mit Bananenblättern und Palmwedeln. Darüber hängten sie ein Foto von Doña Marta auf und rahmten es mit
Blumen ein. Auf dem Tisch arrangierten sie Kerzen und Blu-
menvasen mit orangen, roten, gelben und weißen Blumen. Unter das Foto von Doña Marta stellten sie ein Bild der Jungfrau
von Guadalupe, ein Foto von Don Felipe und Bilder von einigen anderen Verwandten. Die übrigen Blumen arrangierten sie
in Eimern um den Tisch, dazwischen stellten sie große Kerzen
auf den Boden. Einige Mädchen zupften inzwischen Blütenblätter von den Cempasúchils und streuten einen Weg, der von
der Straße ins Wohnzimmer führte. Man kam kaum noch zur
Tür hinein.

Im Laufe des Tages wuchs der Altar immer weiter. Frauen
kamen und gingen und stellten Brot mit buntem Zuckerguss,
Tonschüsseln mit frischer Mole, eine Karaffe mit *atole*, eine
Tasse Kaffee, einen Teller Tamales, kandierte Früchte und ein
paar von Doña Martas Lieblingssüßigkeiten auf den Tisch, sie
holten Bananen, Guaven und andere Früchte aus dem Garten
und legten sie dazwischen, andere brachten ein paar Maiskolben, Zuckerrohrstücke, eine Flasche Mezcal und Weihrauchge-
fäße aus Ton. Félix stellte eine Tasse Kakao dazu, den seine

Mutter so gern getrunken hatte. Kinder hängten bunte Papierfahnen mit ausgestanzten Totenköpfen und Skeletten an die Wand und an die Decke und stellten bunte Totenköpfe aus Zucker auf die Tafel.

Am frühen Abend kamen die ersten Nachbarn. Sie bewunderten die *ofrenda*, das Opfer, und setzten sich auf die Stühle, die Félix aufgestellt hatte. Die Frauen servierten ihnen *atole* und Brot. Nachbarn, Freunde und Verwandte kamen und gingen. Sie saßen zusammen, aßen und unterhielten sich leise über die Verstorbene.

Die kam erst, als die Nachbarn längst gegangen waren und zuhause bei ihren eigenen Ahnen saßen. Niemand sah, wie sie zur Tür hereinkam. Aber plötzlich saß Doña Marta an der reich gedeckten Tafel, nahm ein Stückchen Brot und tunkte es in den Kakao.

Ein nationales Symbol

Ich bin zwar noch nie gestorben, aber ich vermute, dass der Tod in aller Welt derselbe ist. Der Unterschied besteht darin, was die Lebenden daraus machen.

In der mexikanischen Kultur hat und hatte der Tod einen ganz besonderen Stellenwert. Das kann man schon daran erkennen, dass die Mexikaner mehr Namen für ihn haben als jedes andere Volk. Da der Tod im Spanischen weiblich ist, stellen ihn sich die Mexikaner übrigens als Frau vor. In seinem Buch *Vida, pasión y muerte del mexicano* zählt Joaquin Antonio Peñalosa mehr als fünfzig dieser Spitznamen auf – ich habe spaßeshalber einige davon übersetzt: die Kahle, die Murmel, die Beschwipste, die Catrina, die Fromme, die Zahnige, die Knochige, die Dünne, die Fleischlose, die Kränkliche, die Zittrige, die Leichtsinnige, die Zottelige, die Bleiche, das heitere Mädchen, die Blasse, die gute Freundin, die treue Braut, die starre Geliebte, die Stunde der Wahrheit, die grausame Parze, die Dame mit der Sense, die Blenderin, die Gleichmacherin, die Weinende, die Lockige, die Stinkende, die Hutzlige, die Unfromme, die Sichere, die Weiße, die Staubige, die Traurige oder die Herrin.* Hinter diesen Namen stecken verbreitete Bilder und Vorstellungen, die in der Übersetzung natürlich verlorengehen. Die Umschreibungen für das Sterben bleiben an Vielfalt und Einfallsreichtum kaum dahinter zurück. Das Verb *peta-tearse* bezieht sich beispielsweise auf eine Strohmatte, auf der die Armen zum Teil bis heute schlafen und in die sie nach ihrem Tod gerollt werden, wenn sie kein Geld für einen Sarg haben.

Schon die Ureinwohner gingen sehr vertraulich mit dem Tod um. In jedem historischen Museum Mexikos kann man Jahrtausende alte grinsende Totenschädel und Skelette aus Stein und Ton bewundern. Auf Märkten und in Museumsshops findet man immer wieder Nachbildungen einer berühmten Maske, die halb Gesicht, halb Totenschädel ist. Wobei der mexikanische Totenkopf nichts mit dem christlichen zu tun hat, der die Gläubigen erinnern soll, im Angesicht des Todes ein gottgefälliges Leben zu führen. Die Mexikaner kannten keinen strafenden Gott, die Hölle brachten erst die Christen mit nach Mexiko. Für Azteken oder Mayas sind Tod und Leben vielmehr zwei Seiten einer Medaille: Das Leben endet mit dem Tod und aus dem Tod sprießt wieder das Leben.

In Ruinenstädten können Besucher noch heute bewundern, wie die mexikanischen Ureinwohner auf engstem Raum mit ihren Toten zusammenlebten. In den Häusern von Teotihuacan und Monte Albán wurden die Verstorbenen direkt unter dem Wohn- und Schlafzimmer verscharrt. Die Azteken verbrannten ihre Toten und vergruben die Asche im Haus oder verstreuten sie auf dem Maisfeld der Familie. Die Toten kamen zwar in eine Art Jenseits, doch der Übergang zur Welt der Lebenden war

---

* Peñalosas – keineswegs vollständige – Liste lautet: *la calaca, la pelona, la canica, la copetona, la catrina, la mocha, la dientona, la huesuda, la flaca, la descarnada, la tilica, la tembeleque, la tilinga, la pachona, la afanadora, la pepenadora, la pálida, la chirufusca, la China hilaria, la jijurria, la tiznada, la tía de las muchachas, la madre matiana, la güera, la jedionda, la cuatacha, la novia fiel, la amada inmóvil, la hora de la verdad, la parca cruel, la dama de la guadaña, la segadora, la igualadora, la llorona, la chinita, la apestosa, la chicharra, la impía, la cierta, la tía Quiteria, la blanca, la polveada, la triste, la patrona, la chicharrona, la raya, patas de catre, la hora de la petateada.* Vielleicht finden Sie ja die eine oder andere Übersetzung, die dem Spanischen an Lautmalerei näher kommt als meine.

durchlässig: Sie kamen zurück, um ihren Angehörigen im Diesseits unter die Arme zu greifen und für eine reiche Ernte zu sorgen. Dafür dankten ihnen die Lebenden nach der Ernte mit großzügigen Opfern aus Blumen, Mais und Obst, und die Ahnen hatten das Privileg, als Erste von den frischen Früchten zu essen. Bei den Azteken sorgten die Verstorbenen sogar dafür, dass morgens die Sonne aufging; deshalb halfen sie mit Menschenopfern nach. Für die Verehrung der Toten hatten sie nach der Regenzeit einen ganzen Monat reserviert.

Auf diesen ausgeprägten Totenkult der prähispanischen Kulturen traf die morbide Kultur der Spanier. Katholiken pflegen zwar auch eine beispiellose Faszination für den Tod, aber diese zeichnet sich eher durch eine krankhafte Besessenheit mit Sünde, Strafe und Verderbnis aus. Als die Spanier die *tzompantlis* der Azteken sahen, die Schreine mit den aufeinander gestapelten Totenschädeln, stockte sogar ihnen der Atem. Die Missionare verboten die Totenkulte und Opfer und strichen den aztekischen Totenmonat auf einen Tag zusammen, den 1. November. Also feierten die zwangsbekehrten Ureinwohner jetzt Allerheiligen, doch sie dehnten die Feier auf mehrere Tage aus und blieben unter dem Deckmantel des christlichen Fests ihren Bräuchen treu. Für ihre Ahnen backten sie nun Brote mit Kreuzsymbolen, kneteten bunte Süßigkeiten in Form von Totenköpfen und stellten kleine Skelette aus Papier und Ton her. Die Fiesta vor und nach Allerheiligen wurde immer üppiger, die Märkte waren die beliebtesten und buntesten des Jahres, sehr zum Verdruss der katholischen Obrigkeit.

Während der mexikanischen Revolution nahm der Totenkult eine neue Wende. Unter dem Eindruck des barbarischen Blutvergießens feierte der Künstler und Drucker José Guadalupe Posada in seinen Bildern makabre Skelett-Orgien. Anfangs zeichnete er den Schrecken der Revolution noch als Sensenmann mit Sombrero, der auf seiner klapperdürren Mähre reitet und das ganze Land in einen Friedhof verwandelt. Aber irgendwann verselbständigten sich seine Skelette, sie tanzten, sangen, tranken, küssten und vögelten. Posada zeichnete seine Skelette beim Gemüseschneiden, beim Radfahren, beim Plausch und beim Barbier. Seine bekanntesten Figuren sind der *lagartijo*, ein skelettierter Lebemann mit Zigarre, Melone und Hundeskelett an der Leine und natürlich die *catrina*, der Totenschädel einer vornehmen Dame mit federgeschmücktem Hut. In seinen Bildern verwandelt sich das ganze Land in einen einzigen Totentanz.

Nach der Revolution machten sich viele Dichter und Denker auf die Suche nach einer mexikanischen Identität und wurden ausgerechnet beim Tod fündig. Für den Maler Diego Rivera war der Totenkult der höchste Ausdruck der Volkskultur und José Guadalupe Posada ihr bedeutendster Vertreter. Rivera malte sich sogar als Sohn der Catrina: Auf dem riesigen Gemälde »Sueño de una tarde de domingo en la Alameda Central«, das er in der Eingangshalle des Hotel del Prado in Mexiko-Stadt malte, steht er im Zentrum als Junge mit Strohhut neben einer Catrina mit Federboa. Auch durch die Bilder seiner Frau und Weggefährtin Frida Kahlo huschen immer wieder Skelette. Das literarische Pendant zu den Gemälden von Rivera und Kahlo ist Juan Rulfos Roman *Pedro Páramo;* hier gerät der Held auf der Suche nach seinem Vater in ein Dorf, in dem nur noch Tote, tja, leben.

Auf der Suche nach einer mexikanischen Identität zeichneten viele Autoren das Bild des Mexikaners, den weder Tod noch Leben interessieren. In seinem Roman *Vamonos con Pancho Villa* beschreibt der Schriftsteller Rafael Muñoz die Revolutionäre als nihilistische Antihelden: Einigen Figuren scheint selbst der Pulverdampf der Revolution noch nicht zu genügen, weshalb sie sich zwischen den Schlachten die Zeit mit Russisch Roulette vertreiben. Das Lied »Caminos de Guanajuato« von José Alfredo Jiménez bringt das Lebensgefühl auf den Punkt:

No vale nada la vida
La vida no vale nada
Comienza siempre llorando
Y así llorando se acaba
Por eso es que en este mundo
La vida no vale nada*

---

* Das Leben ist nichts wert, nichts wert ist das Leben. Es beginnt mit Tränen, und mit Tränen endet es. Drum ist auf dieser Welt das Leben nichts wert.

Heute stehen in Coyoacán die Drehorgelspieler auf dem Platz vor der Kirche und leiern »das Leben ist nichts wert«, während sie den Passanten den Hut hinhalten.

Nach Ansicht des Dichters und Nobelpreisträgers Octavio Paz ist diese nihilistische Einstellung genau das, was die Mexikaner vom Rest der Menschheit unterscheidet. Seine Beschreibungen aus *Das Labyrinth der Einsamkeit* sind heute ein Klassiker:

Für die Menschen in Paris, New York oder London ist der Tod ein Wort, das man vermeidet, weil es einem die Lippen verbrennt. Der Mexikaner dagegen sucht, streichelt, foppt, feiert und vögelt ihn; er ist sein liebstes Spielzeug und seine treueste Geliebte. Vielleicht quält ihn die Angst genau wie alle anderen, aber er versteckt sich nicht vor ihm und verheimlicht ihn nicht, sondern sieht ihm mit Verachtung, Geduld oder Ironie ins Gesicht.

Das Allerheiligenfest ist für Octavio Paz der Inbegriff dieser Lebens- und Todesverachtung:

Die Totenschädel aus Zucker oder Papier, die Skelette, die im Feuerwerk leuchten, und unsere volkstümlichen Darstellungen, die das Leben verspotten, zeugen von der Nichtigkeit und Belanglosigkeit des menschlichen Daseins. Wir schmücken unsere Häuser mit Totenschädeln, essen am Tag der Toten Brot in Form von Knochen und amüsieren uns mit Liedern und Schwänken, aus denen der kahle Tod grinst. Doch unsere überhebliche Vertraulichkeit mit ihm entlässt uns nicht aus der Frage: Was ist der Tod eigentlich? Darauf haben wir keine Antwort, und jedesmal, wenn wir sie uns stellen, zucken wir mit den Schultern: »Was geht mich der Tod an, wenn mich das Leben nichts angeht?«

Man kann sich allerdings darüber streiten, ob dieses Lebensgefühl tatsächlich auf alle Mexikaner zutrifft, ob auf eine von der Revolution gezeichnete Generation, oder auch nur auf den entwurzelten Dichter selbst. Deswegen schreibt Joaquín Antonio Peñalosa:

Der Mexikaner scheint dem Tod gegenüber gleichgültig, solange er abstrakt und fremd ist. Aber wenn er konkret wird, wenn aus »dem Tod« plötzlich »der Tote« wird – er selbst, ein Verwandter, ein Freund, oder gar der *compadre* – ein Tod mit Namen und Gesicht, persönlich, zum Greifen nah, dann übertrifft sich der Mexikaner an Angst und Schmerz. Die Kühle löst sich in heißen Tränen auf, der Mut in Schwäche, die Todesverachtung in Seufzer. »Nur wer die Kiste trägt, weiß, wie schwer ein Toter wiegt.«

Viele Mexikaner erkennen sich jedoch eher in dem Bild, das Octavio Paz zeichnet (oder gefallen sich in dieser Haltung, je nachdem), weshalb die vom Dichter beschworene Todesverachtung sonderbare Blüten treiben kann. Den Vogel schießt vermutlich das Beerdigungsinstitut J. García Lopez aus Mexiko-Stadt ab. Vor ein paar Jahren hingen Ende Oktober an den Bushaltestellen der Hauptstadt plötzlich Plakate, auf denen Catrinas am Mittagstisch zusammensaßen und ihre Brote in Kakao tunkten; darunter stand »Wir sehen uns am 2. November«. Ein Jahr darauf schaltete das Unternehmen Kinospots, in denen es für den Verkauf von Begräbnispaketen – Grab plus Beerdigung in 36 einfachen Monatsraten – warb. Einer der Spots zeigt ein halbes Dutzend Szenen, in denen Menschen zu einer munteren Musik wie durch ein Wunder einer Explosion, einem Autocrash oder einem anderen Unglück entkommen; es folgt der Spruch »so viel Glück hat nicht jeder« und das Logo von J. García Lopez. In anderen Spots kommen die Toten an Allerheiligen zurück, um ihre Familien zu besuchen. In vielen Ländern dürfen Beerdigungsinstitute aus Pietätsgründen nicht einmal Werbung machen, in Mexiko wurde J. García Lopez für seine Filmchen mit Preisen überhäuft.

Vielleicht ist diese Kampagne auch Ausdruck eines besonderen großstädtischen Sinns für Humor. In den Städten wurde der Tag der Toten jedenfalls schon immer etwas anders begangen als auf dem Land. Viele Familien bauen zwar zuhause ihre kleinen Altäre auf, aber für die meisten Städter ist der Día de Muertos eher Volksfest und Teil einer urbanen Folklore. In öffentlichen Gebäuden, Schulen und Museen werden prächtige Altäre für verstorbene Würdenträger und historische Persönlichkeiten geschmückt; auf dem Campus der UNAM bauen Studenten originelle *ofrendas* auf, die jedes Jahr unter einem anderen Motto stehen; in verschiedenen Theatern der Stadt wird José Zorrillas Stück *Don Juan Tenorio* mit seinen Friedhofs- und Geisterszenen aufgeführt; auf dem Zócalo von Mexiko-Stadt errichten verschiedene Gruppen und Organisationen überbordende Altäre, und am Abend des 1. und 2. November finden hier kostenlose Popkonzerte statt. Es ist eher Karneval als Totentanz, hier feiern die Mexikaner vor allem sich selbst.

Wer eine authentischere Feier und eine Begegnung mit den Wurzeln der mexikanischen Kultur sucht, fährt oft raus aufs Land. In Ortschaften wie Mixquic im Bundesstaat Mexiko oder Pátzcuaro und Janitzio in Michoacán, wo Allerheiligen besonders farbenfroh gefeiert wird, hat sich ein regelrechter Muertos-Tourismus entwickelt. Dort mischen sich die Großstädter als Lagartijos, Catrinas, Goths und Punks unter die Dorfbewohner, die auf den Gräbern ihre Altäre aufgebaut haben und die Nacht hindurch mit ihren Ahnen essen und singen. Was für die Dörfler ein gelebtes Ritual ist, ist für die Touristen eher eine postmoderne Identitätsparty, sie scheinen zu hoffen, dass die Cempasúchils ein wenig auf sie abfärben. In jüngster Zeit hat der Kult des Todes allerdings noch eine weitere faszinierende Blüte getrieben, die nichts mit dem Día de Muertos zu tun hat.

La Santísima Muerte

Eines Abends kurz nach unserem Umzug nach Xalapa fahre ich mit dem Taxi auf der dicht befahrenen Umgehungsstraße nach Hause. Der Verkehr stockt, verengt sich auf eine Spur und kommt schließlich zum Stehen. Am Vortag ist hier eine Brücke eingestürzt und ein Kranlaster ist noch immer dabei, die Trümmer zu beseitigen. Ein Fünfzigtonner mit einer Ladung Kies war irrtümlich auf die Abbiegespur geraten und über einen elegant geschwungenen Zubringer gefahren, der nur für Fahrzeuge bis zu 3 Tonnen zugelassen war. Ein Schild gab es natürlich nicht. Die Brücke war umgekippt, der Sattelschlepper in Flammen aufgegangen und der Fahrer bis zur Unkenntlichkeit verbrannt.

»Furchtbar«, meint der Taxifahrer.

Ich nicke.

»Hier passiert immer was«, brummt er finster.

»So?«, frage ich. Ich kann mich dazu leider nicht äußern, aber ich hoffe, dass er mir mehr erzählt. Ich muss ihn nicht weiter ermuntern.

»Wissen Sie, warum?«, fragt er und dreht sich zu mir um.

Ich schüttele den Kopf.

»Schauen Sie mal da drüben. Sehen Sie die Vitrine da, vor der die Leute stehen?« Er zeigt auf die andere Seite der Stadtautobahn. Ich sehe einen erleuchteten Glaskasten und davor eine kleine Gruppe von Menschen.

»Wissen Sie, was das ist? Das ist ein Altar der Santísima Muerte.«

Der Taxifahrer berührt einen Rosenkranz, der von seinem Rückspiegel herunterbaumelt und bekreuzigt sich. Mir läuft ein Schauer den Rücken hinunter. Natürlich habe ich schon vom Heiligen Tod gehört. Auf den Märkten habe ich die Figuren der Sensenfrau in allen Größen und Farben gesehen und einen weiten Bogen um die Stände gemacht.

»Der steht da seit fünf Jahren, und seitdem passiert hier ein Unfall nach dem anderen.«

»Was hat es denn damit auf sich?«, frage ich.

»Das ist neu, das gab's früher nicht. Die Leute beten den Tod an, als wäre es die Jungfrau von Guadalupe. Bringen ihm Blumen und was weiß ich. Sie bitten ihn um Wunder.« Er schüttelt den Kopf.

»Aber warum den Tod? Das ist doch gruselig, oder?«

»Sie müssen sich nur mal im Land umschauen. Die Verbrechen, die Narcos, ein einziges Chaos. Und die Politiker …« Er macht eine wegwerfende Handbewegung. Aber ich habe keine Lust, über Politik zu reden.

»Sind das nur die Narcos, die an die Santísima Muerte glauben?«

»Ja, es sind bestimmt auch viele Narcos. Sie müssen sich nur mal die Autos anschauen, die mit Aufklebern der Santísima Muerte hier rumfahren. Mit denen legst du dich besser nicht an. Da kann man es echt mit der Angst zu tun bekommen. Fiese Typen.« Er macht eine Pause und sieht hinüber zum Altar.

»Aber schauen Sie, da drüben stehen auch ein paar Taxis.«
Ich schaue wieder hinüber und sehe drei rot-weiße Autos am
Straßenrand. »In letzter Zeit beten auch immer mehr Kollegen
zur Santísima Muerte. Sie behaupten, sie ist mächtiger als andere Heilige und hilft besser. Sogar besser als die Jungfrau. Sie
bringt ihnen Kunden.«

»Aber wer steigt denn in ein Taxi ein, wenn dieses Skelett am
Rückspiegel hängt?« Beim Einsteigen achte ich immer darauf,
dass die Fahrer wenigstens irgendwo ein Kreuz hängen haben –
man weiß ja nie. Aber die meisten Taxis sind schon von weitem als rollender Schrein der Jungfrau von Guadalupe zu erkennen.

»Viele haben im Auto einen Rosenkranz hängen. Aber zuhause haben sie einen Altar für die Santísima Muerte. Ich hatte
mal einen Kunden, der hat ihr im Wohnzimmer einen großen
Altar aufgebaut. Ich habe ihn abgeholt und den Altar von der
Straße aus gesehen. Er hat hier auf der Rückbank gesessen, so
wie du, ganz normal. Irgendwann habe ich ihn danach gefragt,
und er hat mir gesagt, sie hätte ihm geholfen, eine Arbeit zu
finden. Aber er muss ihr immer frisches Wasser geben und die
Lämpchen eingeschaltet lassen.«

»Und was passiert, wenn er das nicht macht?«, frage ich neugierig.

»Das habe ich ihn auch gefragt. Er hat mir gesagt, wenn du
sie um etwas bittest und ihr etwas dafür versprichst, dann
musst du es auch halten, egal was es ist. Wenn nicht, dann holt
sie sich einen aus der Familie. Sie nennen sie auch das ›weiße
Mädchen‹.« Er macht eine Pause und ruckt auf seinem Sitz hin
und her, als sei ihm das Thema unangenehm.

»Einem Kollegen von mir haben sie mal eine Santísima Muerte geschenkt.« Er sieht mich jetzt fest im Rückspiegel an. »Du
darfst sie nicht ablehnen. Wenn sie dir jemand schenkt, musst
du sie mit nach Hause nehmen und zu ihr beten. Es ist ihm
damals nicht so gut gegangen, und ein Typ hat zu ihm gesagt,
die hilft dir, ich schenk sie dir. Er hat die Heilige mit nach Hause
gebracht, aber seine Frau hat sich furchtbar aufgeregt. Sie
wollte die Figur wegwerfen, aber sie haben sich nicht getraut.
Also haben sie sie in eine Kiste gesteckt und weggeräumt. Aber
dann ist es ihnen richtig schlecht gegangen. Er hat seine Arbeit

verloren, ein Sohn ist krank geworden, ein anderer hatte einen Unfall und musste ins Krankenhaus. Er ist zu einem Heiler gegangen und hat sich reinigen lassen, aber nichts, es hat nicht geholfen. Irgendwann hat seine Frau zu ihm gesagt, komm, wir holen sie raus. Sie haben ihr im Wohnzimmer einen Altar aufgebaut. Und dann war alles gut. Am nächsten Tag hat ihn ein Freund angerufen und zu ihm gesagt, willst du nicht Taxi fahren? Kannst du das glauben? Und die Kinder sind auch wieder gesund. Jetzt betet er zu ihr. Wenn er sie um etwas bitten will, dann kauft er ihr Kerzen und Räucherstäbchen und sie bringt ihm, was er will. Aber du musst aufpassen. Wenn du sie einmal hast, wirst du sie nicht mehr los. Du musst sie anbeten. Du wirst ihr Sklave. Und wenn dir jemand eine schenkt …«

Ich spüre ein sonderbares Kribbeln im Genick. Ich bin mir nicht sicher, ob er mir gerade seine eigene Geschichte erzählt hat, oder ob er mir einfach ein bisschen Angst einjagen will. Verstohlen suche ich auf seinem Armaturenbrett nach einem verräterischen Aufkleber und spüre, wie er mich im Rückspiegel ansieht.

»Den hier, den mit dem Laster, den hat sie sich geholt. Vielleicht hat er ein Versprechen gebrochen. Oder vielleicht hat sie ihn für einen anderen geholt. Man weiß es nie.«

Der Verkehr setzt sich wieder in Bewegung. Als er das nächste Mal stockt, sage ich: »Bis hierher ist es gut.«

Ich zahle eilig und steige aus. Ich bin an sich kein abergläubischer Mensch, aber man weiß ja nie.

Allerseelen

Am nächsten Tag waren die Händler vom Marktplatz auf die Straße vor dem Friedhof umgezogen. Sie hockten auf dem Boden hinter ihren inzwischen kleineren Blumenstapeln. Hoch mit Blumen beladene Lastwagen stehen vor dem Eingang.

Nach dem Gottesdienst trudeln die ersten Schwestern von Félix ein. Unter der stechenden Novembersonne, die fast senkrecht vom Himmel brennt, säubern sie das Grab der Eltern. Jedes Unkräutchen entfernen sie, bis nur noch ein brauner Erdhügel bleibt, an dessen Kopf ein Stein in Form einer Kirche mit zwei Türmen steht, und in den Türmen die Fotos der Eltern. Dann bringen sie ein paar Arme voll weißer Blumen von der Straße herein und streuen die Blütenblätter auf das Grab, bis kein Fleckchen Erde mehr hervorschaut. Auf die weiße Fläche streuen sie schließlich mit Cempasúchil einen orangen Rahmen und ein Kreuz, und stellen Kerzen auf.

Die Nachbarn sind ähnlich beschäftigt. Alle richten ihre Gräber her, jeder auf seine Weise. Einige bedecken ihre Gräber mit Cempasúchil und stellen Dutzende Kerzen auf, andere verzieren sie mit komplizierten Blumenmustern, wieder andere streuen mit Blütenblättern Bilder der Jungfrau von Guadalupe. Konzentriert sind sie bei der Sache, kleine Grüppchen stehen zusammen, unterhalten sich leise und bewundern das eine oder andere Grab, während die Kinder zwischen den Gräbern hin und her laufen. Irgendwann läuten die Glocken der Kapelle, und der Pfarrer liest vor der kleinen Friedhofskapelle im Zentrum des Friedhofs die Messe. Aber das scheint kaum jemanden zu interessieren. Die Familien haben zu tun, sie richten die Gräber für die Rückkehr der Angehörigen ins Jenseits.

Gegen drei Uhr brechen die Familien eine nach der anderen auf und gehen zum Essen nach Hause. Schweigend stehen die roten Felsen um den verlassenen Gottesacker herum, nur die Grillen zirpen in der staubigen Hitze. Der Friedhof ist ein Teppich aus orangefarbenen Blüten, die in der Nachmittagssonne leuchten.

Anhang

Ausgewählte Literatur

Abreu Gómez, Emilio (Hrsg.): Popol Vuh, Mexiko 1990.

Aguayo Quezada, Sergio: El Almanach Mexicano 2008, Mexiko 2008.

Alberro, Solange: Del gachupín al criollo, Mexiko 1992.

Benítez, Fernando: Los primeros Mexicanos, Mexiko 1962.

Cacho, Lydia: Memorias de una infamia, Mexiko 2007.

Cacho, Lydia: Sklaverei, Frankfurt am Main 2010.

Castañeda, Jorge: Mañana o pasado, Mexiko 2011.

De Ita, Ana: Tortillas transgenicas, in: La Jornada, 21. März 2009.

De la Maza, Francisco: El guadalupanismo mexicano, Mexiko 1981.

Del Río, Eduardo (Rius): El mito guadalupano, Mexiko 1996.

Díaz del Castillo, Bernal: Geschichte der Eroberung von Mexiko, Frankfurt am Main 1982.

Díaz Guerrero, Rogelio: Psicología del Mexicano, in: Roger Bartra: Anatomía del Mexicano. Mexiko 2005, S. 281–287.

García De León, Antonio: Fandango, Xalapa 2006.

Jodorowsky, Alejandro: La danza de la realidad, Mexiko 2001.

Jorge Zepeda Patterson (Hrsg.): Los amos de México, Mexiko 2007.

Lomnitz, Claudio: Death and the Idea of Mexico, New York 2005.

Martínez, José: Carlos Slim. Retrato inédito, Mexiko 2002.

Moreno, Francisco Martín: México mutilado, Mexiko 2006.

Paz, Octavio: El laberinto de la soledad, Mexiko 1950.

Peñalosa, Joaquín Antonio: Vida, pasión y muerte del Mexicano, Mexiko 2005.

Ronquillo, Victor: Migrantes de la pobreza, Mexiko 2007.

Scharrer Tamm, Beatriz: Un dulce ingenio. El azúcar en México, Mexiko 2010.

Servín, J. M.: D. F. Confidencial, Mexiko 2010.

Van Rhijn, Patricia: La cocina del chile, Mexiko 2003.

Zamudio Grave, Patricia: Rancheros en Chicago, Zacatecas 2009.

Basisdaten

Fläche: 1 964 375 Quadratkilometer

Länge der Küsten: 11 122 Kilometer (Pazifik: 7828 Kilometer, Atlantik: 3294 Kilometer)

Länge der Grenzen: zu den Vereinigten Staaten: 3152 Kilometer, zu Guatemala: 956 Kilometer, zu Belize: 193 Kilometer

Höchste Berge: Pico de Orizaba (5610 Meter), Popocatépetl (5500 Meter), Iztaccíhuatl (5220 Meter)

Bevölkerung: Einwohner: 113 Millionen (Stand 2010), Wachstumsrate: 0,8 Prozent pro Jahr, Durchschnittsalter: 28 Jahre

Zusammensetzung der Bevölkerung: Mestizen (75 %), Indigene Völker (10 %), Europäer und Sonstige (15 %)

Die größten indigenen Völker (Angehörige in Millionen): Nahuas (2,5), Mayas (1,5), Zapotecas (0,8), Mixtecas (0,7), Otomís (0,6), Tzeltal (0,4), Tzotzil (0,4), Totonacas (0,4), Mazahuas (0,3), Mazatecos (0,3).

Auswanderung: Mexikaner in den Vereinigten Staaten: 30,0 Millionen (geschätzt), Auswanderungsrate: 500 000 pro Jahr (geschätzt)

Verwaltungsstruktur: Föderale Republik mit 31 Bundesstaaten und einem Hauptstadtbezirk

Hauptstadt: Distrito Federal, auch Mexiko oder Mexiko-Stadt (9 Millionen Einwohner, Großraum bis zu 25 Millionen)

Metropolen (Einwohner in Millionen): Guadalajara (4,5), Monterrey (4,0), Puebla (2,8), Toluca (2,0)

Bruttoinlandsprodukt pro Kopf: 10 300 US-Dollar (2011)

Armutsquote: 52 Millionen aller Mexikaner (46 % der Bevölkerung) leben in Armut, davon 12 Millionen in extremer Armut (2010).

Fest- und Feiertage: 5. Mai (Schlacht von Puebla), 16. September (Unabhängigkeitstag), 20. November (Tag der Revolution), 12. Dezember (Jungfrau von Guadalupe)

Quellen: Sergio Aguayo: *México: Todo en cifras;* Mexiko-Stadt: Aguilar, 2008; CONEVAL.